# 열성 팬 창조와 유지의 구조

## 공연 체험과 관계 마케팅

와다 미츠오 지음 · 오현전 옮김

울력

*KANKEISEI MAKETTINGU TO ENGEKI SHOHI* by WADA Mitsuo

Copyright ⓒ 1999 by WADA Mitsuo
All rights reserved.
Original Japanese edition published by Diamond, Inc.
Korean translation rights arranged with Diamond, Inc.
through BESTUN KOREA Agency
Korean translation rights ⓒ 2005 Ulyuck Publishing House.

이 책의 한국어판 저작권은 베스툰 코리아 에이전시를 통해 일본 저작권자와 독점 계약한 도서출판 울력에 있습니다. 저작권법에 의해 한국 내에서 보호를 받는 저작물이므로 무단 전재나 복제, 광전자 매체 수록 등을 금합니다.

## 열성 팬 창조와 유지의 구조

지은이 | 와다 미츠오
옮긴이 | 오현전
펴낸이 | 강동호
펴낸곳 | 도서출판 울력
1판 1쇄 | 2005년 10월 10일
등록번호 | 제10-1949호(2000. 4. 10)
주소 | 152-889 서울시 구로구 오류1동 11-30
전화 | (02) 2614-4054
FAX | (02) 2614-4055
E-mail | ulyuck@hanafos.com
값 | 11,000원

ISBN | 89-89485-38-X  03320

· 잘못된 책은 바꾸어 드립니다.
· 옮긴이와 협의하여 인지는 생략합니다

## 한국의 독자들께

최근 일본에서는 한국 드라마가 인기를 끌면서 많은 일본인들이 한국 문화의 열렬한 팬이 되었습니다. 한국 문화에 대한 열성팬들이 창조되었다고 할 수 있겠습니다. 마침 이러한 시기에 제 책이 한국어로 번역될 수 있게 된 것을 무척 기쁘게 생각합니다.

이 책은 일본에서 공연이라는 장르에 커미트먼트commitment 하고 있는 팬들이 어떤 식으로 공연 예술과 관계를 맺기 시작하고 그 관계를 발전시켜 가는가에 대한 실제적인 사례를 담고 있습니다. 마케팅 교수인 제가 공연 분야에서의 마케팅에 대해 관심을 갖게 된 것은, 공연이라는 장르를 둘러싼 소비자들의 행동과 그런 행동을 유발하는 공연 생산자들의 활동을 통해 배울 것들이 너무나 많다는 생각 때문이었습니다. 그리고 그것은 문화 예술 마케팅에 국한된 내용이 아니라 일반 기업의 마케팅 분야에서도 마찬가지로 유용한 것들이었습니다.

현대의 마케팅이 꿈꾸는 것은 소비자와의 관계를 평생 동안 유지하는 것입니다. 그렇게 하기 위해서는 생산자가 소비자에게 단순히 편익을 제공하는 것만으로는 안 됩니다. 생산자는 소비자에게 환희와 열정을 선물할 수 있어야 합니다. 또한 소비자들과 거래적 관계인 주고받는 단순하고도 일방적인 관계를 넘어, 소비자들과 함께 총체적holistic인 관계를 만들어 가도록 지원할 수도 있어야 합니다.

이 책에 소개된 다카라즈카 가극단과 극단 시키 등의 사례를 통해, 문화 마케팅 담당자들뿐만 아니라 일반 기업의 마케팅 담당자들 역시 많은 것을 배울 수 있을 것입니다. 일본이 소위 '잃어버린 10년'이라고 표현되는 불황기를 넘어서서 새롭게 전진해 갈 수 있는 배경 또한 환희와 열정을 평생 동안 공유하고 싶어 하는 열성팬을 소비자들 사이에서 창조해 내고자 했던 생산자들의 부단한 열정과 노력 덕분일 것입니다. 한국의 마케팅 담당자들도 많은 고민을 안고 계시리라 생각합니다. 그러니 한국의 문화계뿐만 아니라 일반 기업에서도 새로운 마케팅을 꿈꾸는 분들에게 제 책이 자그마한 도움이나마 되었으면 좋겠습니다.

저는 마케팅 전공자인 동시에 공연의 열렬한 팬이기도 합니다. 제 딸은 다카라즈카 가극단의 단원이기도 했습니다. 저는 공연에 대한 저의 열정이 바로 제 인생의 행복과 에너지의 원천이라고 믿고 있습니다. 이 책을 읽으시는 모든 분들도 이러한 저의 행복에 동참하실 수 있게 되기를 바랍니다. 행복을 주는

제1막 마케팅이 공연 소비에 관심을 갖는 이유는 무엇인가?

원천이 있다는 사실은 인생을 살아갈 만한 가치가 있는 것으로 만들어 줄 것입니다.

    마지막으로 도쿄의 서점에서 제 책을 발견하고 저를 찾아와 이 책의 한국어 번역을 요청했던 오현전 씨에게 감사를 드리고 싶습니다. 앞으로 양국의 더 많은 사람들이 상호 간의 지식을 공유하고 도움을 주고받는 시대가 오길 기대합니다.

## 차례

한국의 독자들께 • 3

# 제1막 마케팅이 공연 소비에 관심을 갖는 이유는 무엇인가?

**프롤로그 공연 소비의 열기 • 19**
　제1절 다카라즈카 가극단 톱스타의 고별 공연 • 19
　제2절 극단 기자의 해산 공연 • 24
　제3절 극단 시키, 최고의 관객 동원 • 31
　제4절 디즈니의 브로드웨이 상륙 • 38
　제5절 극단 후루사토 카라반의 뜨거운 열정 • 45
　제6절 공연 소비가 마케팅에 시사하는 것 • 49

**제2장 관계 마케팅의 구조 • 53**
　제1절 관계 마케팅의 등장 배경 • 53
　제2절 전통적 마케팅의 한계 • 62
　제3절 관계 마케팅의 구조와 내용 • 66
　제4절 총체적 접근에 대한 연구 • 74

## 제 2막 공연 소비의 마케팅

### 제1장 다카라즈카 가극단의 고객 에워싸기 전략 • 85
제1절 고바야시 이치조의 고객 에워싸기 전략 • 85

제2절 다카라즈카 가극단의 고객 에워싸기 전략 • 90

제3절 다카라즈카 가극단의 발전과 진화 • 91

제4절 다카라즈카 팬들의 에워싸기 • 99

제5절 다카라즈카 가극단의 고객 에워싸기 전략이 시사하는 것 • 107

### 제2장 극단 시키의 고객 유도 마케팅 • 113
제1절 극단 시키의 행적 • 115

제2절 성장 확대 노선으로 • 119

제3절 두 개의 얼굴: 시키 주식회사와 극단 시키 • 126

제4절 극단 시키의 마케팅 전략 • 130

제5절 극단 시키의 과제 • 137

### 제3장 극단 후루사토 카라반의 고객 유지 마케팅 • 139

제1절 극단 후루사토 카라반의 행적 • 141

제2절 조직 구성과 운영 형태 • 148

제3절 제작부가 주도하는 제품 개발 • 151

제4절 극단 후루사토 카라반의 고객 유지 전략 • 159

제5절 극단 후루사토 카라반의 과제 • 163

## 제3막 공연 소비 마케팅에서 배우기

### 제1장 장수 브랜드 형성의 마케팅 • 171

제1절 브랜드화란 무엇인가? • 171

제2절 브랜드 가치란 무엇인가? • 176

제3절 브랜드 가치 형성의 기본 구도 • 182

### 제2장 신제품 개발 과정 매니지먼트 • 197

제1절 신제품 개발은 3/1000의 확률 • 198

제2절　공연 제작 과정에서 배우는 신제품 개발 • 201

　　　제3절　신제품 개발 과정의 방향성 • 210

제3장 고객 유지 마케팅 • 215

　　　제1절　고객의 조직화 • 215

　　　제2절　고객 유지 장치 만들기 • 219

　　　제3절　세분 시장 마케팅의 의미 • 220

　　　제4절　고객 유지 전략의 작성 절차 • 223

피날레 새로운 마케팅 발상법 • 231

옮긴이 주 • 237
옮긴이의 글 • 259
참고 문헌 • 263

**일러두기**

1. 이 책은 和田充夫의 『關係性 マーケティングと 演劇消費』(タイヤモンド社, 1999)를 완역한 것이다.
2. 이 책은 원서의 체제를 따랐으며, 원서의 본문 중「 」는 " "로 바꾸었다. 그리고 이 책 본문 중의 ' '는 옮긴이가 표시한 것이다.
3. 본문 중 [ ] 안에 작은 글씨체로 표시된 것은 옮긴이가 보충 설명한 것이다.
4. 이 책에 실린 주들은 모두 옮긴이의 주이다. 옮긴이의 주는 책 말미에 따로 모아 편집하였다.
5. 이 책에서는 한자를 정자로 고쳐 표기하였다.
6. 본문 중 책과 잡지 등은 『 』로, 기사나 단편적인 글은 「 」로 표시하였다. 그리고 공연 작품은 〈 〉로 표시하였다.

# 제1막
# 마케팅이 공연 소비에 관심을 갖는 이유는 무엇인가?

"**지**금의 마케팅은 정체되어 있다"고 생각하는 사람들이 적지 않을 것이다. 벌써 10년이 넘게 지속되고 있는 일본의 경제 불황 아래에서 경제와 경영 혹은 회사 전반이 정체되어 있다고 느끼는 사람도 많을 것이다. 더군다나 마케팅 연구가와 마케팅 실무자들은 전통적 마케팅이 한계에 직면해 있다고 느끼고 있으리라 본다.

거품 경제 시대였던 1960-70년대는 그야말로 마케팅이 빛나던 시절이었다. 그때 우리는 고도성장을 실현하고 고도 소비 사회를 구축한 원동력이 "마케팅" 그 자체였다고 믿고 있었다. 미국에서 들어와 일본에서 실천된 마케팅이야말로 당시 일본의 번영을 이끄는 주된 힘이라고 믿었기 때문이다. 그러나 거품이 꺼지던 1991년, 사람들은 일제히 마케팅의 무력함과 그에 대한 오해를 지적하고 나섰다. 지금까지의 마케팅은 일본의 시장을 대중mass으로서 이해하고 있었다든가 "가격"의 관점에서만 생각하고 있었다는 반성이 그 주류를 차지했다. 구조조정이나 리엔지니어링 같은 논의가 유행하기 시작하고, 사람들 사이에서는 기업가 정신entrepreneurship이나 벤처 기업에 대한 관심이 높아졌다. 이러한 흐름에 항거할 방법조차 없었던 마케터들

제1막 마케팅이 공연 소비에 관심을 갖는 이유는 무엇인가?

은 "정말로 마케팅이 정체되었다"는 것을 자각하기 시작했다. 하지만 그러면서도 마음 한 구석에는 어떤 돌파구가 있을 것이라는 생각을 품고 있었다. "1960년대에 전통적 마케팅managerial marketing[1]이 빛나는 별처럼 일본 시장에 등장"했듯이, 마케팅의 힘이 반드시 되살아날 것이라고 믿었다.

정체기에 사람들이 하는 생각은 무엇일까? 아마도 "기본으로 돌아가기back to basics," 또는 원점으로 돌아가기일 것이다. 다시 한 번 원점으로, 기본으로 되돌아가서 새로운 방향을 발견하거나 또 다른 세계를 보려는 시도일 것이다. 한 걸음 더 나아가서 지금까지의 구조와 형태를 부정해 볼지도 모르겠다. 이른바 슘페터J. A. Schumpeter의 "창조적 파괴"[2]라는 말에 걸맞게 말이다. 이 책에서는 마케팅의 침체를 타파하는 방법으로서 "전혀 다른 세계를 보자"는 접근 방법을 채용하고자 한다. 물론 결과적으로 이것은 "기본으로 돌아가는 것"일 수도 있고, "창조적 파괴"라는 개념으로 연결될 수도 있다. 어느 것으로 이어지든 그것은 독자들의 판단에 맡긴다.

1960년대부터 일관되게 사용해 온 이른바 "전통적 마케팅"의 관점은 기본적으로 제품 마케팅 혹은 생산 마케팅maker marketing이었다. 물론 일본 국내 소비자의 여가 활동이 확대되는 경향을 보이면서 서비스재에 대한 마케팅이 논의되어 온 것도 사실이지만, 문화와 예술이라고 하는 경험재로까지 관심을 넓히는 일은 드물었다. 특히 클래식 음악, 발레, 오페라, 연극 등 문화 예술이라는 이름의 경험재에 대해서는, 그 문화성과 공익성에 대한 인식 때문에 그것을 두고 영리를 위한 마케팅을 언급하는 일은 꺼리는 경향이 강했다. 그러나 오늘날 일본의 소비자 생활에서 문화와 예술이 차지하는 비중이 거론되기 시작하고 문화와 경제의 관계에 대한 논의가 활발해진 것 또한 분명한 사실이다. 이러한 새로운 흐름 속에서 마케팅의 새로운 단서를 찾으려는 의도로, 이 책은 마케팅의 침체를 타파하기 위한 "다른 세계"로서 "공연"을 선택했다.

일본의 연극은 그 종류가 아주 다양하다. 노能와 교겐狂言[3]을 연극이라 할 수 있는지에 대한 논의는 제쳐 두더라도, 오래된 연극으로는 가부키歌舞伎[4]가 있고, 메이지明治 시대[5] 이래로 등장한 것으로는 신파新派,[6] 신국극新國劇,[7] 신극新劇[8]이 있으며, 최근에는 뮤지컬은 물론 소극장 연극, 신희극, 상업적인 대중 연극 등 다양한 형태의 연극이 존재한다. 그러나 대부분의 마케터들은 이제까지 연극을 마케팅의 대상으로 생각하지 않았다. 또한 이런 분야에 관심을 두는 마케터를 양성하는 기관도 없었다. 예술 활동은 영리를 목적으로 하지 않는다는 연극계의 엄격한 태도 때문이다. 또한 "연극은 예술이다"라고 말하는 사람들 일수록 이른바 상업적인 대중 연극을 무시하는 경향을 보여 왔기 때문이기도 하다. 그러나 이러한 상황 속에서도 "관객의 지지가 있어야 예술이 존재한다"고 하는 사고[9]를 가지고 대중 연극을 추구해 온 조직은 관객 동원이라는 면에서 커다란 영향력을 발휘해 왔다.

이 책에서는 "무사는 굶어도 배부른 척 한다"는 자세를 고집하는, 이른바 "예술 프로듀서" 혹은 제작자를 모범으로 삼을 생각은 조금도 없다. 오히려 관객의 지지가 있어야만 "예술"이라고 생각하는 사람들과 뜻을 함께할 것이다. 이런 의미에서 현재 시선을 끄는 이들은 요시모토 흥업吉本興業,[10] 호리 프로HORI PRO,[11] 극단 시키四季, 다카라즈카 가극단寶塚歌劇, 극단 후루사토 카라반 등이다. 이들 조직은 변함없이 지속적인 열정을 보이고 있다. 이들의 열정이야말로 모범이라고 할 수 있으며, 마케팅을 현재의 한계에서 벗어나게 해줄 원동력이 되리라 생각한다.

이 책에서는 극단 시키, 다카라즈카 가극단, 극단 후루사토 카라반을 사례로 하여, 이들의 활동에서 새로운 마케팅의 시사점을 찾고자 한다. 먼저 이 조직들이 갖는 열정을 직접 느껴 보도록 하자.

 극단 시키와 극단 후루사토 카라반에 대해서는 게이오 대학 문학부 예단협藝團協 기부 강좌의 특별 연구 조교인 가와마타 게이코川又啓子 씨에게 집필을 부탁했다.


"사람은 연기를 통해 허구의 세계를 만들고, 허구임을 알면서도 그 속에 자신을 몰입시킴으로써 다른 차원의 세계 혹은 한층 높은 차원의 인생을 음미하며, 그곳에서 인생의 의미와 기쁨을 실감하고 체험한다."

"연기라는 것은 배우와 관객의 상호 작용, 바로 상연上演 그 자체에 의한 의미 산출과 전달, 그리고 그 근저根底에 있는 여러 체계와 관련된 현상의 복합체를 시사하는 것이다."

제1막 마케팅이 공연 소비에 관심을 갖는 이유는 무엇인가?

"연극 커뮤니케이션을 분석함으로써 얻고자 하는 것은 참가자 (창조자와 배우와 관객)의 동태적인 상호 작용 과정으로서의 커뮤니케이션이라는 관점이다."

제아미世阿彌[12]

프롤로그
# 공연 소비의 열기

## 제1절 다카라즈카 가극단 톱스타의 고별 공연

1996년 6월 30일 오후 8시, 다카라즈카 가극단 유키조雪組[13]의 남자역 톱스타 이치로 마키一路眞輝가 유키조 고별 공연 〈엘리자베스〉와 〈이치로 마키 고별쇼〉를 끝내고 다카라즈카 극장의 분장실을 나와 녹색 하카마[14] 차림으로 무대에 등장했다. 다카라즈카 가극단은 독신 여성들로만 구성되어 있기 때문에, 결혼이 결정되거나 다카라즈카 가극 이외의 활동을 하려는 경우에는 자동적으로 퇴단하게 된다. 퇴단 공연의 마지막 날千秋樂[15]에는 단원 한 사람 한 사람이 다카라즈카의 제복인 녹색 하카마를 입고 무대 위에서 퇴단 인사를 하며, 퇴단하는 모든 세이토生徒[16]는 감사의 뜻을 담은 인사를 건넨다.

이치로 마키가 분장실에서 마지막으로 나오는 것을 기다리던 사람은 약 5,000명이었다. 다카라즈카 극장 바로 앞에서 데이코쿠帝國 호텔에 이르는 도로는 그녀의 팬들로 넘쳐났다. 다카라즈카 극장 고별 공연을 맞아 분장실 앞을 지킨 팬들의 수라고 하기에는 근래에 보기 드물게 많은 숫자였기에, 전후 최대의 이벤트라고 일컬어졌던 수미 하나요壽美花代의 퇴단 공연을 방불케 할 정도였다. 많은 팬들에게 둘러싸인 이치로 마키의 표정은 성취감과 만족감으로 빛나고 있었다. 다카라즈카 극장의 마지막 날 공연은 오후 3시 30분에 시작되어 통상 3시간가량이 소요된다. 고별쇼와 퇴단하는 배우의 인사까지 진행되는 약 4시간 동안, 티켓을 손에 넣지 못한 대다수의 팬들은 극장 주변을 지키며 기다린다. 그들은 다카라즈카가 만들어 낸 꿈을 기다리고 있었을까, 아니면 이치로 마키가 팬들에게 전해 왔던 꿈의 마지막을 기다리고 있었을까?

　다카라즈카 가극단 공연이 있을 때면 많은 팬들이 분장실로 들어가고 나오는 스타들을 기다리는 게 보통이다. 스타들이 들어갈 때 팬들은 스타를 향해서 "다녀오세요!"라고 합창을 하고, 나올 때는 "수고하셨습니다!"라고 합창을 한다. 이런 광경은 공연이 아닌 연습 때에도 자주 볼 수 있다. 그리고 이치로 마키 같은 남자역 톱스타가 고별 공연의 마지막 날에 분장실을 나설 때는 많은 팬들이 목소리를 합쳐서 "우리의 청춘을 행복하게 해주셔서 고맙습니다. 우리에게 꿈을 주셔서 고맙습니다"라고 울면서 합창한다. 세계 어느 나라의 공연계를 찾아보아도 이런 광경을 볼 수는 없을 것이다. 그야말로 압도적으로 많은 팬들의 압도적인 열기이다.

제1막 마케팅이 공연 소비에 관심을 갖는 이유는 무엇인가?

[그림 1] 사운드오브뮤직

다카라즈카 가극단 세이토의 퇴단을 맞아 사람들이 갖는 감사의 마음, 상쾌하게 웃는 얼굴, 이별을 맞아 전하는 "꿈을 주셔서 고맙습니다"라는 말이 대변하고 있는 배우와 관객 혹은 팬 사이의 관계, 이것은 도대체 무엇일까? 다카라즈카의 스타들이 퇴단 때에 느끼는 만족과 성취감, 감사의 마음, 그리고 팬이 스타에게 전하는 "꿈을 주셔서 고맙습니다"로 표현되는 감사와 환희의 기분은, 다카라즈카 가극단의 모든 세이토들이 스무 살이 되기 전에 다카라즈카 음악학교에 입학하여 2년을 보내고 가극단에 입단한 뒤 하급생에서 상급생으로 성장해 가는 과정과 밀접한 관계가 있다. 가극단에서 한 세이토가 성장해 가는 과정은 팬들의 성장 과정이기도 하며, 팬들은 인생의 한 시기를 세이토와 완전히 함께하게 되는 것이다. 그리고 음악학교에 입학한 세이토들은 "언젠가는 퇴단"이라는 것을 항상 의식하고 있는데, 팬들 쪽에서도 입학 또는 입단의 그날부터 자신들에게 꿈을 전해 주던 스타들과 언젠가는 이별하게 되리라는 것을 생각하기 때문에 둘 사이에는 서로 공유하고 있는 의식이 있다. 이것은 벚꽃[17]으로 대표되는 일본 고유의 문화적 가치, 즉 "아름답게 피고 아름답게 진다"는 사고방식과 결코 무관하지 않다. 이런 의식은 고시엥甲子園[18] 고교 야구 대회나 스모 대회大相撲[19]에서도 통하는 것으로, "새로운 신인을 찾아 키우는 일, 전성기, 지는 시기, 이별"이라고 하는 일본인 고유의 정서와 맞아떨어지는 것이다.

다카라즈카 가극단의 놀라운 열기와 정열, 이것을 떠받쳐 주는 "연기자와 관객," "스타와 팬"이라는 관계 속에, 전통적

[그림 2] 다카라즈카 가극단의 공연 모습

마케팅의 관점에서는 발견할 수 없는 새로운 마케팅에 대한 탐색의 실마리가 있으리라는 생각이 든다.

## 제2절 극단 기자의 해산 공연

1997년 11월 20일, 도쿄 시바芝 공원의 미엘파르크Mielparque 홀은 극단 기자樹座의 해산 공연이 시작되기를 말없이 기다리는 사람들로 가득했다. 오후 6시, 공연 시작을 알리는 안내 방송이 울렸다. 막이 올라가자 기자 찬가의 전주에 맞추어 정장으로 몸을 감싼 남녀 120명이 등장했고, 전주에 이어 "아름다운 기자여, 우리의 기자여"라는 대합창을 시작했다. 연기자와 관객이 제각기 생각에 잠기면서 극장 안은 이상할 정도로 조용해졌다. 합창 1번이 끝나자 간주가 시작되면서, 무대 중앙에는 엔도 슈사쿠遠藤周作[20]의 초상이 내려왔다. 단원 전원이 그 초상을 향해 합창 2번을 엄숙하게 열창했으며, 잠시 후 극장 안이 어두워지면서 드디어 극단 기자의 해산 공연 〈라스트 스테이지 '97〉의 무대가 시작되었다.

극단 기자는 1968년 작가 엔도 슈사쿠가 창단한 비전문 극단이다. 첫 번째 공연은 같은 해에 신주쿠 기노쿠니야紀伊國屋 홀에서 막을 올린 〈로미오와 줄리엣〉이었다. 창단 당시의 극단 기자는 일종의 분시게키文士劇[21] 극단으로, 작가 사토 아이코佐藤愛子나 기타 모리오北杜夫 같은, 엔도 슈사쿠를 중심으로 하는 작가들끼리의 집단이었다. 그러나 곧 출연자를 공모하면서 오늘날과 같은 비전문 극단으로 발전했다. 극단 기자는 창립에서

제1막 마케팅이 공연 소비에 관심을 갖는 이유는 무엇인가?

[그림 3] 극단 기자의 해산 공연 〈라스트 스테이지'97〉의 공연 포스터

1997년에 이르기까지 약 30년 동안 20회 이상의 공연을 기록했다. 출연자는 공연 직전에 모집했는데, 출연자의 총 수는 300명을 넘어선다. 또한 이 30년 동안의 공연 기록에는 2회의 해외 공연과 2회의 지방 공연도 있다. 첫 번째 해외 공연은 1980년의 뉴욕 특별 공연 〈카르멘〉이었고, 두 번째는 1986년의 런던 특별 공연 〈나비부인〉이었다. 2회의 지방 공연은 고베시에서 있었던 〈카르멘〉과 오이타시에서의 〈나비부인〉 공연이었다. 오이타시의 〈나비부인〉 공연에서는 히라마츠平松 오이타현 지사가 주연 '핀커튼'을 연기했고, 또 제12회 공연이었던 〈나비부인〉에서는 고故 마유즈미 도시오黛敏郎가 오케스트라 지휘를 맡았다. 엔도 슈사쿠는 그의 후원에 힘입어 TV 아사히의 장수 프로그램 〈이름 없는 음악회〉에 출연하여 〈춘희〉의 임종 장면 5중창을 열창하기도 했다.

극단 기자의 스태프는 초호화판이었다. 단장은 물론 엔도 슈사쿠였고, 부단장이기도 한 극단의 소속 작가는 동화 작가 야마자키 요코山崎陽子[22]였으며, 고문은 아사리 게이타淺利慶太, 이토카와 히데오薩川英夫,[23] 아즈마 아츠코東敦子,[24] 시미즈 데츠타로清水哲太郎,[25] 나카무라 기치에몬中村吉右衛門[26] 등이었다. 스태프가 공연 때마다 부분적으로 바뀌기는 했지만, 연출은 극단 시키와 극단 무메이주쿠無名塾 출신인 하야시 마리코林眞理子,[27] 마츠자카 게이코松坂慶子,[28] 나토리 유코名取裕子[29] 등이었고, 음악 지도는 마유즈미 도시오와 아즈마 아츠코 등이었으며, 발레 지도는 모리시타 요코森下洋子,[30] 시미즈 데츠타로清水哲太郎였고, 안무 지도는 나쿠라 가요코名倉加代子,[31] 무대 미술은 세노오 갓파妹尾河童[32] 등

제1막 마케팅이 공연 소비에 관심을 갖는 이유는 무엇인가?

이 맡았으니, 출연자는 프로 배우조차 생각할 수 없을 정도로 호화로운 스태프들의 지원을 받았던 것이다.

그리고 바로 이 점이 극단 기자와 다른 비전문 극단의 차이점이었다. 의상과 소도구는 출연자들이 마련했지만, 작품, 연출, 음악, 안무, 무대 장치, 무대, 조명 등 연극을 구성하는 대부분의 스태프 작업을 프로들이 지원했다는 점 말이다. 완전히 비전문인 것은 배우들뿐이었다. 공연장 역시 대체로 도시 센터 홀, 기노쿠니야 홀, 데이코쿠 극장, 아오야마靑山 극장, 미엘파르크 홀, 국립 극장처럼 일류 극장들이었다. 공연 환경은 일본 공연계 최고인 반면 배우는 완전히 비전문가라는 것이 극단 기자의 가장 큰 특징이었다.

극단 기자의 단원 구성은 무척 다채롭다. 사무직 여성, 전업주부, 자영업자, 회사 임원, 대학 교수, 정년 퇴직자, 학생, 클럽 마담, 편집자 등 온갖 배경의 사람들이 모여 있었다. 대우는 누구에게나 평등했으며, 마치 체육 단체처럼 입단 연차에 따라 서열이 정해졌다. 배역의 분배도 평등했고, 대사의 길이와 출연 차례도 평등하게 배려되었다. 따라서 같은 작품을 공연할 때에도 여러 명의 주역이 돌아가며 짧게 등장한다. 〈바람과 함께 사라지다〉를 공연할 때에는 주인공 스칼렛 역에 12명의 배우를 배정하고, 장면이 바뀔 때마다 혹은 장면 중에 주연을 교체하는 식이었다.

극단 기자는 출연자의 직업과 연령을 묻지 않고 평등하게 대했기 때문에 무대의 완성을 위해 전체 출연자들이 평등하게 노력하게 되었고, 남녀노소 가릴 것 없는 일체감과 연대감이 생

프롤로그: 공연 소비의 열거

겨났다. 춤이 안무대로 되지 않는 60대 남성을 20대 대학생이 필사적으로 가르치거나, 연습일이 아닐 때에도 각 장면을 맡은 출연자들이 따로 모여 대사를 맞춰 보는 일은 늘상 벌어지는 광경이었다.

　1996년 10월 2일 도쿄, 고우지정 성 이그나티우스St. Ignatius 교회에서는 엔도 슈사쿠의 장례식이 엄숙하게 거행되었다. 늦더위가 기승을 부리는 가운데, 엔도 슈사쿠의 작품은 애독했지만 개인적으로는 만난 적도 없는 사람들이 5,000명가량 몰려들어 요츠야 역에서 교회까지 긴 뱀 모양의 행렬이 만들어졌고 작가와의 이별을 슬퍼했다. 극단 기자와 함께했던 많은 이들 역시 장례식의 허드렛일을 거들면서, 시간이 허락하는 한 장례 행렬에 참여했다. 오후 3시를 넘어 유해를 태운 차가 교회를 떠날 때는 누구랄 것도 없이 "엔도 선생님, 우리의 인생을, 청춘을 행복하게 해주셔서 고맙습니다"라는 합창이 터져 나왔다. 마침내 차는 천천히 교회를 떠나갔다. 엔도 슈사쿠의 작품을 생각하면서 그리고 고리안狐狸庵[33] 선생의 심정을 통감하면서, 극단 기자의 단원들은 쓸쓸한 마음을 억누르고 있었다.

　"샤者" 자가 붙은 일을 3일 동안 하면 그 사람은 그 일을 그만둘 수 없다는 말이 있다. 그중에서도 배우役者라는 일이 가장 잘 맞는 예가 아닐까 싶다. 어느 날 쉰 살을 훌쩍 넘긴 중년의 회사원이 극단 기자의 오디션장에 찾아왔다. 그는 평범한 대학을 나와 평범한 회사에 근무하는 평범한 회사원이었다. 그는 심한 음치에 춤이 아주 서툴렀지만, 바로 그 때문에 오디션에 합격할 수 있었다. 무척 과묵한 신사인 그는 "왜 극단 기자에 응모

제1막 마케팅이 공연 소비에 관심을 갖는 이유는 무엇인가?

했습니까?"라는 질문에, "저는 30년간 회사원으로 일해 왔습니다만, 자기주장 하나 펴지 못하고 부끄러움만 많이 타는 평범한 남자에 지나지 않습니다. 앞으로의 인생을 생각하니 뭔가 자신을 변화시키고 싶었습니다. 내가 모르는 나를 찾고 싶다는 생각이 들어 응모했습니다"라고 대답했다. 그는 극단 기자에서 최고의 음치, 최고로 서툰 댄스로 스타가 되었다.

극단 기자의 단원 대부분은 이제까지 몰랐던 자신을 찾고 싶다는 기분, 일이나 꽉 짜인 조직 안에서는 생각할 수도 없는 제2의 인생을 살고 싶다는 기분에 강하게 사로잡힌 사람들이었다. 단원들에게 기자는 "자기와 인생과 인적人的 네트워크를 찾는 장소"였다. 그리고 개막 첫날을 향하여, 과거를 벗어버리고 무대 완성을 위해 한결같이 노력하면서 서로의 연대를 느끼는 곳이었다.

1997년 11월 20일 오후 9시 시바 공원의 미엘파르크 홀, 120명의 출연자 전원이 브로드웨이 뮤지컬 〈코러스 라인〉의 피날레 댄스 "원One"을 추는 가운데 막이 내려왔다. "힘껏 사는 기쁨, 두 번 없는 인생이기 때문에, 원one…"을 노래하는 동안 막이 내리자, 무대 위에서 단원들은 제각기 여러 가지 생각을 하면서 눈물을 닦아 내었다. 극단 기자에서 보낸 순간들을 회상하기도 하고, 기자와 함께한 인생이 이것으로 끝나는구나 하는 서운함과 함께 만감이 교차하는 가운데, 어쩌면 그들은 엔도 슈사쿠를 통해, 무대와 관객과의 관계를 통해, 극단 기자의 공연 제작 과정을 통해 즐길 수 있었던 인생을 그리고 앞으로 펼쳐질 인생을 생각했을 지도 모를 일이다.

극단 기자의 해산 공연이나 극단의 30년 역사를 돌이켜보면, 그곳은 그야말로 정열과 열기가 가득한 곳이었다. 그 정열과 열기에서 우리는 새로운 마케팅 방법이 시사하고 있는 점을 느끼게 된다. 첫째, 거기에서 우리는 오늘날의 많은 사람들이 사람과 사람 사이의 관계와 연대를 구하고 생활하는 방법을 볼 수 있다. 둘째, 사람은 생존을 위해서만 사는 것이 아니라, 인생 자체를, 삶의 보람을 찾고 있다는 사실을 알 수 있다. 기성 조직과 집단의 속박에서 벗어나 자신들이 원하는 집단 속에서 연대와 사랑과 감동을 찾고 있다는 것이다. 극단 기자에 모인 사람들은 생활을 지배하는 물질을 초월하여 새롭게 도전하고, 정신적인 만족과 성취감을 느끼기 위해 새로운 집단을 찾아 관계를 형성하려고 했다. 그들이 찾는 관계는 극단 내부에서 생겨나는 관계이며, 또 연기자와 관객의 상호 작용적인 관계였다.

극단 기자의 연극 제작 형태를 제품 개발에 견주어 비교한다면, 제품 개발을 지원하는 스태프는 일류 전문가지만 그 제품을 만드는 배우는 비전문가인 소비자와 같다. 그리고 이것이야말로 소비자가 진정으로 원하는 상품이 탄생하는 과정이다. 극단 기자의 주역은 전문 스태프가 아닌 비전문 배우와 관객이며, 연극이라는 제품은 바로 배우와 관객의 상호 작용 속에서 만들어지는 것이기 때문이다. 이것이 의미하는 것은, 제품 개발의 주역은 끝까지 고객, 즉 소비자여야 하며, 제품 개발 과정에 그들을 참여시켜야 한다는 것이다.

| 연도 | 쇼치쿠 | 도호 | 시키 |
|---|---|---|---|
| 1990년 | 231 | 232 | 123 |
| 1991년 | 255 | 235 | 128 |
| 1992년 | 259 | 243 | 123 |
| 1993년 | 246 | 227 | 139 |
| 1994년 | 252 | 208 | 149 |
| 1995년 | 246 | 203 | 170 |
| 1996년 | 229 | 202 | 236 |

[표 1] 쇼치쿠, 도호, 시키의 관객 동원 수(단위: 만 명)
출처: 유가증권 보고서

### 제3절 극단 시키, 최고의 관객 동원

1996년 연간 관객 동원 수에서 극단 시키는 쇼치쿠松竹, 도호東寶를 제치고 수위에 올라섰다. [표 1]은 1990년부터 1996년까지 쇼치쿠, 도호, 시키가 동원했던 연간 관객 수를 비교한 것이다.

[표 1]은 도호의 관객 감소와 시키의 확대 현상을 보여 준다. 1990년 도호는 관객 수 232만 명으로 쇼치쿠를 근소하게 제치고 수위로 나섰는데, 그해 시키의 관객 수는 123만 명에 불과했다. 그러나 1996년이 되었을 때 도호의 관객이 202만 명으로 대

폭 줄어든 것에 비해 시키는 236만 명을 동원하면서 일약 수위에 올랐다. 한편 쇼치쿠의 관객 동원 수는 1991년에 255만 명으로 급속히 늘더니 그 후에는 240-250만 명 사이에서 안정적으로 수위를 지켰는데, 1996년에 급격히 줄어들면서 시키에게 수위를 내놓고 말았다.

세 회사의 총 관객 동원 수 변화는 이렇게 나타나지만, 사실 세 회사가 제공하는 연극의 장르는 서로 많이 다르다. 쇼치쿠의 주력 장르는 가부키 극장을 무대로 공연하는 가부키, 신파, 쇼치쿠 신희극 등이다. 도호의 대표적인 공연 장르는 야마다 이스즈山田五十鈴, 야마모토 후지코山本富士子, 사쿠마 요시코佐久間良子 등의 여배우를 중심으로 하는 이른바 여우女優 연극이다. 또한 기타지마 사부로北島三郎, 스기요시 다로杉良太郎, 사카모토 후유미坂本冬美 등의 가수를 동원하는, 쇼와 연극이 결합된 형태의 가수歌手 연극, 그리고 〈레 미제라블Les Misèrables〉 등의 번역 뮤지컬이다. 이에 비하여 극단 시키의 레퍼토리는 일부 통상적인 정극straight play과 닛쇼日生 어린이 뮤지컬 극장의 공연을 제외하면 대부분이 브로드웨이 뮤지컬이다. 즉, 쇼치쿠와 도호는 여우 연극과 가수 연극으로 경쟁하고, 도호와 시키는 브로드웨이 뮤지컬로 경쟁하는 양상이다. 쇼치쿠와 시키는 몇 해 전 서로 브로드웨이 뮤지컬을 내세워 경쟁했던 시기를 제외하면 별다른 경쟁 부분이 없는 상태다.

쇼치쿠는 가부키라는 전통 예능을 기반으로 하기 때문에 공연 장르로만 본다면 도호와 상당히 닮아 있다. 쇼치쿠와 도호가 전반적으로 연극을 내세운다는 유사성이 있는 반면, 브로드

[그림 4] 극단 시키의 〈캐츠〉 공연

웨이 뮤지컬을 주로 하는 시키는 쇼치쿠, 도호와는 또 다른 면모를 보인다. 또 시키는 다음 두 가지 점에서도 쇼치쿠, 도호와 구별된다. 우선 쇼치쿠와 도호가 스타 시스템을 관객 동원의 기본 전략으로 삼고 있는 데 비해, 시키는 스타를 만들지 않는 앙상블 시스템이라는 점을 들 수 있다. 에도江戶 시대[34]부터 스타 시스템과 1개월 흥행제[35]라는 구도를 지켜온 가부키의 흥행 전략은 현대 일본 연극계가 사용하는 흥행 방법의 기본이 되었다. 단장一枚目,[36] 젊은 주역二枚目, 연극의 진행과 주제 해설 등을 맡는 사람三枚目 등으로 역할이 나뉘는 현재의 구성은 극장의 중심 배우를 간판으로 내세우던 에도 시대의 흥행 방법을 그대로 잇고 있다. 관객 수가 줄면 유명한 이름을 계승하고 예명 계승을 홍보하는 것은 가부키에서 동원하는 상투적인 흥행 수단이다. 이런 방법은 1998년 1월 가타오카 다카오片岡孝夫의 예명을 이어받아 이름을 고친 15대 가타오카 니자에몬片岡仁左衛門의 가부키자 예명 계승 피로흥행披露興行[37]이 도쿄를 시작으로 오사카, 교토로 이어지면서 성황을 이룬 것에서 다시 한 번 확인할 수 있다. 도호 역시 흥행의 중심은 여배우 혹은 가수를 중심으로 하는 스타 시스템이다. 또한 도호의 브로드웨이 뮤지컬은 극단 시키와는 달리 기본적으로 스타 시스템을 취하고 있다. 예를 들어, 〈레 미제라블〉에서는 다키타 사카에瀧田榮와 가가 다케시加賀丈史라고 하는, 극단 시키의 "앙상블 시스템"에서 성장한 스타를 기용했고, 〈왕과 나The King & I〉에서는 다카라즈카 가극단의 톱스타였던 이치로 마키를 주역으로 기용했다.

극단 시키는 기본적으로 브로드웨이 뮤지컬의 형태를 따른

제1막 마케팅이 공연 소비에 관심을 갖는 이유는 무엇인가?

다. 스타를 만들지 않고 레퍼토리 자체의 질quality로 승부한다는 자세를 견지하는 것이다. 특정한 출연자를 스타로 대하기보다는 더블 캐스팅을 통해 경쟁심을 북돋운다. 이 시스템에 불만을 느끼고 극단 시키를 떠난 배우도 적지 않다. 이치무라 마사치카市村正親, 가가 다케시, 야마구치 유이치로山口祐一郎 등은 시키를 떠나 도호 뮤지컬로 갔다. 도호 뮤지컬이 배우를 캐스팅하는 원천은 극단 시키라고 해도 지나친 말이 아닐 정도이다. 쇼치쿠 가부키에 소속된 기쿠고로菊五郎 극단을 별개로 생각한다면, 쇼치쿠와 도호에는 특정한 극단이 없다. 극단에 소속된 작가와 연출가를 포함하여 정규 단원이 존재하는 극단 시키와는 달리, 쇼치쿠와 도호는 각 작품에 따라 오디션으로 출연자를 캐스팅한다. 극단 시키 같은 조직형 조직이 좋은가 아니면 쇼치쿠와 도호 같은 프로젝트형 조직이 좋은가 하는 것은 쉽게 판단할 수 있는 일이 아니다.

쇼치쿠, 도호와 극단 시키의 두 번째 차이점은 관객 동원 수에서 차지하는 단체 관객의 비율이다. 쇼치쿠와 도호는 단체 관객의 비율이 70%에 육박한다. 하지만 시키의 단체 관객 비율은 30%에 지나지 않는다. 상업적인 대중 연극에서 단체 관객은 관객 동원 수 확보에 큰 도움이 된다. 단체 관객, 대절貸切 공연 혹은 통으로 팔리는 공연(지방의 흥행주 혹은 단체가 입장권의 판매를 일괄 인수하는 공연) 등이 극단으로서는 매력적일 수밖에 없다. 그래서 그런 영업에 힘을 기울이게 된다. 그러나 일반적인 공연 소비자들은 극에 대한 관객의 관여도가 높은데 반해 이런 단체 관객은 기본적으로 공연에 대한 관여도가 낮다. 단체

프롤로그: 공연 소비의 열기

관객은 스스로 티켓을 구매한 이들보다는 선물로 받은 초대 관객인 경우가 많다. 그리고 공연에 대한 관여도가 낮은 이런 관객들은 스스로 티켓을 구입해서 들어오는 일반 관객에게는 방해가 되는 경우도 많다. 사적인 대화를 나누거나 공연 중에 음식을 먹거나 조는 일이 흔한 것이다. 공연 중에 일반 관객과 공연자 사이에서 이루어지는 상호 작용에서도 그들은 그저 방해자일 뿐이다. 그러나 일본의 많은 상업적 대중 연극은 단체 관객 영업을 하지 않으면 도저히 객석을 채울 수가 없다. 메이지자明治座 등 상업적 대중 연극을 올리는 극장에는 단체 관객을 위한 버스 주차장이 갖춰져 있을 정도이다.

물론 극단 시키도 단체 관객을 상대로 영업을 한다. 그러나 쇼치쿠, 도호처럼 상인회, 현인회縣人會,[38] 조합을 가리지 않고 닥치는 대로 단체 관객을 끌어 모으는 것은 아니며, 파격적인 할인 요금이나 배우의 무대 인사도 제공하지 않는다. 극단 시키는 철저하게 일반 관객을 중심으로 하며, 스타에 의존하기보다는 작품에 중점을 둔다. 그렇다고 해도 총 관객 230만 명의 70%가 일반 관객이라는 사실은 실로 경이적이다. 시키의 주된 표적이 되는 관객은 회사에 다니는 20대 여성들이다. 해외에서 쇼핑을 하는 이들이 일본에 돌아와서도 루이뷔통과 구찌를 사듯이, 이들은 극단 시키의 브로드웨이 뮤지컬을 관람한다. 브로드웨이 뮤지컬을 중심으로 하는 레퍼토리가 적중한 것인지도 모르겠다. 이런 의미에서 극단 시키의 230만 명이라는 관객 수는 그 규모도 규모지만 특정한 집단을 대상으로 하고 있다는 점에서 더욱 주목을 끈다. 기업이 제시하는 제품의 개념이 명확하고 표

제1막 마케팅이 공연 소비에 관심을 갖는 이유는 무엇인가?

적 시장이 되는 구매층이 명확하다는 점에서, 게다가 그들의 제품에 대한 관여도가 높다는 점에서 극단 시키에 대한 관객의 열기를 느낄 수 있다.

극단 시키는 처음부터 수도권 집중에서 벗어나 일본 전국을 대상으로 한다는 흥행 목표를 가지고 있었다. 실제로 1998년 가을을 기준으로 했을 때, 북쪽의 삿포로에서 도쿄, 나고야, 오사카, 후쿠오카에 이르기까지 전국적으로 전용 극장을 보유한 극단은 극단 시키뿐이다. 1997년의 『예능백서』에 의하면, 일본의 연극 공연은 뚜렷하게 수도권에 집중되어 있다. 공연 횟수의 50% 가량이 수도권, 25% 가량이 오사카권, 그리고 나머지 25% 가량이 그 밖의 지역으로 되어 있으니 말이다. 비록 출발은 브로드웨이 뮤지컬이고 도쿄였지만, 연극 공연의 전국적인 보급을 원칙으로 한다는 극단 시키의 마케팅 전략은 대단한 것이다.

이 절에서는 쇼치쿠와 도호에 대조되는 극단 시키의 두드러진 성장에 대해 서술했는데, 그 내용을 요약하면 다음과 같다. 우선 스타보다 작품을 앞세우는 방식을 기본 원칙으로 삼아온 극단 시키의 성장이 두드러졌다. 극단 시키는 작품의 품질 향상 및 유지에 전력을 기울여 연극 공연의 전체적인 앙상블과 통합을 중시했으며, 제품의 개념을 명확히 규정함으로써 표적 시장 관객층을 분명하게 했다. 또한 전국적인 배급 시스템을 구축하고 관여도가 높은 고객에 집중했다. 그리고 그 결과 대규모 관객을 확보하게 되었다.

프롤로그: 공연 소비의 열기

### 제4절 디즈니의 브로드웨이 상륙

1998년 5월 15일, 브로드웨이에 있는 뉴 암스테르담 극장New Amsterdam Theater에서 〈미녀와 야수Beauty and the Beast〉에 이은 극단 시키와 디즈니의 제휴 뮤지컬 제2탄 〈라이온 킹The Lion King〉의 제작 발표 기자 회견이 있었다. 회견장에는 일본에서 온 보도 관계자를 비롯한 뉴욕 주재 저널리스트와 카메라맨 등 일본 매스컴 외에도 중국의 『신화써新華社』와 『런민르빠워人民日報』, 한국의 『조선일보』 등 아시아를 대표하는 매스컴 관계자들이 모습을 보여, 디즈니의 본격적인 브로드웨이 진출 및 아시아 진출에 대한 관심을 짐작할 수 있었다.

    1990년대, 브로드웨이 뮤지컬이 오랜 세월 히트작을 내지 못하고 카메론 매킨토시Cameron Mackintosh 등의 런던 웨스트엔드[39] 뮤지컬이 시장을 석권하던 바로 그때 디즈니는 처음으로 브로드웨이에 등장했다. 애니메이션으로 대성공을 거둔 〈미녀와 야수〉를 내세워 디즈니가 브로드웨이 뮤지컬에 뛰어든 것은 침체 상태를 이어가던 브로드웨이의 뮤지컬 관계자들에게 커다란 충격을 주었을 뿐 아니라 그로 인해 디즈니는 차가운 시선을 받기도 했다. 뮤지컬 관계자들 대부분은 왜 브로드웨이에 디즈니랜드를 들고 오느냐며 비난했고, 『뉴욕 타임즈』 역시 탐탁지 않은 평을 실었다. 그러나 뮤지컬 〈미녀와 야수〉는 성공했다. 동시에 디즈니는 브로드웨이에 새로운 변화를 가져왔다. 가장 큰 변화는 공연 시간이 오후 8시에서 7시로 바뀐 것이다. 〈미녀와 야수〉를 보러 오는 사람들의 대다수가 아이들을

제1막 마케팅이 공연 소비에 관심을 갖는 이유는 무엇인가?

동반한 가족들이었기 때문이다. 그들은 공연 전에 맥도날드에서 햄버거를 먹고 뮤지컬이 끝나면 바로 집으로 돌아가는 관객들이었다. 공연 관람 후의 저녁 식사 고객을 기대하던 브로드웨이의 식당 주인들에게 이 변화는 불만이 아닐 수 없었다. 그들은 "디즈니가 어른의 거리였던 브로드웨이를 돈을 떨어뜨리지 않는 꼬마들의 거리로 만들어 버렸다"고 탄식했다. 그렇기 때문에 디즈니의 두 번째 브로드웨이 뮤지컬〈라이온 킹〉은 긍정적이든 부정적이든 대단한 화제를 낳을 수밖에 없었다. 그리고 디즈니의 뮤지컬〈라이온 킹〉역시 브로드웨이에서 히트를 기록했다. 그러나〈라이온 킹〉의 히트는 제1탄인〈미녀와 야수〉의 성공과는 여러 가지 의미에서 다른 것이었다.

〈라이온 킹〉은 1998년 6월 7일에 열린 토니상 수상식에서 작품상을 비롯하여 많은 부문을 석권했으며, 『뉴욕 타임즈』로부터도 극찬을 받았다. 디즈니 시어트리컬 프로덕션Disney Theatrical Production의 부사장이자〈라이온 킹〉의 프로듀서를 맡았던 토머스 슈마커Thomas Schumacher는〈라이온 킹〉의 제작 의도를 이렇게 전했다. "애니메이션 판의 제작이 결정된 시점에서는 뮤지컬 계획이 전혀 없었습니다. 그러나 애니메이션 제작 과정에서 그 내용이 훌륭하고 캐릭터 속에 감정이 살아 숨 쉬고 있는 것을 보면서, 이것은 오히려 뮤지컬에 적합한 것이 아니냐는 생각을 하게 되었습니다"(『라 아르프』[40] 제34권 제158호 부록). 슈마커는 또 대히트를 기록하는 데 가장 큰 기여를 해낸 연출가 줄리 테이무어Julie Taymor의 기용에 대해서는 "〈미녀와 야수〉를 뮤지컬화 할 때는 애니메이션을 본 사람이 그대

[그림 5] 미녀와 야수 공연

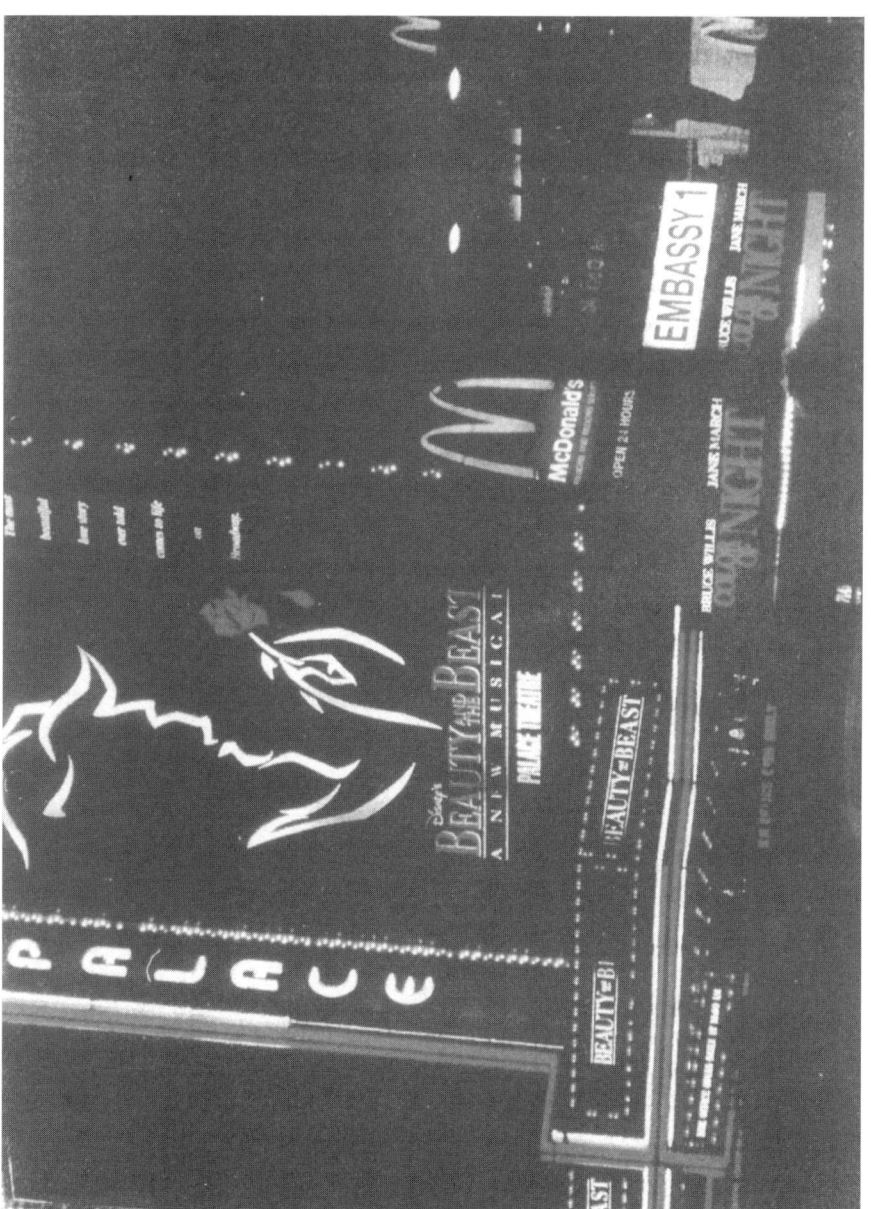

[그림 6] 미녀와 야수를 공연중인 뉴--메디슨극장 풍경

로 납득할 수 있도록 애니메이션에 가깝게 만들었지만, 〈라이온 킹〉은 전혀 다른 방법으로 해보자고 생각했습니다. 오페라 연출 분야에서 다른 사람에게서는 찾기 힘든 재능을 발휘하고 있던 줄리를 어렵게 만났을 때, 이 사람밖에 없다는 생각이 들었습니다"라고 말했다. 이 작품에서 줄리 테이무어는 연출 외에도 의상 디자인, 가면 디자인, 인형 디자인까지 담당했다.

줄리 테이무어는 분락쿠文樂[41]와 가부키 등 일본 연극에 대한 관심도 많고, 인도네시아에서 살았던 적도 있기 때문인지 아시아로부터 강한 영감을 받았다고 한다. 테이무어는 〈라이온 킹〉의 음악에서 아프리카적인 색채를 늘리기 위해 전자 악기 대신 어쿠스틱한 리듬을 사용했으며, 아프리카 말의 아름다움과 에센스를 남기기 위해 줄루Zulu 어를 그대로 사용하는 연출을 시도했다. 〈라이온 킹〉의 무대에 등장하는 것이 대부분 동물이라는 점에서부터, 각각의 동물 캐릭터가 동물의 특징과 인간의 특징을 동시에 묘사하는 것의 어려움에 대해 테이무어는 이렇게 말했다. "동물 가면을 부수거나 인형puppet을 조작함으로써 인간을 보여 주고 싶었습니다. 그래서 인형을 다루는 사람이 스스로도 연극을 하는 입장에 서도록 했지요. 하이테크와 로우테크[42]를 구별하여 쓰는 것도 중요합니다. 어느 경우에든 약간의 신호를 주는 것만으로 표현을 제한하고, 그 뒤는 관객이 상상하게 하려고 노력했습니다. 관객에게 자신도 무대와 함께 움직이고 있다고 생각하게 만들고 싶었기 때문입니다."

이처럼 〈라이온 킹〉은 획기적인 테마 설정, 연출, 음악, 의상, 댄스 등을 통해 예술적으로 높은 평가를 받음과 동시에, 뮤

제1막 마케팅이 공연 소비에 관심을 갖는 이유는 무엇인가?

지컬 관계자들에게는 디즈니가 본격적으로 브로드웨이에 도전장을 던졌다는 인상을 남겼다. 무엇보다도 디즈니는 뉴욕의 맨해튼 42번가에 있는 뉴 암스테르담 극장을 매입하여 본격적으로 리모델링하였다. 이 극장이 있는 42번가는 이전에는 브로드웨이의 메카로 불리던 지역이었으나, 많은 극장이 문을 닫거나 영화관으로 바뀌면서 최근에는 완전히 황폐하고 스산한 지역이 되어 있었다. 뉴 암스테르담 극장도 예외는 아니어서, 몹시 황폐해진 상태 그대로 방치되어 있었다.

디즈니는 이런 상황에 있던 극장을 인수하여 전면적으로 개장했을 뿐만 아니라 지역 전체를 활성화시키기 위해 노력했다. 〈라이온 킹〉의 등장과 함께 뉴 암스테르담 극장은 유서 깊은 옛날의 모습을 되찾았고, 7번가 모퉁이에 있는 극장 곁에는 디즈니 상점이 열렸다. 그곳을 가로질러 건너편에는 워너브라더스 스튜디오 상점이 생겼으며, 또 거리를 사이에 두고 포드 센터Ford Center for the Performing Arts가 들어서서 신작 뮤지컬로 좋은 평판을 얻은 〈롱 타임〉을 상연하게 되었다. 오랜 세월 뮤지컬을 중심으로 빛나던 타임 스퀘어 주변의 인파가 이곳 42번가에 되살아난 듯한 모습마저 보였다. 그런 변화가 나타나자 이번에는 브로드웨이의 팬들이 디즈니를 칭찬의 눈으로 받아들였다. 극단 시키는 이러한 성공 스토리를 안고 있는 디즈니의 뮤지컬 〈라이온 킹〉을 두 번째 제휴 작품으로 하여, 1998년 12월에 문을 여는 극단 시키 전용 극장 "하루春"에서 공연하려 했던 것이다.

〈미녀와 야수〉에서 〈라이온 킹〉으로 이어지는 디즈니의

프롤로그: 공연 소비의 열기

브로드웨이 상륙 과정을 신규 사업에 진입하는 과정으로 분석해 보아도 재미있다. 잘 알려져 있듯이 디즈니는 원래 애니메이션에서 출발한 기업으로, 많은 애니메이션 캐릭터를 세상에 내보내면서 세계의 어린이들에게 꿈을 전해 왔다. 그리고 애니메이션의 세계를 구체화하기 위해 디즈니랜드와 디즈니월드라는 테마 파크를 만들었다. 디즈니의 뮤지컬 시장 진입은 철저하게 그 연장선상에 있는 활동이라고 생각해도 좋을 것이다. 그리고 〈미녀와 야수〉를 앞세운 뮤지컬 시장 진입은 애니메이션의 세계를 동일한 관객에게 다시 한 번 제공한다는 것을 의미했다. 〈미녀와 야수〉는 브로드웨이에 혁신을 가져왔고, 그 전과는 완전히 다른 관객층을 유치하는 데 성공했다. 이런 점에서 디즈니는 브로드웨이 뮤지컬에 크게 공헌했다고 할 수 있다.

동시에 제품 개념product concept과 관객 기반이라는 측면에서 이제까지 브로드웨이가 내세워 온 포맷과는 전혀 달랐기 때문에, 〈미녀와 야수〉를 앞세운 디즈니의 뮤지컬 시장 진입은 기존 시장의 참여자나 오랜 세월에 걸쳐 시장의 포맷을 만들어 온 사람들의 반발을 사기도 했고, 많은 기존 관객을 잃어버리기도 한 것 역시 사실이다. 이 경험을 바탕으로 봤을 때, 디즈니는 철저하게 디즈니의 포맷으로 브로드웨이를 변화시킬 것인가 아니면 이제까지의 브로드웨이식 포맷 안에서 점진적인 개혁을 일으켜 브로드웨이 사람들을 참여시키고 새로운 포맷을 더불어 모색해 가면서 기존의 관객을 바탕으로 새로운 관객 기반을 열어갈 것인가를 선택해야 했을 것이다. 그리고 디즈니는 후자를 선택했다.

브로드웨이 진출작 〈미녀와 야수〉의 히트에 이어 디즈니가 〈라이온 킹〉의 상연에 맞춰 추진했던 개혁은 주목할 만한 것이다. 〈라이온 킹〉은 〈미녀와 야수〉와 마찬가지로 자신들의 애니메이션 히트작에서 가져온 소재이기는 하지만, 〈미녀와 야수〉 때와는 달리 종래의 브로드웨이 포맷에 맞춘 것이다. 게다가 디즈니는 오페라 연출 경력이 있는 줄리 테이무어를 기용하면서 브로드웨이 뮤지컬에 새로운 기축機軸을 들여왔다. 바로 동물의 의인화, 아프리카 음악과 언어의 도입, 참신한 디자인의 무대 의상이다. 게다가 디즈니는 이전에는 융성했으나 지금은 황폐해진 42번가를 브로드웨이 뮤지컬의 중심지로 부활시켰다. 유연한 전략을 구사해 낸 디즈니도, 그리고 처음에는 부정적이었지만 디즈니의 노력에 대한 열광적인 찬사와 함께 디즈니를 브로드웨이에 받아들인 뮤지컬 애호가들의 파워도 모두 훌륭하다. 1998년 6월에 막을 올린 〈라이온 킹〉의 티켓은 1년 후까지 거의 매진 상태였다. 뉴 암스테르담 극장 주변은 "티켓 구함"이라는 쪽지를 내걸고 서 있는 사람들로 넘쳐났다.

**제5절 극단 후루사토 카라반의 뜨거운 열정**

1997년 5월, 도쿄 요요기代々木 올림픽 센터 주변 공터에 설치된 후지 TV 화이트 극장을 빌린 '후루카라 시어터'는 열기로 가득했다. 이 가설극장에서 상연된 후루사토 카라반의 샐러리맨 뮤지컬 〈오! 마이 SUN 사원〉은 극단 후루사토 카라반의 15년의 역사에서 최초로 장기 흥행한 공연이다. 가설극장 안은 젊은 남녀 회사원들로 넘쳤고, 샐러리맨의 구조조정을 다룬, 보기 드물게 사실적인 뮤지컬이 진행될수록 그들은 자지러지게 웃으며 감동했다. 이윽고 막이 내리고 뮤지컬 공연이 끝나자 관객들은 아쉬운 듯 자리에서 일어나 극장 출구로 향했다. 여기까지는 어느 극장에서나 볼 수 있는 광경이었다. 그러나 극단 후루사토 카라반의 공연은 달랐다. 극장을 나서면 거기에는 또 하나의 극장 공간이 준비되어 있었다. 보통 극장의 객석과 비슷한 규모의 공간 주위는 전국에서 모여든 후루사토 카라반 응원단의 깃발[폭이 좁고 기다란 천의 옆과 위에 많은 고리를 달아 장대를 끼워서 세우는 형태]이 펄럭였고, 각 지방의 요리를 선보이는 가설 매점들이 줄지어 늘어 서 있었다. 관람을 끝낸 관객들의 대부분은 입구에서 후루카라 돈[43]을 매입한 후 음료수와 음식을 사기 위해 매점을 향해 몰려갔다.

대부분의 관객들은 아는 사람이든 낯선 사람이든 할 것 없이 어울려 방금 보고 나온 뮤지컬이나 자신에 대한 이야기를 나누었다. 분장을 지우고 평상복으로 갈아입은 출연자들이 관객 속으로 끼어들 때 분위기는 최고조에 이르렀다.

극단 후루사토 카라반은 1983년 1월 "신극이나 상업적인 대중 연극의 어느 쪽에도 속하지 않는 극단"으로 창립되었다. 그리고 1985년 2월에는 주식회사 후루사토 카라반이 설립되었다. 극단 후루사토 카라반의 창단 멤버는 그저 연극이 좋아 모인 배우들이었으며, 신극에 속하지 않는 극단이었음에도 불구하고 그 모체는 신극을 하는 마야마 미호眞山美保 극단이었다. 그러나 그들은 자신들이 좋아하는 연극을 하던 도중에 "관객이

[그림 7] 후지TV 화이트 극장과 극단 후루사토 카라반의 공연 간판

오지 않는 이유가 무엇일까?" "우리는 정말 제대로 된 일을 하고 있는 것일까?" "정말로 관객을 즐겁게 해주고 있는가?"라는 의문에 휩싸이게 되었다. 이러한 의문들을 통해 장 지로두Jean Giraudoux와 장 아누이Jean Anouilh[44]로 대표되는 현대 프랑스 작가들의 작품을 무대에 올리면서도 신극 연극인들의 자기중심적이고 자기만족적인 세계와는 결별해 버린 아사리 게이타의 발상과 그 한계에 후루사토 카라반이 가장 가까운 위치에 있다고 생각할 수 있다. "관객을 모을 수 있는 연극," "관객을 즐겁게 하는 연극"을 만들겠다는 발상이 극단 후루사토 카라반 연극의 근간을 이루는 힘인 것이다.

　극단 후루사토 카라반은 관리, 사무국, 제작 스태프, 배우를 포함하여 모두 82명의 단원들로 이루어져 있으며, 15년간의 누적 관객 수는 212만 명에 이르고 연간 수입은 8억 엔에 육박하며, 전국 47도도부현都道府縣 778자치체自治體 — 311시市 386정町 81촌村 — 에 이르는 공연 지역을 자랑하는 극단이다(1997년 12월 기준).

　극단 후루사토 카라반이 뛰어난 점은, 우선 공연 활동이 전국 방방곡곡에 이른다는 것, 둘째 뮤지컬의 제작 과정이 지역 사회에 뿌리를 두고 있다는 것, 셋째 철저하게 관객 지향적이라는 것, 넷째 각 지역의 후루사토 카라반 응원단이 보여 주듯 극단과 지역 사회가 일체화되어 있다는 것 등이다. 다시 말해, 마케팅에서 말하는 고객 욕구needs를 만족시키는 상품 만들기, 고객이 참여하는 상품 만들기, 고객과 밀착된 관계 형성하기, 고객 친밀감intimacy 만들기를 철저히 실행했다고 할 수 있다.

제1막 마케팅이 공연 소비에 관심을 갖는 이유는 무엇인가?

## 제6절 공연 소비가 마케팅에 시사하는 것

여기까지는 다카라즈카 가극단 스타의 고별 공연, 극단 기자의 해산 공연, 극단 시키의 약진, 디즈니의 브로드웨이 진출, 전국 공연 등을 가능하게 만든 극단 후루사토 카라반의 열정을 기술했다. 이제 공연 소비의 사례와 각 극단의 활동 상황을 돌이켜 보면서, 이러한 것들이 마케팅에 시사하고 있는 내용이 무엇인지 생각해 보자.

공연 소비와 극단들의 활동 상황이 마케팅에 시사하고 있는 바를 말하기 전에, 위의 다섯 가지 사례에서 우리는 몇 개의 키워드를 찾아볼 수 있다. 이들 사례에는 전통적 마케팅에서 확인할 수 있는 개념뿐만 아니라 새롭게 발견되는 개념들 역시 포함되어 있다.

우선은 꿈, 열정, 뜨거움, 열기, 사랑, 감동, 만족감, 자아실현, 환희, 인생, 살아가는 보람, 일체감, 연대, 내면적인 충실 등으로 표현되는 심리적인 개념들이다. 또한 인생을 함께한다, 성장 과정을 지켜본다, 자신을 찾는다, 인적 네트워크를 만든다, 물질을 초월한 새로운 생활을 추구한다, 아름답게 피고 아름답게 진다, 기다려 주는 팬 등 행동과 관련된 개념들을 열거할 수 있다. 종래의 마케팅이 마케팅의 대상에서 공연 소비를 거의 완벽하게 배제해 왔기 때문이기도 하겠지만, 연극 관객의 심리 상태와 행동 상황을 표현하는 이러한 키워드들 안에서는 전통적 마케팅이 고찰 대상으로 삼아 온 개념들을 찾아볼 수가 없다. 기껏해야 '만족감'이라는 개념이 소비자 행동론에서 다루어지

프롤로그: 공연 소비의 열기

고, '일체감'이 유통론에서 다루어지는 정도일 뿐, 위의 사례들에서 발견되는 풍부한 키워드들을 포용하기에 전통적 마케팅은 역부족이라는 것이다.

공연 소비에서 발견되는 이러한 시사점들은 마케팅이 그 동안 고민해 온 화두話頭들을 여러 가지 포함하고 있다고 생각된다. 예를 들어, 공연자와 관객의 상호 작용, 고객과의 만남의 장 만들기, 고객 밀착, 고객 참여, 더블 캐스팅에 따른 품질 경쟁, 프로젝트형 조직 운영을 통한 공연 제작, 명확한 제품 개념, 전국적인 보급이라는 발상, 표적 시장 고객의 명확화, 고객층의 확대, 신규 진입을 위한 대안, 체제 혁신 등이다. 앞에서 서술한 다섯 가지 사례 속에 들어 있는 중요하고 인상에 남는 시사점을 정리하면 다음과 같다.

○ 전문가로 구성된 최고의 헌신적 지원 체제에 의해 운영되는 아마추어 극단(극단 기자)
○ 공연자와 관객 사이의 상호 작용 과정에서 완성되는 상품(극단 시키)
○ 연극 제작 과정을 통한 참여자들의 인생 찾기(극단 기자)
○ 스타 시스템 혹은 앙상블 시스템을 통한 나름대로의 품질 추구(다카라즈카 가극단과 극단 시키)
○ 스타와 팬이 함께하면서 인생을 공유하기(다카라즈카 가극단)
○ '관객이 왜 오지 않을까?', '우리가 정말로 좋은 공연을 제공하고 있는 것일까?' 같은, 관객의 관점에서 이루어지는

치열하고 근본적인 문제 탐구(극단 후루사토 카라반)
  ○ 지역 사회에 기반을 둔 응원단(또는 팬클럽)의 열정(후루사토 카라반)
  ○ 각종 신호의 발신과 관객 자신들의 이미지 만들기(디즈니)
  ○ 기존 관객의 저항과 새로운 관객의 유도(디즈니)

 이렇게 앞에서 서술한 공연 소비의 사례에서 도출된 키워드와 시사점들은 새로운 마케팅의 패러다임을 모색하는 데 큰 의미를 가진다. 이제 프롤로그를 끝내면서 그 의미를 다시 한 번 정리해 보자.
 먼저, 처음에 연극의 소비자가 가지는 심리적 상태로 제시했던 여러 가지 개념들을 마케팅적 입장에서 본다면, 그것은 마케팅의 목적이나 효과라고 할 수 있다. 이러한 개념들은 중 회귀 분석multiple regression analysis[45] 모델에서 마케팅의 종속 변수에 해당한다. 전통적 마케팅에서는 독립 변수에 의해 영향을 받는 종속 변수로 매출액과 매출 증가율 혹은 시장 점유율이라는 변수를 다룬다. 광고계에서는 고객의 주목이나 제품에 대한 선호 및 상품에 대한 태도라는 심리 변수를 다루고, 고객 만족형 마케팅에서는 이른바 '고객 만족customer satisfaction'을 가장 중요한 종속 변수로 다룬다.
 그러나 공연 소비의 고객은 고객 만족만으로는 충분히 만족시킬 수 없는 심적 상태, 즉 꿈을 보는 상태, 열정, 감동과 사랑, 사는 보람, 일체감, 환희라는 상태까지 그 소비 목적으로서 추구하고 있다는 것을 알게 되었다. 여기서 관여도가 높은 소비에 대한 종속 변수를 재빨리 재검토해야 한다는 사실이 새롭게 사례로서 드러난다. 또한 일본의 소비자들은 이미 물질문명의 충족을 넘어서는 새로운 욕구를 가지고 있다는 것, 그리고 인생 혹은 생활이라는 총체적인holistic 경향이 강한 체험적 가치가 욕구의 중심이 되고 있다는 것 또한 드러난다.

이처럼 드러나는 소비자들의 새로운 욕구에 대해 마케팅은 어떻게 대응할 것인가 하는 것이 이 책의 중심 과제이다. 결국 전략 개념으로서 만남의 장 만들기, 고객과의 상호 작용과 그것의 유지, 고객 밀착과 고객 참여, 표적 시장 고객의 설정과 확대 등을 받아들이고 이 개념들을 전개할 것이 요구된다는 내용이기도 하다.

이러한 마케팅의 실천 과제에 대한 답을 얻기 위해서는, 기존의 전통적 마케팅 구조 안에서 각각의 전략 대안에 지금과 같은 연구를 어떻게 덧붙일 것인가, 그리고 전통적 마케팅 구조에서는 다루지 않았던 과제를 관계 마케팅이라는 새로운 구조 안에서 다시 검토하고 설명하기 위해서는 어떻게 해야 할 것인가 하는 질문을 던져야만 할 것이다.

제2장에서는 일단 관계 마케팅의 구조가 등장한 배경을 검토하고, 전통적 마케팅의 새로운 구상, 전통적 마케팅과 관계 마케팅의 상대적 개념의 연결 형태, 그리고 관계 마케팅의 구조와 내용에 대해 논해 보도록 하자.

제2장
# 관계 마케팅의 구조

### 제1절 관계 마케팅의 등장 배경

먼저, 최근 들어 관계 마케팅이 새로이 등장한 이유를 설명해 보자. 그러기 위해서는 관계 마케팅이 무엇인지에 대한 논의가 먼저 이루어져야 하지만, 그 논의는 제3절로 미루기로 하겠다.

관계 마케팅의 등장 배경을 설명하려면 제1막의 서두에서 말한 "마케팅은 정체되어 있다"는 상황 판단을 상기해야만 한다. 1950년대부터 오늘날에 이르기까지 세계 어디에서도 그 예를 찾기 힘든 일본 대중 소비 사회 형성의 주역은 분명 마케팅이었다고 할 수 있다. 그러나 과거와는 달리 오늘날의 소비자는 제품 구매의 목표를 잃어버렸고, 기업 역시 과거와 같은 방식의 마케팅으로는 그 목표에도 적합하지 않고 목표 달성의 수단으로도 더 이상 통하지 않는다는 것을 알게 되었다. 제2차 세계대

전이 끝난 1945년부터 1980년에 이르는 고도 성장기 동안, 일본의 기업들은 희망으로 가득 차 있었다. 근대적인 문명사회를 달성한다는 미명 아래 기업들은 차례로 신제품을 개발하여 시장에 내놓았고, 매출과 시장 점유율 확대라는 명확한 목표를 추구하며 제품, 가격, 판매 촉진, 유통 경로라고 하는, 소위 마케팅 믹스[46]라는 목표 달성 수단을 구사함으로써 전력을 기울여왔다. 그리고 그 목표는 차례차례 달성되었다. 판매가 부진한 제품이 나타나면 생산과 영업의 혁신을 통해 극복해 왔다. 그렇게 해서 끝 모르는 성장을 유지해 온 것이다.

한편 소비자는 어떠했는가? 전후의 소비자는 짧은 시간 안에 전쟁 전의 모습을 버리고 극적인 전환에 성공했다. 패전이라는 사건을 통해 사회의 가치관과 생활 가치生活價値가 이렇게까지 변화된 나라는 그리 많지 않을 것이다. 맥아더 군정 체제의 민주화 지침에 따라, 전쟁 전의 모든 가치관을 나쁜 것으로 치부하면서 전면 부정해 버렸으니 말이다. 이러한 변화에 저항하거나 변화에 대응할 수 없었던 것은 전쟁을 주도했던 일부 사람들뿐이었다. 일반 대중들은 마치 전쟁이라는 과거가 없었던 것처럼 멋지게 변신에 성공했다. 가장 대표적인 예로, 전쟁 중에는 "탐내지 않습니다. 전쟁에 이길 때까지는"[47]이라는 구호로 대변되던 "청빈의 미덕"이라는 가치관이 전쟁 후에는 "원하는 것은 원한다고 말하고, 손에 넣을 수 있으면 즉시 손에 넣는다"라는 행동으로 바뀐 점을 들 수 있겠다.

제2차 세계대전 직후의 일본 소비자들이 목표를 상실했다는 것은 분명했다. 가족과 집을 모두 잃은 그들은 "이제부터 어떻게 살 것인가"라는 문제에 심각하게 직면해 있었던 것이다. 그때 그들의 눈앞에 제시된 것이 바로 전쟁 전의 가치관과 행동 패턴을 전적으로 부정하는 "새로운 일본인의 빛나는 생활상"이었다. 한때 세계 최대의 소매 업체였던 시어즈 로벅Sears Roebuck & Co을 지탱시키던 "미국 중산층"의 생활상이 새로운 일본 소비자들이 추구해야 할 이상적인 생활상으로 등장했다. 그리고 자동차car, 냉장고cooler, 컬러color TV가 "3C의 신기神器"[48]로 인기를 얻었다. 황태자의 결혼,[49] 도쿄 올림픽 개최, 도카이도 신칸센東海道新幹線 개통 등의 사건에 자극을 받으면서 소비 수요는 더욱더 고조되어 갔다.

1991년 거품 경기가 붕괴되기 시작한 시점까지 계속된 성장 일변도 속에도 1970년대의 두 번에 걸친 오일 쇼크 등 위기는 있었다. 그러나 대중 소비 사회 형성 세력은 멈출 줄 모르고 성장하더니 1980년대에 극에 달했다. 근대 문명사회와 물질문화 형성이라는 측면에서 본다면 거품기에 거의 그 정점에 이르렀다고 말해도 그리 과언이 아닐 것이다. 바야흐로 쇼와 겐로쿠 昭和元禄[50]라고 할 만한 세계가 펼쳐진 것이다.

그러다가 잔치는 끝났다. 기업도 소비자도 목표를 잃고 말았다. 극단 후루사토 카라반에서 지적했던 바와 같이, 기업은 "왜 팔리지 않는 것일까, 우리가 하는 일이 정말로 소비자가 원하는 것인가"라는 의문을 품게 되었고, 소비자들은 "지금 나는 무엇을 원하고 있는가, 어떻게 살아가야 좋은가"라는 의문을 안은 채 정신적으로 불안해지고 말았다. 물론 고도성장기에 기업이 취한 행동은, 소비자가 잠재적으로 원하는 물건[51]을 계속 염

제2장 관계 마케팅의 구조

가에 제공했다는 점에서는 적절했다고 볼 수 있다. 소비자 또한 당시의 시대 상황에서는 적절하게 행동했다. 미국 중산층이 누리는 생활상을 좇아 편의와 쾌적함을 추구하고 근대 문명이 제공하는 생활양식을 물질적으로 달성했다는 의미에서는 말이다. 그러나 근대 문명이 제공하는 물질을 획득한 일본의 소비자는 그 다음에는 어떤 생활을 추구해야 하는가? 그 다음에 오는 풍요로운 생활이란 도대체 어떤 것인가? 바로 이 점에 대해서 기업이나 소비자 모두가 미궁에 빠져 있는 것이다.

1982년 미국의 해양학자 레이첼 카슨Rachel Carson은 『침묵의 봄 Silent Spring』이라는 책에서 "봄은 왔지만 자연은 잠자고 있다. … 20세기의 짧은 시간 동안 인류는 가공할 만한 힘을 손에 넣었고 자연을 변화시키고 있다"라면서, 과학을 이용한 물질 중심의 사회를 통렬히 비판했다. 그러나 오로지 근대 문명을 추구하던 시절, 사회를 이끌어 가고 있던 "남자들"은 물질 중심의 사회에 대한 통렬한 비판을 무시했다. 그리고 지금, 1960년대부터 "남자들"이 만들어 온 물질적으로 풍요로운 근대 사회는 비판의 대상이 되고, "포스트모던"한 사회를 만들고자 하는 진지한 논의가 다투어 시작되고 있다. 오늘날 일본 역시 그러한 맥락에서 이제부터 우리들이 살아가야만 하는 사회는 어떠한 모습이어야 하는가, 그리고 기업은 사회에 무엇을 제공해야 하는가 하는 문제에 대한 답을 모색하고 있는 것이다.

이른바 마케팅 믹스를 기본 구조로 하는 "전통적 마케팅"은 '모던'한 사회의 산물이었다. 일찍이 일본의 소비자는 미국 중산층의 생활상을 추종하고 그것에 한걸음이라도 가깝게 가

| ② 생활의 풍요로움을 연출하는 부분 |
| :---: |
| 여유, 정서, 과정 중시 |
| (쓸데없는 것 만들기) |
| ① 생활 기반을 형성하는 부분 |
| 경제적 합리성, 효율성, 편의성 |
| (쓸데없는 것 배제하기) |

[표 2] 일본 소비자의 생활 구조 체계

고자 했다. 이제 21세기를 맞은 일본의 소비자는 무엇을 추구하고 있는 것일까? 간략히 말하자면, 그들이 추구하고 있는 것은 정신적, 문화적으로 풍요로운 생활이며, 제품보다는 서비스, 물건의 구매보다는 사용과 소비, 물건이 넘쳐나는 생활보다는 사람들과의 교류로 넘쳐나는 인적 네트워크와 그를 기반으로 하는 풍요로운 생활이 그 대상이라고 할 수 있다.

최근 일본 소비자의 생활 구조를 다시 정리해 보면, 사람들의 생활은 대체로 ① 생활 기반을 형성하는 부분과, ② 생활의 풍요로움을 연출하는 부분으로 구성된다는 것을 알 수 있다. 그리고 같은 사람이라도 ①과 ②에 부여하는 기본적인 생활 가치는 다르다. 예를 들어, ①을 움직이는 생활 가치는 경제적 합리성, 효율성, 편의성으로서, 한마디로 말한다면 "쓸데없는 것 배제하기"이다. 하지만 ②의 근저를 이루는 생활 가치는 여유와 정서 등으로, "쓸데없는 것 만들기"이다. 현대 일본의 소비자는 이처럼 언뜻 보기에도 모순되는 생활 가치를 병립적으로 추구하면서 새로운 생활 목표와 생활 구조를 만들고자 한다. [표 2]는 이러한 일본 소비자의 생활 구조 체계를 간략하게 나타낸 것이다.

일상생활에서 사람들은 철저하게 경제적 합리성을 추구한다. 이러한 생활의 키워드는 가치value, 즉 제품 및 서비스의 품질과 가격의 관계를 따지는 것이다. 결국 생활 실용품commodity의 세계에서는 "싸고 품질이 좋은 물건," 비용cost에 맞는 편의성을 추구하게 된다. 거품 경기 붕괴 이후 실리적인 소비자가 추구하는 물건은 "좋은 품질이면서도 가격이 할인된quality discounting 상품"이다. 세제를 예로 들어 보자. 제품 사이에 세정력의 차이가 없다고 한다면, 소비자는 가오花王 사의 "어택Attack"이나 라이온 사의 "톱Top"보다는 같은 양이면서 가격은 조금 더 싼 다이에大榮 사의 세제 "세이빙Saving"[52]을 선택할 것이다. 산토리의 위스키 "히비키響"를 산다면 가까운 주류 소매상보다는 싸고 편하게 구입할 수 있는 할인 매장으로 차를 몰고 갈 것이다. 무거운 골프 가방을 어깨에 메는 시간과 노력을 생각한다면 야마토 사의 "구로 네코[검은 고양이] 블루 택배 서비스"[53]를 활용할 것이다.

현대 문명사회는 대다수의 사람들에게 "저가, 품질, 편리함"을 근간으로 물질을 제공하는 사회이다. 그리고 생활 기반을 형성하는 부분은 그런 사회에서 누릴 수 있는 물질문명의 풍요로움을 전달해 주는 부분이다. 현재 일본의 많은 소비자들은 이러한 의미에서 생활의 풍요로움을 향유할 수 있는 환경에 있다. 그러나 사람이란 이러한 생활의 풍요로움을 향유하면 할수록 다른 의미의 풍요로움을 추구하게 된다. 다시 말하면, "마음의 여유"라든가 "정신적 풍요로움"을, "대량 생산, 대량 유통, 대량 소비"를 넘어서 "한 사람 한 사람의 풍요로움"을 추구하게 되는 것이다. 이런 경향에 대해 마케팅이 내놓은 답으로는 "시장 세분화"라는 방법이 있다. 즉, 인간에 대한 인식 자체를 동질적 인간관에서 이종異種 혼합적 인간관으로 전환하면서 그런 변화에 대응하는 방법을 가리킨다.

"한 사람 한 사람의 풍요로움"을 지향하는 시장 세분화 대책이 바로 일본 소비자의 "개성화·다양화" 경향에 대응하는 마케팅 방법이다. 그러나 시장 세분화는 어디까지나 제품 공급을 기초로 하는 대응이며, 생활 기반을 축으로 하고 물질생활의 풍요로운 연출을 기초로 하는 대응이다. 그러나 [표 2]에 나타난 "생활의 풍요로움을 연출하는 부분"에서 오늘날의 일본 소비자들을 만족시키려 한다면, 단순히 대량 마케팅mass marketing에서 개별 대응 마케팅으로 전환하는 것만으로는 정신적 풍요로움이나 정서적 생활의 풍요로움을 추구하는 욕구에 대응할 수가 없다. 여기에 "전통적 마케팅" 구조의 한계가 있으며, 바로 이 지점에서 "관계 마케팅" 구조의 필요성이 대두되는 것이다.

한편 기업들 역시 "싸고 품질이 좋으면서 편리한 상품"의 제공자로만 머물 수는 없게 되었다. 제품 배상 책임product liability 문제, 환경 문제 등이 등장했기 때문이다. 그러나 현대의 기업이 직면하게 된 더 심각한 문제는, 대부분의 시장이 성숙해진 상황이기 때문에 신제품을 차례차례 시장에 내놓는다 해도 이전처럼 목표를 달성할 수는 없게 되었다는 사실이다. 소비자의 개성화, 다양화 경향에 대응하여 시장 세분화, 제품 차별화 전략을 동원해 봤자 소비자는 그다지 호의적인 반응을 보이지 않게 되었다. 대량 마케팅에서 세분 시장 마케팅으로의 단순한 전환이나, 생활 실용품의 고부가가치화를 통한 차별화라는 시도는 별 효력이 없다. 신규 수요의 획득보다도 "고정 고객 만들기," "재구매 고객 만들기"가 유효하다는 도식이 현실적인 문제로 등장했다. 전국 브랜드national brand[54] 메이커로서도 개별 고객의 특성을 무시하는 불특정 다수를 대상으로 하는 대량 마케팅에서 개별 고객의 특성을 고려하는 "특정 다수를 위한 마케팅"으로 옮겨갈 필요를 느끼게 되었다. "기업은 개별 고객의 얼굴을 볼 수 있어야 한다"라든가 "소비자도 개별 회사의 얼굴을 보면서 상품을 선택하고 소비한다"는 양상으로 변하는 것이 현실이다. 그리고 여기에서 관계 마케팅이 요구된다.

또한 기업도 그러한 제품을 핵심으로 하여 고객과의 관계뿐만 아니라 기업과 투자자, 기업과 거래처, 기업과 사회의 관계를 재구성하지 않으면 안 되는 시기를 맞았다. 투자라는 측면에서 생각해 보자. 오늘날에는 주식 금융equity finance[55]이 대세가 되었다. 따라서 이제까지는 신경도 쓰지 않았던 일반 투자자를 상대로 하는 투자 촉진책이 필요해졌다. 거래 관계를 위주로 하던 이전의 "유통 파워론"이라는 구조는 이제 무력화되고 있다. 오늘날의 세계에서 "시장의 힘으로 상대를 지배하고 조종한다"는 방법은 현실성을 잃었다. 미국의 거대 소비재 메이커 P&G(Procter & Gamble) 사와 세계 최대의 소매 기업 월마트 Wal-Mart 사가 맺은 전략적 동맹strategic alliance은 물류 매니지먼트를 중심으로 하는 새로운 관계의 형성이며, 한 회사가 단독으로는 얻을 수 없는 가격 경쟁력을 제휴를 통해 확보할 수 있다는 도식을 모색한 결과이다. 또 오늘날에는 기업이 단순하게 이익을 추구하는 경제적 존재economic entity만으로 존재할 수도 없게 되었다. 기업이 사회 속에 존재하는 의미와 사회에 공헌해야 할 내용을 진지하게 생각하는 기업, 다시 말해 사회적 존재social entity로서의 기업이 요구되는 시대가 온 것이다. 그리고 이것이 바로 구체적 제품이나 서비스의 사회적 수용으로 이어지는 시대이다. 그러므로 이러한 세계에서 기업의 마케팅 목표를 단순히 매출과 시장 점유율로 나누는 것은 불가능한 일이다. 미국의 제록스 사가 창업 이래 지켜온 전략, 즉 복사기 분야의 실적이 저조할 때면 매출과 시장 점유율이 아니라 고객 만족customer satisfaction에 초점을 맞추어 어려움을 극복해 왔다는 사례가 시사하는 바는 결코 작지 않다.

이제는 기업도 고객과의 관계를 개별적이고 장기적으로 관리해야 할 필요성이 높아졌다. 투자자와는 호의적인 관계를 구축해서 자금을 원활하게 조달해야 하고, 유통 거래에서의 파워 패러다임[56]을 포기하고 윈-윈win-win이 가능한 전략적 동맹을 형성해야 하며, 사회와의 관계에서는 사회적 존재라는 기업의 모습을 구축할 필요가 생겨난 것이다. 이러한 상황을 고려하면, 관계 마케팅이 등장한 것은 당연한 귀결이라 할 수 있다.

## 제2절 전통적 마케팅의 한계

이처럼 오늘날 일본의 상황은 관계 마케팅을 필요로 하고 있지만, 그렇다고 해서 쉽게 "전통적 마케팅과의 이별"을 말할 수는 없는 일이다. "대량 마케팅은 소용이 없다. 시장 세분화 마케팅이 기능을 발휘하지 않는다"고 말은 하지만, 실제 마케팅 세계에서는 아직도 전통적 마케팅 구조를 활용하고 있다. 특히 앞에서 말한 생활 기반을 형성하는 부분에 대해서는 대량 마케팅이 여전히 효과적이며, 신규 고객의 획득이라는 면에서는 시장 세분화 마케팅이 요구된다. 그렇다면 전통적 마케팅의 기본 구조란 도대체 어떤 것인가?

전통적 마케팅의 기본 입장은 "기업과 고객"이다. 그리고 "고객에게는 잠재 수요가 있다"라는 사고방식이다. 잠재 수요가 있으므로 목표는 잠재 수요의 만족을 통한 구매자 수(매출) 증대나 시장 점유율 증대가 되고, 목표 달성은 고객의 잠재적 수요에 적합한 마케팅 활동에 의해 실현된다. 다시 말하자면 소비자에게는 잠재 수요가 있게 마련이므로, 기업은 그것을 발굴하고(수요 창출) 그것을 더 큰 규모의 대중이 인식하게 만드는(수요 확대) 일을 해야 한다는 사고방식인 것이다. 마케팅 믹스는 이러한 목표를 달성하기 위한 구체적인 전략이며, 전략의 성공 여부는 그 전략이 소비자의 수요에 적합한가 아닌가에 달려 있다. 전통적 마케팅은 이러한 구조 속에서 세련된 방법론을 구축해 왔으며, 마케팅 믹스와 표적 시장 고객의 욕구와 행동 간의 적합성, 마케팅 믹스 요소 간의 적합성 확보에 그 노력의 대부분을 투입했다. 그리고 제품 정책, 가격 정책, 광고 판촉 정책, 유통 정책 각각에 대한 구체적 입안과 실행에 힘을 쏟아 왔다. 일본의 마케팅은 이른바 '풀 전략'[57]과 '푸시 전략'[58]이라는 양대 시스템 가운데 어느 한쪽을 선택하기보다는 제품, 가격, 판매 촉진, 유통 경로라는 4개 마케팅 믹스 요소 모두를 적극적으로 사용해 왔다고 해도 과언이 아니다.

그러나 최근에 이르러 전통적 마케팅의 기본 구조는 변하지 않았음에도 불구하고 마케팅 믹스에서는 기본적인 발상과 주안점에 변화가 나타나기 시작했다. 예를 들면, 앞에서 서술한 대량 마케팅에서 시장 세분화로 발상이 전환된 것이 그 첫 번째 변화로서, 이에 따라 최근의 마케팅은 표적 시장 고객의 개별적인 모습을 강하게 의식하게 되었다. 고전적인 예를 들면, 편익 세분화benefit segmentation라는 방법이 그 전형일 것이다. 편익 세분화의 전형적인 예로는 치약 제품을 들 수 있다. 이 분야에서는 치약의 속성을 분석한 뒤 제품 개념을 각각 속성별로 설정하고, 설정한 제품 개념 배후에 라이프 스타일에 따른 각각의 소비자 계층을 상정한다. 예를 들어, P&G 사가 내놓은 "울트라 브라이트Ultra Bright"라는 치약 제품은 충치 예방이 아닌 미백 효과에 중점을 두면서, 치약 제품의 속성 중에서도 "광택brightness"이라는 요소를 내세우고 있다.

최근 마케팅 전략의 변화 가운데 가장 주목할 만한 것은 "판매 촉진sales promotion"에 대한 사고방식의 변화와 판매 촉진이 마케팅 믹스에서 차지하는 위치의 변화일 것이다. 이제까지 실행되어 온 좁은 의미에서의 판매 촉진의 전형적인 유형으로는 각종 소비자 프리미엄 캠페인이나 소매업의 전단 배포를 통해 단기적인 매출 신장 효과를 노리는 것을 들 수 있다. 전자의 예로는 각 음료 메이커가 스타디움 점퍼stadium jumper[59]를 현상품으로 내걸고 벌이는 캠페인이 있고, 후자의 예로는 대규모 양판점의 신문 전단지 홍보가 있다. 즉, 판촉 캠페인이란 지극히 단기적인 매출 신장 효과를 노림과 동시에 매체 광고를 보조하고 보완하는 것으로 여겨지고 있었다. 사실 일본에는 광고부와 판촉부가 별개로 조직되어 있는 회사가 많다. 그러나 미국 노스웨스트 대학에서 시작된 통합 마케팅 커뮤니케이션(IMC; Integrated Marketing Communication) 활동의 영향으로 판촉 활동과 광고 활동의 통합 문제가 제기되면서, 마케팅계에서는 양자의 통합과 판촉 활동의 강화를 강조하는 목소리가 높아지게 되었다. [표 3]에서 우리는 판촉 활동에 대한 일본 기업들의 기본적인 사고방식과 실천에 대한 변화를 볼 수 있다. [표 3]에 따르면, 일본 기업이 판촉 활동에서 보이기 시작한 기본적인 변화는 광고 활동과의 통합 강화 그리고 단기 매출 달성 목표 대신 판촉 활동의 장기적인 효과를 생각하게 되었다는 점이다. 이제는 판촉 활동 자체가 소비자와의 연대 속에서 이야기를 만들어 가려 하고, 단기적인 매출 신장보다는 장기적이고도 지속적인 소비자 관계를 형성하려는 경향 또한 두드러진다. 심지어는 판촉 활동이 광고 활동을 리드하는 움직임마저 보인다.

[표 3]에서 볼 수 있는 것처럼, 전통적 마케팅 구조에서 판촉 활동이 변화하고 판촉 활동과 광고 활동의 관계가 변화하는 속에서 전통적 마케팅의 구조 역시 상당한 변화를 나타내고 있다.

|  | 이제까지의 판매 촉진(SP) | 새로운 전환 방향 |
|---|---|---|
| 위치 부여 | 마케팅 전략이 주主, SP는 종從 | 마케팅 기능과의 연결 |
| 주체 | 대행업체, 개별적 편익 추구 | 통합적 마케팅 집단 |
| 목적 | 단기적 매출, 신제품 주목도 | 애호도(충성도), 고객 유지 |
| 수단의 개발 | 외부 에이전트 활용 | 기업 내부 역량 활용 |
| 수단의 체계 | 일회적 사람, 물건, 돈, 서비스, 제도 | 마케팅 시스템의 체계에 내포됨 |
| 기간 | 단기, 불연속, 일과성 | 장기, 유지, 계속성 |

[표 3] 판촉 활동의 변화

그리고 그 변화의 방향은 고객과의 관계 만들기, 고객이 참여하는 이야기 만들기, 고객 유지retention를 위한 장치 만들기 등으로 나타나고 있다고 생각된다. 전통적 마케팅 구조 속에서 처음으로 판촉 활동이 각광을 받고 있으며, 그것이 마케팅 믹스의 중심점이 되리라는 조짐 또한 보이기 시작했다. 1998년도 광고 덴츠상電通賞[60]의 판매 촉진(SP) 부문을 수상한 마츠시타松下 전자의 "에스테 학원 시리즈"[61]가 그 전형적인 예일 것이다.

이처럼 전통적 마케팅 구조에도 다양한 변화가 일어났으니, 이제 "대량 마케팅과의 이별"이라는 화두는 피할 수 없는 것이 되었다. 시장 세분화 마케팅, 표적 시장 고객 마케팅, 고객 유지의 판촉 중심 마케팅을 필요로 하는 시대가 도래한 것이다. 그럼에도 불구하고 전통적 마케팅은 철저하게 잠재 수요에 대응하는 마케팅, 표적 시장 고객을 객체화하는 마케팅, 일방적인 설득의 마케팅인 것이다. 이에 대하여 관계 마케팅은 잠재 수요

제2장 관계 마케팅의 구조

는 존재하지 않을지도 모른다고 전제하면서, 기업과 표적 시장 고객을 각각 주체와 객체로 구분하는 관점이 아니라 표적 시장 고객과의 공동 작업을 추진하고 상호 커뮤니케이션을 추구하는 마케팅이다. 다음 절에서는 이 책이 중심 과제로 삼은 관계 마케팅의 구체적인 구조와 내용에 대하여 설명한다.

### 제3절 관계 마케팅의 구조와 내용

지금까지 설명했듯이, 관계 마케팅은 행동 주체로서 마케팅을 수행하는 기업과 그것을 둘러싼 관계 집단의 관계를 중시하는 것을 기본 입장으로 한다. 마케팅을 수행하는 기업을 둘러싼 관계 집단으로는 투자자, 원재료와 부품 조달자, 도·소매 등 유통업자, 고객, 소비자라는 다양한 집단이 있으며, 이들 관계 집단 각각과 어느 정도의 관계를 어떻게 구축하느냐 하는 것이 그 기본 과제가 된다. 다시 말하면, 사회적 존재로서 마케팅을 수행하는 기업은 지역 사회를 비롯한 사회 전반을 관계 형성의 대상으로 삼는 것이다. 그러나 이 책에서는 마케팅을 수행하는 기업이 관계 형성 대상으로 삼는 관계 집단의 범위를 고객과 소비자로 제한하여 논의를 진행하겠다.

    앞에서 말한 것과 같이, 관계 마케팅의 출발점은 "고객과 소비자에게 잠재 수요가 반드시 존재하는 것은 아니다"라는 사고방식이다. 그러므로 관계 마케팅의 최대 과제는 "어떤 생각에 기초를 두고 어떻게 수요를 만들 것인가" 하는 것이 된다. 따라서 관계 마케팅의 특징을 이렇게 표현할 수 있다. "고객·소

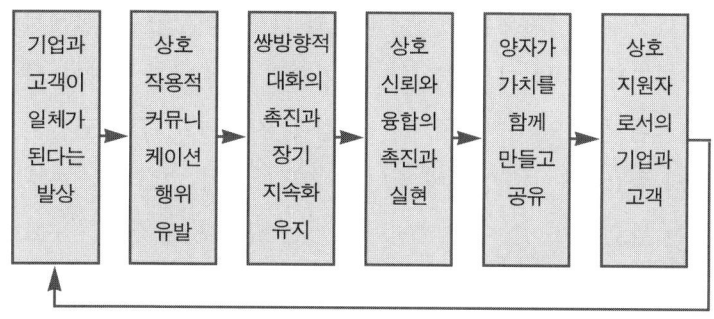

[표 4] 관계 마케팅의 실현 과정

비자와 마케팅을 수행하는 기업 사이에 이루어지는 관계 형성 과정에서 수요 창출이 실현될 수 있다"고 전제하면, 관계 마케팅은 고객·소비자와 기업을, 기업과 고객이라는 별개의 객체가 아닌 하나의 통합된 존재로 생각하게 되며, 양자 간에는 쌍방향적이고 지속적인 상호 작용적 커뮤니케이션 행위가 존재하게 된다. 양자가 상호 작용적 커뮤니케이션 행위를 통해 신뢰를 얻고 융합하면, 결과적으로 양자의 가치(수요)는 공유되며 양자는 서로를 지원하는 관계로 변한다. 그리고 그러한 결과를 목표로 하는 활동이 바로 관계 마케팅인 것이다. [표 4]는 관계 마케팅의 실현 과정을 그림으로 나타낸 것이다.

관계 마케팅은 "수요와 가치는 마케팅을 수행하는 기업과 고객·소비자 사이의 상호 작용적이고 쌍방향적인 커뮤니케이션 속에서 공동으로 창출되는 것이다"라는 생각을 기반으로 하고 있으며, 커뮤니케이션 행위 중에서도 특히 쌍방향적인 대화형 커뮤니케이션을 중시한다. 여기서의 대화란 양자가 쌍방향적이면서 상호 작용적으로 실행하는 커뮤니케이션을 의미하며,

제2장 관계 마케팅의 구조

그 과정에서 이전에는 없었던 내용과 아이디어, 개념이 발생하는 행위를 의미한다. 일본 사람들이 흔히 하는 날씨 이야기, 즉 "오늘은 덥군요," "찌는 군요," "그럼 잘 지내세요" 등은 단순한 말의 주고받음이나 인사에 지나지 않기 때문에, 그런 것을 통해서는 새로운 아이디어나 개념이 생기는 일도 없고 새로운 수요도 찾을 수 없다.

관계 마케팅이 쌍방향적이고 상호 작용적인 대화형 커뮤니케이션을 중시하는 이유는, 그런 과정을 통해서만 양자에 의한 상호 신뢰와 융합이 생겨나고 가치를 함께 만들어 공유하게 되기 때문이다. 즉, 양자가 일체감을 갖고 융합한다고 느낄 때 비로소 공감, 공조, 감동이 생겨나고, 서로를 지원하게 되는 동기가 발생하는 것이다. 이러한 커뮤니케이션 상태는 극장이라는 동일 시공간에 있는 공연자와 관객 사이에서 확실하게 드러난다. 이러한 상태는 1970년대 후반부터 1980년대 사이에 논의되었던 예술 소비 혹은 쾌락적 소비 hedonic consumption에 의해 이론적으로도 설명된 바 있다. [표 5]는 쾌락적 마케팅 혹은 소비 체험주의라는 관점의 특징을 요약한 것이다.

[표 5]에 따르면, 소비 대상을 공연으로 했을 때 그 목적은 쾌락적 소비의 즐거움과 쾌락 추구이며 동시에 관객 자신들이 인생에서 체험한 것에 대한 의미 구성이 된다. 또한 소비의 지향성은 주관적, 상징적이며 동시에 총체적holistic이다. 소비 자극의 중심을 형성하는 것은 실제 체험이며, 비언어적이고 오감적인 자극이다. 결과적으로 관객은 정동적情動的 반응과 판타지에 빠지는 상태가 되기도 하고, 공감이나 감동을 얻게 되기도

제1막 마케팅이 공연 소비에 관심을 갖는 이유는 무엇인가?

| | |
|---|---|
| **소비 대상:** | 쾌락, 레저, 예술 |
| **목　　적:** | 쾌락적 소비, 의미 구성 |
| **지 향 성:** | 주관적 특징의 상징적 의미 탐색, 총체적holistic 지향 |
| **자극 특성:** | 체험적, 비언어적 자극, 오감적 자극 |
| **반　　응:** | 정동情動, 판타지, 감동, 공감 |

[표 5] 쾌락적 소비의 특징

한다. 그런 상황이 만들어진다는 의미에서 우리는 공연 소비를 대화형 커뮤니케이션 행위라고 할 수 있다.

　소비자는 극단으로부터 받은 일정한 마케팅 자극이나 친구, 지인의 말에 유도되어 극장으로 발길을 옮긴다. 이 시점에서 소비자들은 아직 자신이 소비할 공연의 구체적인 내용에 관해 확실한 이미지를 품고 있는 것은 아니다. 음악이 울리고 막이 올라 공연자가 연기를 시작할 때 비로소 공연자와 관객의 대화는 시작된다. 공연자는 연기로써 관객에게 메시지를 보내고, 관객은 공연자로부터 받은 메시지에 대하여 호흡과 박수 등을 통해 메시지를 돌려주며, 공연자는 관객으로부터 메시지를 받으면 다시 다른 메시지를 내보낸다. 그런 과정이 되풀이되면 결국 공연자와 관객이 일체가 되어 서로 감동을 주고받는 상황이 발생한다. 공연자와 관객이 서로 언어적, 비언어적인 자극을 주고받음으로써(즉, 대화를 통해) 감동이 생겨나는 것이다. 그리고 그 감동이 강하면 강할수록 공연자는 다시 연기하고 싶다고 생각하게 되고, 관객은 다시 관람하고 싶다는 느낌, 즉 재구매 동기를 갖게 된다.

[표 4]에 나타나 있듯이, 관계 마케팅의 첫 번째 내용은 융합이다. 융합이라는 실체가 없다면 고품질의 공연이라는 상품도 성립되지 않으며, 수요를 공동으로 만들어 공유하는 일도 없기 때문이다. 그러므로 기업과 고객, 주체와 객체라는 구분이 아니라 자신과 상대방 혹은 주체와 객체가 하나가 되는 것이야말로 관계 마케팅의 본질이라고 생각할 수 있다. 기업과 고객, 제품 브랜드와 소비자 혹은 공연자와 관객 가운데 "어느 쪽이 주체이고 어느 쪽이 객체인가" 혹은 "어디까지가 주체이고 어디까지가 객체로서의 행위인가"라는 인식이 애매해진 상태(융합)가 실현될 때 관계 마케팅이 구현되었다고 말할 수 있는 것이다. 그리고 어떻게 그런 상태를 구현할 것인가 하는 과제가 남는다.

양자의 융합은 어떤 계기로든 양자가 만남으로써 시작된다. 따라서 일단은 만남의 장場을 설정하는 것이 제일 중요하다. 공연 소비의 경우 양자가 만나는 장은 극장이다. 극장은 기본적으로 닫혀 있는 공간이기 때문에, 소비자를 극장으로 유도하는 장치가 제대로 작동하기만 하면 만남의 장을 설정하기는 비교적 쉬운 편이다. 공연 이외의 서비스재, 예를 들어 디즈니랜드 같은 테마 파크와 소매 점포의 경우 역시 닫혀 있는 시공간을 만들기는 쉽다. 그러나 제품 마케팅의 경우, '물리적으로' 닫혀 있는 시공간이란 일부 판촉 캠페인을 제외하면 설정하기 어려

제1막 마케팅이 공연 소비에 관심을 갖는 이유는 무엇인가?

운 것이 현실이다. 그러므로 어떻게 '심리적으로' 닫혀 있는 시공간을 만들 것인가를 고민해야 한다.

관계 마케팅의 두 번째 내용은 상호 신뢰, 특히 감정적 신뢰의 형성이다. 신뢰라는 개념은 기본적으로 전통적 마케팅의 바탕을 형성하는 "교환 개념"에 그 기초를 두고 있다. 즉, 인지적으로 파악할 경우, 신뢰라는 개념은 기대했던 효과에 대한 기대 실현의 반복을 의미한다. "A가 B에 대하여 어떤 효과를 기대한다, B가 기대 효과를 실현한다, 신뢰가 생겨난다"라는 도식이 성립되고, 이런 과정이 되풀이되는 가운데 상호 신뢰가 높아지는 것이다. 그렇게 되면 상호 신뢰는 확률의 문제로 바뀌게 된다. 다시 말해, "이제까지 B는 열 번의 거래에서 아홉 번은 기대에 응해 주었으므로, 한 번쯤 기대에 어긋난 것은 용서한다"라는 의미의 신뢰인 것이다. 그러나 되풀이되는 거래 속에서 기대 실현의 확률이 낮아지면 교환 행위를 바탕으로 하는 신뢰는 결국 붕괴하고 만다.

교환 개념에 근거한 신뢰가 기대 실현 확률의 저하로 붕괴하는 이유는, 그것이 "만족satisfaction"이라는 결과 효과를 전제로 하고 있기 때문이라고 할 수 있다. 여기에서 기대 실현의 반복에 따라 얻어지는 신뢰를 "인지적 신뢰"라고 이름 붙이도록 하자. 전술한 것과 같이 인지적 신뢰는 "기대 → 성과 → 확인 = 만족"이라는, 이른바 고객 만족 등식에 근거하고 있는 것이다. 그러므로 여기서의 "만족"이란 철저하게 기대와 성과의 일치를 의미하는 것이지 그 이상 혹은 그 이하의 무엇이 아니다. 이러한 상황에서 신뢰가 생겨나는 것은 "기대 배반의 위험"

이 회를 거듭할수록 감소하기 때문이다. 기대치가 일정할 때, 이러한 과정에서 얻어진 신뢰는 확고부동한 것이 된다. 그러나 실제로는 교환이 되풀이되면서 기대치가 올라가거나 "만족의 상태"가 고객에게 "당연한 상태"로 인식되면서, 결국 기대와 성과 사이에 나타나는 극히 미세한 불일치마저도 불만족을 초래할 위험이 존재하기 때문에 불안정한 것일 수밖에 없다. 다시 말하면, 인지적 신뢰라는 개념은 만족의 반복에 의하여 얻어지는 것이며, 만족은 기대 → 성과 → 확인이라는 인지적 과정에 따라 달성된다.

감정적 신뢰는 전통적 마케팅의 구조를 넘어서는 개념이다. 감정적 신뢰는 물적 교환 행위를 넘어서는 사회적 교환 행위를 기초로 하기 때문에 확률에 의존하지도 않고 기대에 대한 실망이라는 위험을 품고 있지도 않다. 정서적 신뢰는 기대에 대한 성과조차 전제하지 않는다. 그렇다면 사람은 왜 교환 행위가 발생하기도 전부터 기대와 성과의 불일치라는 위험을 꺼리지 않고 커미트먼트[62] 하는 것일까? 물론 교환 행위가 발생하기 전에도 상대편의 전문성expertise에 근거해 커미트먼트 하는 일은 있을 수 있다. 그러나 사람들은 그런 전문성에 대한 사전 인지가 없을 때에도 커미트먼트 하곤 한다.

감정적 신뢰는 자신과 상대방 사이의 상호 작용에 의해 형성될 수 있다. 여기에서 [표 5]에 나타난 쾌락적 소비의 특징을 다시 한 번 되짚어 보자. 예술 소비의 경우 사람은 비언어적, 오감적 자극을 받고 반응한다. 그러나 그 자극-반응의 도식은 상호적이며 감정적이다. 상호 작용은 또 양자의 프로필(감성과 라이프 스타일까지 포함된다)이 가지고 있는 상대적 유사성 속에서도 발생한다. 연인 관계는 왜 생겨나는가? 그것은 기대-성과라는 도식만으로는 도저히 생겨날 수 없는 관계이다. 그런 관계는 비언어적, 오감적인 상호 작용에서만 발생할 수 있다. 예술 소비, 공연 소비 역시 마찬가지이다. 그러므로 감정적 신뢰의 기반을 이루는 것은 인지적 만족에서 얻어지는 것이 아니라 이러한 상호 작용에서 발생하는 "감동"과 "환희gratification"이다. 이 범위에서의 감정적 신뢰는 더 한층 "감정적"인 것이며, 확률론과 기대 배반의 위험이라고 하는 관점에서는 논할 수 없는 그 무엇이다.

마지막으로 이제까지 서술해 왔던 "관계 마케팅"의 구조와 내용에 대해 간단하게 정리해 보자. [표 6]에 나타난 관계 마케팅의 특징은 이제까지 여기저기에서 서술한 전통적 마케팅의 구조와는 상당히 다른 내용을 보여 준다. 또한 그 구조는 이 책의 바탕이 되는 공연 소비의 현실을 상당히 의식하여 구성한 것이다. 문제는 지금까지 전통적 마케팅 구조를 중심으로 하던 제품 마케팅을 전부 관계 마케팅으로 대신할 수 있는가 하는 것이다. 이런 관점에서, 이번에는 여기 제2장에서 서술해 온 관계 마케팅의 구조와 전통적 마케팅의 구조가 서로 연결될 수 있는지를 검토하고, 한층 포괄적인 마케팅 구조의 구축 가능성에 대하여 논하고자 한다.

| 목 적: | 수요의 공동 창출과 공유화 |
|---|---|
| 방 법: | 쌍방향적 대화형, 상호 작용적인 커뮤니케이션의 촉진 |
| 수단적 상황: | 물리적·정신적 만남의 장 설정 (닫힌 시공간 만들기) |
| 수단적 성과: | 융합과 감동적 신뢰 |
| 실 현 상 황: | 사회 교환, 감정적 신뢰(공감·환희), 비언어적·오감적 상호 작용에 주목 |

[표 6] 관계 마케팅의 구조와 내용

## 제4절 총체적 접근에 대한 연구

전통적 마케팅과 관계 마케팅의 연결을 시도해 보는 출발점으로서 일단은 "총체주의holism" 또는 "총체적holistic"이라는 개념에 대해 간단하게 설명해 보자. 사전에 의하면, "총체주의"[63]란 "부분을 넘어선 전체로의 주목" 또는 단순하게 "전체"라고 정의되어 있다. 이 책에서는 총체주의를 다음의 세 가지 차원에서 파악하고자 한다. 일단 소비자가 제품과 서비스를 보는 눈으로서의 총체주의, 둘째로 기업이 소비자를 보는 눈으로서의 총체주의 그리고 셋째로는 기업이 소비 과정을 보는 눈으로서의 총체주의이다.

제1막 마케팅이 공연 소비에 관심을 갖는 이유는 무엇인가?

"소비자가 제품과 서비스를 보는 눈"으로서의 총체주의는 앞에서 언급한 소비자 행동 연구에서 말하는 정보 처리라는 접근 관점과 쾌락적 소비라는 접근 관점의 차이와 관련되어 있다. 소비자 정보 처리라는 접근 관점에서는 소비자가 제품을 일정한 속성들의 집합체로 인지하고 있다고 간주한다. 이 관점에서는 제품에 대한 소비자의 선호와 선택을 속성 총합의 결과라고 파악하며, 그 속성 총합의 방법에 논의를 집중시킨다. 예를 들어, 치약이라는 제품은 "충치 예방," "미백 효과," "구취 제거"라는 속성을 가지는 것으로 분석되며, 각각의 속성에 대한 인식과 평가에 의해 치약 제품에 대한 선호와 선택이 결정된다는 것이다. 이것을 연극, 음악, 회화 등의 제품에 그대로 적용해 보자. 소비자가 이들 제품의 속성을 분석하고 그 속성의 총합을 생각한 뒤 "좋다–나쁘다"라든가 "좋아한다–싫어한다"라는 평가를 내리게 되는 것일까? 대답은 "아니다"이다. 일부의 전문가를 제외한다면 연극과 음악, 회화 등에 대한 소비자의 평가는 소비자가 받은 이미지를 기초로 하여 대부분 '게슈탈트Gestalt'[64]적으로 이루어진다. 게다가 이들에 대한 평가는 인지적이기보다는 정서적이다. 이런 "소비자의 보는 눈"을 총체주의의 첫 번째 차원이라고 부르기로 하자. 제품과 서비스를 보는 소비자의 이러한 방법은 특별히 예술 소비에만 한정되는 것이 아니라, 소비자의 관여도가 높은 제품 카테고리에 대해서는 일반적으로 통용된다.

총체주의의 두 번째 차원은 "기업이 소비자를 보는 눈"이다. 어떤 의미에서는 이것을 "소비자가 제품과 서비스를 보는 눈"의 두 번째 측면이라 말해도 좋을 것이다. "기업이 소비자를 보는 눈"이 총체적 시점을 갖지 않으면 안 되는 이유는, 기업이 소비자를 단순히 "자사의 제품을 구매하는 사람"으로 간주해서는 안 되기 때문이다. 여기서 중요한 것은, "소비자는 왜 제품과 서비스를 구매하는가"라는 점을 기업이 생각하지 않으면 안 된다는 점이다. 크게 나누어 소비자의 제품 구매는 '목적적 소비'와 '수단적 소비'라는 두 가지 근거를 가진다. 목적적 소비는 그 제품을 소비하는 것 자체가 목적이 되는 소비를 가리킨다. 예를 들어, "맛있는 것을 먹고 맛있다고 느낀다"거나 "디즈니랜드에 가서 한때를 즐긴다"는 경우를 들 수 있다. 수단적 소비는 그 제품을 소비하는 것이 무엇인가 다른 목적을 달성하기 위한 수단이 되는 소비를 말한다. 다시 말해서 "맛있는 것을 먹는다"는 것이 목적이 되는 것이 아니라 "좋아하는 사람, 사랑하는 사람과 즐거운 한때를 보내기 위한" 수단이 되는 경우이다. 맛있는 것을 먹는 것이 소비의 목적이라면 자기 취향에 맞는 가게를 찾아 혼자서 묵묵히 먹으면 된다. 그러나 그런 사람은 그다지 많지 않을 것이다.

　사람은 왜 물건을 구매하고 소비하는 것일까? 생존하기 위해서, 또한 인생을 즐기기 위해서이다. 생활의 기반을 확고하게 하고 물질적으로나 정신적으로 풍요로운 생활을 연출하고 싶기 때문이다. 그렇다면 대부분의 제품과 서비스를 구매하는 것은 수단적이라고 할 수 있다. 혹은 목적적인 동시에 수단적인 것이다. 소비자의 구매와 소비 행위를 이렇게 파악할 경우, 제품과 서비스의 구매라는 소비의 기점은 언제나 소비자의 생활,

생활 가치와 행동 체계 만들기가 된다. 그러므로 기업은 제품을 만들 때 언제나 "제품이 아니라 생활을 기점으로 한다"는 것을 염두에 두지 않으면 안 된다. 즉, 총체주의의 두 번째 차원은, 기업이 제품을 만들 때는 항상 소비자의 전체 생활 속에서 그와 조화되는 제품 서비스를 생각하고, 소비자를 "생활자"[65]로 파악해야 한다는 것을 의미한다.

총체주의의 세 번째 차원은 소비자의 구매 행위와 소비 행위를 일련의 전체적 과정으로 파악하는 것이다. 제품 구매를 총체주의적인 시점으로 파악하면, 그 구매 행위는 하나의 독립된 시점에 완결되는 것이 아니라 (1) 구매 전의 과정, (2) 구매와 소비의 과정, (3) 소비 후의 과정이라는 전 과정 안에서 이루어진다고 생각할 수 있다. 그러므로 마케팅의 목적 역시 "어떻게 물건을 사게 할 것인가"에 한정되는 것이 아니라, (1)의 과정에서 무엇을 할까, (2)의 과정에서 무엇을 하는 것이 적절한가, (3)의 과정에서 무엇을 행하는 것이 적절한가를 생각하는 쪽으로 변화된다. 이 책에서는 (1)의 과정에 대한 마케팅의 대응을 "트라이얼 유도" 혹은 "고객 유도" 마케팅으로, (2)의 과정에 대한 대응을 "재구매repeat 유도" 혹은 "상호 작용interaction 촉진" 마케팅으로, (3)의 과정에 대한 대응을 "고객 유지retention" 마케팅으로 부르려 한다.

이처럼 "총체주의"라는 개념을 세 가지 차원으로 규정해 보면 전통적 마케팅과 관계 마케팅을 연결하는 새로운 마케팅 구조는 저절로 그 형태를 드러낸다. 새로운 마케팅 구조의 목표는 "생활 속에서 만들어지는 새로운 수요의 창출"이며, 제품과

> **목    표:** 생활 속에서 만들어진 새로운 수요의 창조
>
> **접근 관점:** 인지적 소비에서 정서적 소비로 이동
>
> **대    응:** 소비 전의 과정, 소비의 과정, 소비 후의 과정에 대한 대응

[표 7] 마케팅의 총체적 접근 관점의 개요

서비스를 "생활자"의 "생존"과 "인생 만들기"라는 생활 목표 속으로 파고들어가도록 만드는 것이 된다. 그리고 그런 접근 관점에서는 어떻게 생활자를 인지적이면서 동시에 정서적으로 파악할 것인가라는 의미에서의 제품 만들기와 커뮤니케이션이 필요하며, 마케팅의 대응으로는 (1) 소비 전의 과정, (2) 소비의 과정, (3) 소비 후의 과정이라는 전체 소비 과정을 통합적으로 관리하는 것이 중요하다는 것 역시 알게 되었다. [표 7]에서는 세 가지 차원의 총체주의를 기초로, 마케팅의 총체적 접근 관점을 개념화시켜 보았다.

   [표 7]에 나타난 총체주의적인 접근 관점을 공연 소비에 적용하여 생각해 보면 어떨까?

   우선 일본의 공연 소비 인구가 극히 적다는 현실을 생각해 보면, 공연을 소비하지 않는 인구를 어떻게 극장으로 유도할 것인가를 고민해야 한다. 즉, 소비 전의 과정에서 사람들을 트라이얼 유도로 이끄는 일이 지극히 중요하다는 것이다. 트라이얼 유도 혹은 고객을 끄는 장치의 설정이라는 면에서는 종래의 전통적 마케팅을 기반으로 하는 설득적 커뮤니케이션이 유효할

제1막 마케팅이 공연 소비에 관심을 갖는 이유는 무엇인가?

수도 있겠다. 시험 관람(트라이얼)에 유도된 관객을 극장이라고 하는 물리적으로 닫힌 시공간 안에서 상호 작용적인 커뮤니케이션에 참여하게 하고 나면, 그들의 재구매를 유도하는 데에는 관계 마케팅의 접근 관점, 즉 정서적 소비, 대화형 혹은 비언어적이고도 오감적인 커뮤니케이션이 유효할 것이다. 그리고 소비 후의 생활자를 항상 제품과 연결시켜 두기 위해서는 제2단계, 제3단계에서의 상호 작용과 동시에 생활에 대한 총체적인 접근 관점이 효과적일 것으로 보인다.

제1막 프롤로그에서 서술한 다카라즈카 가극단 톱스타의 고별 공연과 극단 기자의 해산 공연에서 보았던 열기, 극단 시키의 약진, 디즈니의 브로드웨이 상륙 성공기, 후루사토 카라반의 열정에 대한 서술을 다시 한 번 생각해 보자. 이런 현상이 왜 발생하는 것일까? 소비자 수요란 무엇인가? 마케팅의 대응이란 무엇인가? 프롤로그와 제1막 제2장의 논의를 통해 우리들은 앞으로의 마케팅이 어떻게 변해야 할 것인가를 다시 생각해 보아야 할 것이다.

제2막에서는 다카라즈카 가극단, 극단 시키, 후루사토 카라반의 현실을 소재로 하여, 여기에서 말한 관계 마케팅의 구조와 내용을 그리고 전통적 마케팅과 관계 마케팅의 연결이 구체적으로 어떻게 이루어지는지 등을 더욱 상세하게 음미해 보자.

# 제2막
# 공연 소비의 마케팅

**한** 가지 이상한 일이 있다. 지금까지 마케팅의 사례로 제시한 다카라즈카 가극단의 고바야시 이치조, 극단 시키의 아사리 게이타, 극단 후루사토 카라반의 오우치 요시노부 가운데 누군가가 체계적인 마케팅 교육을 받았다는 이야기는 들어본 적이 없다는 점이다. 그러나 마케팅 교육을 받지 않은 고바야시 이치조의 다카라즈카 가극단이 한큐전철 마케팅의 핵심이 되었고, 그런 한큐전철의 마케팅 기법은 오늘날 세이부 철도西武鐵道, 세존 그룹, 도큐전철東急電鐵 마케팅의 모범이 되고 있다. 극단 시키는 현재 쇼치쿠, 도호를 제치고 관객 동원 면에서는 일본 제일의 조직이 되었다. 극단 후루사토 카라반의 컨트리 뮤지컬과 샐러리맨 뮤지컬은 일본산 뮤지컬의 기본으로 생각된다. 고바야시 이치조, 아사리 게이타, 오우치 요시노부가 오늘날과 같은 성과를 창출해 낼 수 있었던 원천이 무엇인지를 찾는 일이 흥미로운 이유도 바로 이 때문이다. 여기에서는 그들이 시도한 것이 무엇이었는가를 되돌아보고 그 시도에서 마케팅과 관련된 요소들을 이끌어 내는 데 주력하려 한다. 또한 제1막 제2장에서 서술했던 마케팅의 총체적 접근과 그들의 시도가 어떻게 연관되는가를 분석해 보고자 한다. 분명한 것은, 그들에게서 배워야 할 새로운 마케팅은 이론적 마케팅의 개념과 구조를 전혀 의식하지 않은, "마케팅 실천"을 통해 탄생했다는 사실이다.

  여기서 소개할 공연 소비 관련 마케팅의 사례는 고바야시 이치조의 고객 에워싸기 마케팅, 아사리 게이타의 고객 유도 마케팅, 오우치 요시노부의 고객 유지 마케팅이다. 각 사례의 뛰어난 마케팅 실천에 주목하기 바란다.

제1장
# 다카라즈카 가극단의 고객 에워싸기 전략

다카라즈카 가극단을 논하기 전에, 한큐전철에서 고바야시 이치조가 주도했던 고객 에워싸기 전략에 대해 먼저 생각해 보자. 다카라즈카 가극단은 한큐전철이 펼친 레저 사업의 일환으로 개설되었던 다카라즈카 패밀리랜드의 한 부문으로서 시작되었고, 현재[1999년]는 한큐전철 주식회사 엔터테인먼트 사업본부 소속 가극사업부가 된 상태이다.

### 제1절 고바야시 이치조의 고객 에워싸기 전략

미노아리마箕面有馬 전기궤도電氣軌道 주식회사로 설립된 한큐전철은, 1910년에 오사카 우메다와 다카라즈카를 연결하는 다카라즈카선, 오사카 우메다와 미노를 연결하는 미노지선을 개통시켰다. 오사카와 고베를 잇는 한신전차는 그 당시 이미 개통

[그림 8] 다카라즈카 가극의 피날레 공연 장면

(1905년)된 상태였다. 한신전차가 오사카와 고베를 연결하는 도시형 민영 철도였던 것과 달리 다카라즈카선과 미노선은 교외선이었고, 따라서 노선 주위의 인구 밀도에서 한신전차에 비하면 훨씬 불리한 위치에 있었다. 그러므로 전철 개통 당시 고바야시 이치조의 최대 과제는 승객 수를 늘리는 일이었다. 고바야시 이치조는 다카라즈카보다는 오사카에 가까운 미노에서 먼저 승객을 늘리겠다는 생각에서 즉시 미노에 자연형 동물원을 개설하였다. 그러나 동물원은 여러 가지 이유로 인해 실패하고 말았다. 그래서 1911년에는 다카라즈카 신온천新溫泉[1]을 열고 한큐전철의 승객 유치 정책과 관광 개발의 핵심을 전면적으로 다카라즈카로 이전시켰다. 다카라즈카 신온천(지금의 다카라즈카 패밀리랜드)은 당시로서는 전혀 새로운 형식의 레저 센

터였고, "보통의 가족 동반객"이 오사카에서 "당일 여행"으로 갈 수 있는 "안락하면서 싸고 즐거운" 온천을 상품으로 내세우고 있었다.

    다카라즈카 온천에는 미노에서 옮겨온 다양한 오락 설비가 들어섰고, 1912년에는 "파라다이스"라는 오락장을 서양식 건물로 증설하면서 실내 수영장을 비롯한 새로운 오락 설비가 다양하게 갖추어졌다. "파라다이스" 안에는 넓은 리셉션 홀을 마련하여 각종 연회와 전람회 등의 용도로 무료 제공했다. 또 싸고 맛있는 식당과 고급 음식점도 다수 입점했다. 다만 실내 수영장은 여성이 사람들 앞에서 맨몸을 보이는 것에 익숙하지 않은 당시의 풍조에 맞지 않았던 탓에 실패로 끝나면서 폐장되었다. 고바야시 이치조는 그런 실패에 좌절하지 않았다. 그는 풀에서 물을 빼내고 수조를 객석으로, 탈의장을 무대로 개조한 뒤 그곳에서 다양한 행사를 열자는 생각을 했다. 그리고 그곳에서 주최할 행사의 하나로서 고안한 것이 바로 각종 전람회였다. 유원지와 레저 시설이 있는 장소에서 행사를 열어 지속적으로 고객의 관심을 끌겠다는 발상이 오늘날에는 당연한 것이겠지만 당시로서는 기발한 것이었다. 게다가 당시는 전국적으로 박람회가 붐을 이루고 있었고, 내국박람회內國博覽會[2]처럼 규모가 크고 웅장한 행사에서부터 연예인들의 무용회나 미인극美人劇, 유녀遊女[3] 박람회에 이르기까지 갖가지 행사가 각지에서 열리던 시절이었다. 이러한 흐름을 타고 다카라즈카 신온천의 구 실내 수영장에서도 온갖 박람회가 잇달아 열리게 되었다.

    다만 다카라즈카 신온천에서 열리는 박람회는 다른 곳의

박람회들과는 내용 면에서 조금 달랐다. 앞에서 서술했듯이 일본 각지에서 열리던 박람회는 대부분 남성을 대상으로 하고 있었다. 그러나 다카라즈카 신온천은 "가족 동반객"을 끌어들이는 행사, 당시의 분위기에 맞는 문화 소비적인 행사에 중점을 두고, 일본인의 새로운 생활 모델을 엿볼 수 있는 구경거리로서의 박람회를 기획했다. 이러한 고바야시 이치조의 기획에 따라 다카라즈카 신온천에서 열린 박람회는 바로 "결혼 박람회"였는데, 그것은 오늘날 백화점과 호텔에서 계절마다 열리는 브라이들 페어bridal fair와 같은 성격의 것이었다. 그리고 1914년, 다카라즈카 가극은 이러한 박람회의 엔터테인먼트 프로그램으로서 다카라즈카 신온천의 구 실내 수영장에서 제1회 공연을 갖게 되었다.

고바야시 이치조가 승객 확대를 위해 택한 첫 번째 전략은 오사카 주변에 사는 가족 동반객을 교외 지역인 다카라즈카로 끌어들이는 것이었지만, 그와 동시에 출발역인 오사카 우메다 역에 백화점을 개업하여 더 많은 승객을 유치한다는 계획도 포함되어 있었다. 바꾸어 말하면, 승객이 대규모로 집중되는 우메다 역에 대중을 위한 백화점을 개업하여 교외의 고객을 불러들이는 한편, 오사카 교외의 종착 역인 다카라즈카에는 대규모 오락 관광 센터를 설립하여 오사카로부터 고객을 유치한다는 전략이었다. 일본 백화점의 효시는 물론 미츠코시三越이다. 당시 "오늘은 미츠코시, 내일은 데이코쿠 극장"[4]이라는 말이 생겼을 정도로, 개설 초기의 미츠코시 백화점은 사회 상류층만을 대상으로 했으며 서양 문명의 수입을 상징하는 존재였다. 고객을 마차로 맞이하고 배웅하던 관례에서 알 수 있듯이, 미츠코시는 결코 대중을 상대로 하는 백화점이 아니었다. 반면에 일본 특유의 "역사驛舍 백화점"의 효시로 여겨지는 한큐백화점은 일본 최초로 "가족 동반객" 혹은 대중을 대상으로 하는 백화점이었다. 실제로 백화점 최상층에 대중식당을 열고 "카레라이스"라는 메뉴를 개발한 것도 고바야시 이치조였다.

또 고바야시 이치조의 승객 확대 전략은 사람들로 하여금 도심과 교외를 오가게 하는 것에 그치지 않았다. 오늘날 세이부 철도 그룹과 도큐전철 등이 시행하는 교외 택지 개발을 일본에서 처음으로 시도한 것도 고바야시 이치조였다. 고바야시 이치조는 한큐노선 주변에 있는 전원 지대를 택지로 개발하기 위해 다양한 방법을 동원했다. 다카라즈카선 주변 택지 개발에 맞추어 한큐전철은 일본 최초로 주택 건축 자금 대출 제도를 도입했다. 간세이가쿠인關西學院 대학 우에가하라 캠퍼스(한큐 이마즈선 고토엔역 주변) 역시 한큐전철이 유치한 것이다. 도큐전철이 도요코선을 개통할 때 노선의 중간 지점 정도인 요코하마시 고호쿠구 히요시의 광대한 토지를 게이오 대학에 제공했던 일이 그와 비슷한 경우일 것이다.

이상에서 보았듯이, 고바야시 이치조와 한큐전철이 시도했던 승객 확대 전략은 (1) 교외에 레저랜드를 건설하고, (2) 역 건물에 대중적인 백화점을 개설하며, (3) 전철 주변의 전원 지대에 택지를 개발하고, (4) 전철 주변에 대학을 유치하는 등, 실로 거대한 계획이었다. 고바야시 이치조의 이러한 전략이 보이는 특징은, 그것이 대부분 대중과 가족 동반객을 대상으로 했다는 점이다. 또 고바야시 이치조는 대중 소비문화가 형성되고 있다는 것도 강하게 의식하고 있었다. 이러한 의식은 나중에 도쿄 다카라즈카 극장을 개관하고 도호를 중심으로 각종 극장과 영화관을 개설하는 정책으로 이어졌다. 고바야시 이치조의 한큐전철 승객 에워싸기는 의식주, 레저 등 생활 전반에 걸치는 것이었다고 해도 과언이 아닐 것이다. 이러한 생활문화 전반에 걸친 고객 에워싸기 전략은 앞에서 예로 들었던 세이부와 도큐 같은 전철 그룹뿐 아니라 지금은 다이에, 세이유西友, 쟈스코, 마이칼Mycal 등 거대 소매 기업에서도 일반적으로 실행하고 있는 것이다. 이러한 전략은 앞에서 말했던 총체주의적 접근의 제2차원, 제3차원에서 이야기하는 생활 기점과 생활 영역을 중심으로 하는 마케팅, 소비 과정 전체에 대응하는 마케팅과 일맥상통하는 것이다.

### 제2절 다카라즈카 가극단의 고객 에워싸기 전략

앞의 절에서 말한 것처럼, 다카라즈카 가극단의 시작은 한큐전철 승객 확대 전략의 하나인 다카라즈카 신온천의 엔터테인먼트 프로그램이었다. 그러므로 다카라즈카 가극단의 고객 에워싸기 전략의 핵심적인 내용은 다카라즈카 가극단이 한큐전철의 승객 확대 전략의 하나였다는 사실에 있다고 할 수 있다. 즉, 다카라즈카 가극단을 보기 위해 찾아오는 사람들은 오사카 근교에 살면서 다카라즈카 신온천에서 하루를 즐기려는 생각에 가족을 동반하고 오는 고객들이거나 한큐노선 주변에 새로 조성된 주거지로 이주해 들어온 사람들이었던 것이다. 이들에게 다카라즈카 신온천 및 다카라즈카 가극단은 바로 가족과 함께 있는 시공간이다. 또한 아이들에게는 "어린 시절 가족과 단란하게 시간을 보내는 장소"이고, 어른이 된 후에는 "가족과 함께 즐겁게 보낸 시공간"이라는 향수를 제공하는 곳이다. 다시 말하면, 오사카 근교 혹은 다카라즈카선 주변에서 성장한 이들에게 다카라즈카 신온천과 다카라즈카 가극단은 그 자체가 생활의 일부이며 추억이 된다. 그러니까 다카라즈카 신온천과 다카라즈카 가극단이라는 "제품"은 이들에게 총체적인 의미를 부여하고 있는 셈이다. 다만 오늘날과 같이 간사이關西 지방[5]에 수많은 레저 시설과 백화점들이 존재하는 상황에서는 다카라즈카 패밀리랜드와 다카라즈카 가극단이 그런 총체적인 위치를 차지한다고 생각하기 어려울지도 모르겠지만 말이다. 이제 다카라즈카 가극단이 관객 에워싸기 전략을 어떻게 행하고 있는지를 설명해 보자.

## 제3절 다카라즈카 가극단의 발전과 진화

다카라즈카 가극단은 1998년 1월, 실로 창립 65년 만에 다섯 번째 공연 조인 "소라宙조"를 발족시키고 같은 해 5월에는 도쿄 유라쿠정의 도유지都有地에 가설극장 '1000 Days 극장'을 개관함으로써 다카라즈카 대극장과 마찬가지로 도쿄에서도 연중 공연을 실현하게 되었다. 도쿄의 연중 공연은 2001년 1월 도쿄 히비야에 개관된 신도쿄 다카라즈카 극장에서 계속 이어지고 있으며, 그럼으로써 다카라즈카에서 운영하고 있는 소극장 바우 홀 공연과 전국 순회공연을 포함하여 연간 1,000회 이상의 공연을 해내는 체제를 갖추게 된 것이다. 동시에 총 관객 수 역시 쇼치쿠, 극단 시키에 이어 연간 200만 명 규모에 이를 것으로 예상된다. 그러나 다카라즈카 가극단이 이러한 규모에 이르기까지는 80여 년이라는 세월이 흘러야 했다.

앞에서 설명한 것과 같이, 다카라즈카 가극단의 제1회 공연은 1914년에 다카라즈카 신온천에서 열렸던 박람회의 엔터테인먼트 프로그램이었다. 다시 말해, 다카라즈카 가극단은 박람회의 손님을 끌기 위한 특별 공연물로 시작된 것이었다. 그러나 고바야시 이치조는 대중 사회와 새로운 소비문화의 형성을 염두에 두고 다카라즈카 가극단을 새로운 국민극, 새로운 대중 연극으로 넓혀 가겠다는 의도를 품고 있었다. 실제로 1918년, 고바야시 이치조는 다카라즈카 가극단을 위한 연극인 양성 학교인 다카라즈카 음악 가극 학교를 창설하고 초대 교장으로 취임했다. 또 1924년에는 4,000석 규모의 다카라즈카 대극장을 개관했다. 이것은 오늘날의 기준으로 본다 해도 연극계의 상식을 넘어서는 규모였다. 이 두 가지 사실에서 우리는 극단에 소속된 연기자와 작가를 자체적으로 양성하여 새로운 일본 연극을 만들고자 했던 고바야시 이치조의 의지를 엿볼 수 있다. 그가 세운 대극장은 되도록 저렴한 요금으로 가족 모두가 즐길 수 있는 "밝고 기분 좋은 오락 시설"을 제공하겠다는, 그러니까 철저히 대중, 특히 부녀자를 대상으로 하겠다는 의지의 표현이기도 했다.

고바야시 이치조는 새로운 연극을 만들면서 연극의 질 또한 높이기 위해 여러 가지 혁신도 꾀했다. 우선은 1926년 다카라즈카 대극장에서 공연될 연극에 걸맞은 연출 기획을 공부하도록 기시다 다츠야岸田辰彌를 미국과 유럽으로 보냈다. 귀국한 기시다 다츠야의 첫 번째 작품은 일본 최초의 레뷰revue⁶인 〈몽파리モン巴里〉(1927)였다. 이 작품은 뒷날 다카라즈카를 말할 때면 바로 레뷰를 떠올리게 될 만큼 다카라즈카 가극 레뷰로서의 정체성을 확립한 성공작이었으며, 극중에서 나라 미야코奈良美也子가 부른 "아름다운 추억, 몽파리, 나의 파리"로 시작하는 주제곡 역시 공전의 히트를 기록하면서 당시로서는 전례가 없던 10만 장의 음반 판매를 기록했다. 다카라즈카 가극단이 다카라즈카 신온천의 고객을 끄는 수단에서 벗어나 본격적인 예술 문화 활동으로 바뀌게 된 또 하나의 계기는 1932년에 한큐전철이 주식회사 도쿄 다카라즈카 극장을 설립하면서 1934년에 도쿄 다카라즈카 극장을 개관한 사건이었다. 주식회사 다카라즈카 극장은 오늘날 도호 주식회사의 전신이다. 1934년에 상연된 도쿄 다카라즈카 극장의 개관 공연은 시라이 데츠조白井鐵造의 작품인 〈가시슈花詩集〉였는데, 이 작품 역시 대성공을 거두어 레뷰 계열의 공연에서 다카라즈카의 이름을 굳건히 자리 매김하는 계기가 되었다. 앞에서 서술한 것처럼 도쿄 다카라즈카 극장은 1998년에 폐관했으며, 가설극장 1000 Days 그리고 2001년 1월에 개관된 신극장에서 다카라즈카 가극단의 연중 공연이 이루어지게 되었다.

제2차 세계대전 뒤 다카라즈카 가극단의 이름을 드높이게 된 최대의 사건은 1974년 이케다 리요코池田理代子 원작의 만화

〈베르사이유의 장미〉[7]를 무대에 올린 일이었다. 이것은 당대의 인기 만화를 무대에 올린 획기적인 시도였으며, 그 테마와 내용으로 보아도 "다카라즈카만이 무대에 올릴 수 있었다"는 평가를 받으면서 폭발적인 히트를 기록했다. 각 조의 공연이 뒤를 이었던 이 작품은 그 뒤 1990년에 재연되었다. 다카라즈카 가극단이 전국적인 공연 단체가 된 것은 〈베르사이유의 장미〉가 그 계기였다고 해도 과언이 아닐 것이다. 그리고 〈베르사이유의 장미〉는 가부키인 〈가나데혼 츄신구라仮名手本忠臣藏〉[8]와 마찬가지로, 일단 상연하면 반드시 성공하는 레퍼토리가 되었다. 다카라즈카 가극단은 그 뒤에도 〈바람과 함께 사라지다〉, 〈전쟁과 평화〉 등 많은 명작들을 무대에 올렸으며, 〈웨스트사이드 스토리West Side Story〉와 〈그랜드 호텔Grand Hotel〉, 〈미 앤 마이 걸Me & My Girl〉 등의 브로드웨이 뮤지컬들 역시 상연했다.

다카라즈카 가극단의 특징 가운데 하나는, 제작에서 공연에 이르는 대부분의 과정을 자체적으로 해결한다는 것이다. 제작 프로듀서는 말할 것도 없고 작가, 연출가, 오케스트라까지도 전속제이며, 무대 장치, 의상, 대도구, 소도구, 음악, 안무, 조명에 이르는 모든 것을 전속 제작 회사나 다카라즈카 계열 회사가 제작한다. 연기자도 다카라즈카 음악학교의 졸업생만으로 구성되며, 가극단에 입단한 뒤에도 세이토라고 불리는 그들은 졸업 연차에 따라 엄격한 서열을 유지한다. 그러므로 창작물과 브로드웨이 뮤지컬이 레퍼토리에 섞여 있다고는 하지만 전체적으로는 가극단에 소속된 작가, 연출가의 오리지널 작품이라는 성격이 두드러진다.

다카라즈카 가극단은, 극단 시키가 앙상블 시스템을 채용하고 있는 것과는 달리, 에도 가부키처럼 스타 시스템을 기본으로 움직인다. 즉, 한편에서는 음악학교 연차에 따른 엄격한 서열제를 지키면서도 동시에 특정 연기자를 전면에 내세우는 스타 시스템을 채택하고 있는 것이다. 다카라즈카 가극단의 스타 시스템은 주연급 남자역 톱스타, 남자역 차기 톱스타, 주연급 여자역 톱스타 등 3인을 중심에 두고, 그 뒤로 이어지는 스타들이 누가 다음의 톱스타가 될지 모르는 상태에서 치열하게 경쟁하는 체제로 되어 있다. 또 다카라즈카의 스타 시스템은 제작 과정 전부가 자체적으로 이루어지는 것과 밀접하게 연관되어 있다. 예를 들어, 소속 작가는 공연을 맡은 조의 톱스타들의 캐릭터와 매력을 염두에 두고 작품을 구상할 수 있는 것이다. 극단적으로 말한다면, 극의 스토리 전개보다는 톱스타를 어떻게 멋있게 보여 줄 것인가에 중점을 둔다.

다카라즈카의 스타 시스템은 다카라즈카 가극단만의 또 다른 특징과도 연결되어 있다. 바로 다카라즈카 가극단의 모든 연기자는 여성이며, 미혼 상태를 유지할 의무가 있다는 점이다. 따라서 다카라즈카 가극단의 단원들은 항상 퇴단을 의식하고 지내게 된다. 결혼을 하거나 극단 바깥의 연예계로 옮겨가게 되면 반드시 퇴단해야만 한다. 해마다 40명 안팎의 음악학교 졸업생이 입단하기 때문에 필연적으로 그와 비슷한 수의 단원을 퇴단시켜 신진대사를 이룬다고 생각할 수도 있다. 사실 아무리 매력적인 남성역 톱스타라 하더라도 50세가 넘도록 무대에 서기는 어려울 것이다.

그러므로 다카라즈카 가극단의 톱스타는 주연을 맡는 순간부터 항상 "퇴단"을 의식하게 된다. 결국 다카라즈카 가극단의 세이토와 팬들에게는 "언젠가는 퇴단"이라는 전제 조건이 주어져 있는 것이다. 마치 스모의 요코즈나橫綱[9]가 요코즈나로 등극한 순간에 은퇴 시기를 생각하는 것처럼 말이다. 그러나 이 점이 또한 다카라즈카를 매력적으로 만드는 데 일조한다. "아름답게 피고 아름답게 지는 문화"에 대해 일본인들은 아직까지도 크게 공감하기 때문이다. "남자역 10년"이라고 이야기하지만, 이것은 남자역으로서 한 사람 몫을 하게 되기까지 10년이 걸린다는 말이며, 다카라즈카 세이토들의 성장을 지켜봄과 동시에 "언제 질까"를 생각하는 것이 팬들에게는 최대의 관심사인 것이다.

다카라즈카 가극단의 최근 조사에 따르면, 다카라즈카 가극단의 관객층은 (1) 다카라즈카의 환상적인 분위기와 작품의 매력 때문에 오는 사람들과, (2) 다카라즈카 스타들의 매력에 이끌려 극장에 오는 사람들로 크게 양분된다고 한다. 전자는 다카라즈카 가극단을 전반적으로 좋아하기에 찾아오는 사람들로서 어떤 공연조, 어떤 스타가 나오는지를 묻지 않고 관람하는 층이며, 후자는 특정한 공연조, 특정한 스타가 출연하기 때문에 관람하는 층이다. 다카라즈카 가극단에는 극단이 주재하는 "다카라즈카 도모노카이友の會"[10]가 있는데, 이 조직에서는 기관지를 발행하거나 회원들에게 티켓을 우선적으로 예약할 수 있는 자격을 부여하는 등, 재구매 관객의 유지, 확대를 꾀하고 있다. 그러나 다카라즈카 가극단 팬들의 입장에서 더욱 중요한 위치

를 차지하고 있는 것은 극단의 공식적인 인정과는 무관한, 각 공연조의 스타에 따라 별도로 조직되어 있는 자주적인 팬클럽이다.

다카라즈카 가극단의 관객은 크게 (1) 단체 관객, (2) 대절 공연 관객, (3) 일반 티켓 구입 관객 및 (4) 당일권과 당일 입석권 구입 관객으로 나뉜다. 단체 관객은 다른 상업적 대중 연극과 마찬가지로 한큐전철 가극사업부의 영업부원이 모집한 각종 단체 관객이나 여행 대리점이 기획한 단체 여행객이다. 다카라즈카 가극단의 단체 관객이 보이는 특징은 주로 중·고등학교 수학여행 프로그램의 일환으로 오는 관람객이 많다는 점이다. 수학여행 관람 투어는 관객 확보라는 이점이 있을 뿐만 아니라 다카라즈카, 도쿄 이외의 지방 공연이 많지 않은 다카라즈카 가극단이 미래의 관객을 개척하는 방법이 되기도 하고, 때로는 다카라즈카 가극단을 처음으로 보고 감격하여 다카라즈카 음악학교에 입학시험을 치르는 학생도 나온다는 면에서 무척 효과적이다. 대절 공연[11] 역시 해마다 증가하는 추세인데, 다카라즈카 도모노카이의 대절 공연은 물론이고, 스미토모住友 비자 카드 그룹을 비롯한 각종 기업과 단체가 이용한다. 최근에는 공연 협찬 기업이 늘어나면서, 공연 자금 지원 외에도 대절 공연에서 기업의 이름을 알리고 싶어 하는 기업도 많다.

그러나 다카라즈카 가극단의 최대 관객은 뭐니 뭐니 해도 일반 티켓 구입 관객이다. 다카라즈카 가극단의 일반 티켓을 구입하는 방법으로는 세 가지가 있다. 첫 번째는 창구에서 직접 구입하는 것으로서, 공연 1개월 전에 첫날부터 마지막 날까지의 공연 가운데 원하는 공연의 티켓을 티켓 예매소에서 구입할 수 있다. 티켓을 판매하는 구체적인 방법은 이렇다. 발매 개시일 오전 7시 30분까지 찾아온 구입 희망자들을 대상으로 추첨을 해서 구입 순위를 부여한다. 당연히 일인당 구입 매수는 제한되어 있으며, 추첨될 확률은 1/3 또는 1/4이라고 한다. 두 번째 방법은 다카라즈카나 도호의 전화 예약 시스템을 이용하는 것이다. 이 경우도 예약 매수는 통화당 3매로 제한된다. 발매 당일 아침의 예약 전화 회선은 예약 신청으로 큰 혼잡을 이룬다고 한다. 세 번째 방법은 다카라즈카 도모노카이의 회원에게만 가능한 우편 예약인데, 이것 역시 선착순이다.

다카라즈카 가극단의 일반 티켓은 다카라즈카 가극을 관람하고 싶어 하는 사람 또는 다카라즈카 도모노카이의 회원이라면 누구든지 구입할 수 있다. 하지만 다카라즈카를 보고 싶어 하는 일반인들 가운데 도대체 얼마나 많은 사람들이 아침 일찍부터 티켓을 구하기 위해 줄을 서고, 누가 오전 10시부터 예약 전화를 건다는 것인가? 이때 활약하는 것이 앞에서 말한 각 공연조 스타들의 팬클럽이다. 팬클럽 회원들은 앞에서 설명한 티켓 구입의 세 가지 방법을 모두 구사하며 열심히 티켓을 산다. 팬클럽들이 이른 아침부터 회원들을 총동원하여 티켓 발매소에 줄을 서고, 전화를 걸고, 다카라즈카 도모노카이에 많이 입회하여 우편 예약을 하도록 만드는 모습이 다카라즈카에서는 결코 보기 드문 일이 아니다. 그렇다면 이러한 다카라즈카 가극단의 팬클럽은 어떻게 결성되는 것이고, 또 어떤 활동을 하는 것일까?

제2막 공연 소비의 마케팅

### 제4절 다카라즈카 팬들의 에워싸기

다카라즈카 가극단 각 공연조 스타들의 팬클럽은 가극단이 주재하고 있는 것도, 공식적으로 인정한 것도 아니다. 그러나 현실적으로 그들은 한큐전철의 단체 영업이나 대절 공연 영업과 동등하거나 혹은 그 이상의 관객 동원력과 티켓 판매력을 보유하고 있다. 여기서 궁금해지는 것은, 기본적으로 자발적인 조직인 팬클럽이 왜 이처럼 헌신적으로 활동하는가 하는 점이다. 그런 의문에 대한 답을 우리는 전술한 다카라즈카의 스타 시스템에서 찾을 수 있다. 스타 육성 방법과 관련되어 있는 것이다.

여기서 다카라즈카 가극단의 남자역 톱스타가 어떻게 육성되는지를 살펴보자.

앞에서 말했듯이, 다카라즈카 가극단의 연기자인 "세이토"들은 모두 다카라즈카 음악학교 졸업생이다. 일반적으로 다카라즈카 음악학교의 입학시험은 도쿄 대학의 입학시험보다 어렵다고들 하는데, 최근에는 그 경쟁률이 30대 1에서 40대 1에 이른다. 그러니까 해마다 40명 전후의 입학 정원에 1,000명이 넘는 소녀들이 시험을 보는 셈이다. 어머니나 아는 사람과 함께 극장에 갔다가 또는 수학여행 때 봤던 다카라즈카의 무대와 스타를 동경하게 된 그들은 1-2년 혹은 그 이상의 시간 동안 음악과 발레를 배운 후 시험을 보러 온다. 음악학교 지원은 중학교를 졸업하는 15세에서 고교를 졸업하는 18세에 걸쳐 모두 네 번까지 할 수 있다. 네 번이나 시험을 본 끝에 겨우 합격했다는 학생도 드물지 않다. 치열한 경쟁을 이겨내고 멋지게 합격한 40

명은 15세의 소녀냐 어른이 되기 직전인 18세의 연장자냐를 가릴 것 없이 모두 강한 유대감으로 연결된 동기가 된다. 이 40명의 학생들은 대부분이 기숙사에서 공동 생활을 하면서 성악, 발레, 연기, 일본 무용 등 수많은 레슨에서 매일 서로를 격려하는, 말하자면 전우 같은 입장이기 때문이다. 비교적 어린 시절에 고락을 함께한 동기의 연대는 강하다. 그리고 그런 동기는 동시에 내일의 스타를 목표로 하는 라이벌이기도 하다. 그리고 입학 성적과 입학 후 매 학기의 성적 순위는 음악학교의 자리 순서를 시작으로 대부분의 순위와 연결된다. 가극단 입단 뒤 각 공연조 공연의 팸플릿에 실리는 출연자 사진의 서열조차도 연차와 성적 순위에 따른 것이다.

다카라즈카 음악학교에서 2년에 걸친 엄격한 훈련을 마치면 졸업을 하고, 졸업하는 즉시 예외 없이 전원이 다카라즈카 가극단에 입단하여 연구과 1년생이 되며, 4월에는 자랑스러운 다카라즈카 대극장에서 첫 무대에 나서게 된다. 음악학교를 졸업할 즈음에는 졸업 공연으로 "문화제"를 열어, 2년간 연마한 성과를 일반 관객에게 펼쳐 보인다. 첫 무대를 끝낸 연구과 1년생 40명은 1년 혹은 그보다 짧은 기간 안에 8-10명 정도의 단위로 나뉘어 각 조에 배속된다. 각 조에 배속되고 나면 8명에서 10명에 이르는 동기 집단의 연대는 더욱더 견고해진다. 또 가극단 입단 뒤에도 연구과 1년, 연구과 3년, 연구과 5년 단위로 시험이 계속된다. 그리고 연구과 5년의 성적 순위가 그 뒤 세이토 생활에서의 모든 순위를 결정한다. 우스운 이야기 같지만, 다카라즈카 가극단 관계자의 장례식에서는 이러저러한 순서를 미리 상의할 필요가 없다고 한다. 향을 올리는 순서만 해도, 입단 연차, 동기 내의 성적 순위를 모든 단원들이 잘 알고 있어서 굳이 미리 준비하지 않아도 혼란 없이 진행되기 때문이다.

　다카라즈카 가극단의 단원은 무대 위에 올랐을 때에도 입단 연차와 동기 내 성적에 따라 배역과 무대 위치를 배정받게 된다. 남자역이든 여자역이든 이러한 기본적인 패턴을 답습하지만, 이따금씩 연차와 성적순을 뛰어넘는 일이 일어나기도 한다. 무대에서는 세이토의 능력을 넘어서는 어떤 "카리스마"가 필요하기 때문이다. 다카라즈카 가극사에 남을 대스타 오토리 란鳳蘭과 최근의 아마미 유키天海祐希 등이 성적은 상위가 아니었음에도 불구하고 일찌감치 톱스타가 되었던 대표적인 예이다. 다카라즈카 가극단의 세이토는 연구과 7년생이 될 때까지는 신분이 보장된 '신인'으로 지칭되며, 각 공연이 진행되는 중간에 상급생이 연기하는 본공연의 역을 맡아서 하루만 시험 공연을 하게 된다. 이 신인 공연에서 본공연의 어떤 역을 맡았는가에 따라 신인(연구과 7년까지)들이 나중에 어떤 역을 맡게 될지가 결정된다. 앞에서 이야기한 아마미 유키는 연구과 1년생일 때 브로드웨이 뮤지컬 〈미 앤 마이 걸〉의 주역을 맡았다. 연구과 7년을 마친 세이토는 계약 사원이 되어 그 공헌도에 따라 해마다 재계약 여부가 결정되면서 본격적으로 무대 생활을 하게 된다. 다카라즈카 가극단의 남자역을 맡는 단원이 톱스타가 되는 데는 적어도 10년이 걸린다고 한다. 그러니 연구과 10년 이내에 이미 톱스타가 된 오토리 란과 아마미 유키는 극히 이례적인 경우라고 할 수 있다.

다카라즈카 가극단의 세이토들이 톱스타가 되는 길은 일본의 대기업에서 사원이 경영자가 되는 길과 아주 비슷하다. 일본의 회사 조직에서는 동기라고 하는 것이 지극히 중요해서, "저 기期는 인재가 부족하고 이 기는 대단해"라는 소문이 기업의 인사에도 큰 영향을 미치게 되는데, 다카라즈카에서도 팬들 사이에서는 "이 기는 풍작이고 저 기는 흉작이다"라는 이야기가 떠돈다. 실제로, 1998년 현재 하나조花組의 차기 톱스타 아이카 미레愛華みれ, 츠키조月組의 현 톱스타 마코토 츠바사眞琴つばさ, 유키조雪組의 현 톱스타 도도로키 유轟悠, 호시조星組의 차기 톱스타 미노루 고幸稔는 모두 1985년 입단 동기생들이다.

다카라즈카 가극단에서 남자역 톱스타가 성장하는 이러한 과정은 다카라즈카 가극을 스타 중심으로 관람하는 팬들의 행동과도 큰 관계가 있다. 다카라즈카 가극단의 팬은 아래로는 초등·중학생, 위로는 40-50대의 "아줌마"까지로 다양하게 구성되어 있다. 그리고 그 대부분은 여성이다. 이상하게도 일본 소비 시장의 주력을 담당하는 20-30대 직장 여성의 모습을 다카라즈카 가극단에서는 찾아보기 힘들다. 아이를 키우는 젊은 주부 또한 그다지 많지 않다. 다카라즈카 가극단의 이러한 팬 구조는 어떻게 해서 생겨난 것일까? 이것을 곰곰이 따져보는 것도 다카라즈카 가극단의 팬 만들기와 관객 동원 전략의 수립을 위해서 중요한 일이라고 생각된다.

한큐전철의 에워싸기 전략을 다룬 절에서 지적했던 것처럼, 다카라즈카 가극단의 팬들은 어린 시절 어머니나 할머니와 함께 대극장에 간 것을 계기로 가극을 보게 된 경우가 많다. 첫 관람으로 가극에 매료된 많은 소녀들은 중학교, 고교, 대학에 진학하면서 용돈과 아르바이트 수입을 모아서, 이제는 혼자서 혹은 자신의 친구나 아는 사람들과 함께 가극을 보러 온다. 스타를 동경하고 스타의 일거수일투족에 가슴을 두근거리는 "꿈꾸는 소녀"는 이렇게 탄생한다. 부모들이 보기에도 다카라즈카 가극은 전원이 여성 출연자로 이루어진데다, "맑게, 바르게, 아름답게"라는 모토 아래 자신의 아이들과 비슷한 연령대의 여성들이 최선을 다하는 무대이고, 무엇보다도 종영 시간이 오후 6시이기 때문에 지극히 건전해 보인다. 게다가 거리의 불량 그룹과 어울리는 일도 아니고, 쟈니스계[12]의 남성 스타를 쫓아다니는 것에 비하면 안심할 수 있다는 이유에서 가극 관람을 용인하게 된다. 하지만 이 팬들은 얼마 안 있어 대학생이 되고 애인이 생기거나 여러 가지 다른 취미를 가지게 되면서 가극을 떠나고 만다. 대학 시절이나 회사원으로 일하는 시기까지 다카라즈카의 팬으로 남아 있었다고 할지라도 결혼하여 아이를 키우는 시기에 이르면 결국 다카라즈카 가극에서 물리적으로 멀어지지 않을 수 없게 된다. 앞에서 이야기한 다카라즈카 신대극장을 개관할 때는 이런 사정의 팬들을 위해 탁아실과 유아 관람실을 설치하기도 했지만 이용하는 사람은 그리 많지 않다.

일본의 경우, 일반적으로 35세를 넘은 여성은 물리적으로 아이를 키우는 육아 기간을 끝냈다고 이야기된다. 막내가 학교에 다니는 시기가 시작되는 것이다. 최근에는 여성의 결혼 연령이 늦어지고 있기 때문에 이 시기는 좀 더 늦어질 수도 있을 테지만 말이다. 35세에서 47-8세까지의 여성들은 자녀의 입시 전

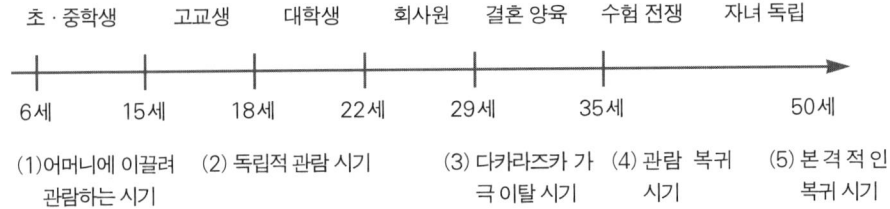

[표 8] 다카라즈카 가극 팬의 라이프 스테이지

쟁에 휘말려 든다. 평균적으로, 자녀의 대학 입시가 끝나고 주부가 진정한 의미에서 마음 편한 상태에 돌입하게 되는 시기는 50세를 전후해서라고 할 수 있다. 이때를 맞이한 여성들은 과거의 향수에 젖어서 다카라즈카 극장으로 돌아온다. 이 시기에 이른 그들은 돈과 여가 시간이 충분하다. 다카라즈카 가극단의 팬이 초등·중학생에서 아줌마와 노인에 이르기까지 다양한 이유는 [표 8]에 나타나듯이 가정과 관계된 여성의 라이프 사이클과 관계가 있기 때문이다. (4)기와 (5)기에 속한 팬들의 대부분은 (1)기, (2)기를 거쳤던 사람들이다. 가스가노 야치요春日野八千代의 〈남쪽의 애수南の哀愁〉가 최고였다는 향수를 마음에 품은 채 현대의 다카라즈카 가극을 관람하러 오는 것이다.

다카라즈카 가극단 스타의 팬클럽은 가극단 입단 후 3년째인 연구과 3년생 세이토를 대상으로 조직되는 것이 보통이다. 그렇지만 실제로는 앞에서 이야기했던 다카라즈카 음악학교 본과생(2년생)의 졸업 공연인 문화제에서 팬클럽 조직이 시작된다. 문화제는 다카라즈카 음악학교 학생들이 2년에 걸쳐 쏟아온 노력의 성과를 처음으로 사람들에게 선보이는 기회이기도 하다. 스모 팬들이 아침 일찍부터 고쿠기칸國技館[13]에 가서 죠노구치[최하위 등급], 죠니단, 산단메, 마쿠시타의 리키시力士들 중에서 "내일의 요코즈나"[14]를 찾는 것처럼, 다카라즈카 가극단의 팬들 역시 사람을 보는 자신들의 안목을 믿으면서 내일의 스타 찾기에 몰두한다. 문화제에서 스타 후보를 발견한 팬은 졸업식 3주 후쯤에 하게 되는 다카라즈카 가극단 연구과 1년생의 첫 무대 공연에서부터 팬클럽을 만들 준비에 들어간다. 다카라즈카 가극단의 남자역 한 사람이 제 몫을 하게 되기까지는 최소 10년이 걸린다고 하므로, 팬클럽을 준비하는 팬에게는 짧아도 10년 정도의 커미트먼트가 요구된다. 따라서 팬들은 그 정도의 각오를 하며, 활동을 시작한다.

다카라즈카 가극단 스타들의 팬클럽은 가극단의 공식 조직이 아니라 자발적으로 이루어진 조직이지만, 그 구조는 고도로 정비되어 있다. 거기에는 리더가 있고, 또 팬클럽을 직접 관리하고 스타와도 직접 이야기를 나눌 수 있는 스태프 그룹과 일반 회원으로 구성된다. 물론 일반 팬클럽 회원 사이에서도 커미트먼트 정도는 제각각이다. 상당한 위계질서가 있는 조직이기 때문에, 일반 회원들 사이의 연대 역시 리더와 스태프를 중심으로 이루어진다. 예를 들어, 도쿄 소재 여섯 개 대학의 각 대학 응원단 조직과 연합 응원단 조직을 떠올려 보면 이해하기 쉬울지 모르겠다. 팬클럽의 일반 회원이 스타와 직접 대화를 나누거나 만나는 일은 극히 드물다. 일반 회원은 매 공연마다 한 번 열리는 팬 모임인 "오챠카이お茶會"에서 아주 짧은 시간 동안 스타와 대화를 나눌 수 있을 뿐이며, 편지나 선물 등 스타와의 커뮤니케

이션은 모두 스태프를 통해서만 할 수 있다. 또 일반 회원들은 확보된 공연 티켓을 배분받을 때에도 앞에서 서술했던 예매 티켓 구입을 위한 줄서기와 전화 예약 실적이 있어야 유리하다.

다카라즈카 스타들의 팬클럽은 실제로 어떤 활동을 하는 것일까? 먼저 공연 티켓을 확보해서 회원들에게 배부하는 일을 한다. 팬클럽에서는 줄서기와 전화 예약을 통해 모든 공연의 티켓을 확보하고, 회원의 희망을 고려해 가면서 이것을 배부한다. 또 공연 시기가 여름이면 공연명과 스타의 예명을 넣은 T셔츠를, 겨울이면 윈드브레이커[방풍복]를 제작하는데, 공연 중에는 회원들이 이것을 입고 스타 분장실로 들어가고 나오는 것을 기다린다. 스타가 들어갈 때는 많은 회원들이 분장실 입구에 줄지어 서서 "다녀오십시오!"를 합창하면서 배웅하고, 나올 때는 "수고하셨습니다"라고 합창하며 스타를 맞는다. 이 의례는 공연 기간만이 아니라 다음 공연을 위한 연습 때에도 행해진다.

다카라즈카 가극단의 스타 팬클럽의 활동은 이 분장실 바깥 행사를 비롯해서 그 범위가 꽤나 넓다. 공연 기간에는 순번을 정해 직접 도시락을 제공하고, 공연 첫날과 마지막 날이 되면 스타가 받은 꽃을 분장실에서 가지고 나온다. 그 꽃을 다카라즈카 패밀리랜드 주변에 있는 레스토랑과 요리집으로 보내는 것도 그들의 일이다. 회원들을 위한 간행물 발행, 티켓 확보와 배부, 스타를 마중하고 배웅하는 일, 오챠카이의 준비와 실행 등으로 팬클럽의 리더와 스태프는 대단히 바쁘다. 팬클럽 형성에서 톱스타가 될 때까지, 혹은 스타가 은퇴할 때까지 이런 일을 매일 해야 하기 때문에, 리더와 스태프는 생활 전체를 투자하지 않으면 그런 일들을 감당할 수 없고, 일반 회원들도 조금씩 스태프 업무에 참여하여 도움을 주는 성의를 보인다. 그들은 '온 몸을 다 바쳐' '청춘을 걸고' 팬클럽 활동에 참여하는 것이 분명하다. 이 정도로 커미트먼트 한다는 것은 스타의 성장과 팬의 성장이 하나가 된다는 것을 의미한다. 다카라즈카의 스타들은 진정으로 팬과 함께 존재하며 팬과 함께 성장해 간다. 다카라즈카 음악학교의 졸업 공연에서 자신들이 선택한 세이토를 스타로 만들기 위해 팬클럽 회원들 전원은 필사적으로 움직인다. 좀 더 많은 티켓을 구입하고 스타를 편하게 해주기 위한 지원을 조금이라도 더하는 것이 그들에게는 살아가는 보람인 것이다. 자원봉사라고 할 수밖에 없는 팬클럽 회원들의 활동은 돈이 아니라 노력과 시간을 투자하는 것이며, 그런 활동에 힘입어 자신들이 지원하는 세이토가 조금이라도 더 좋은 역을 맡고 스타가 되는 것이 그들의 행복이다. 프롤로그에서도 기술했지만, 유키조의 톱스타 이치로 마키를 분장실 밖에서 기다리다가 "우리들에게 꿈을 주셔서 고맙습니다"라고 외쳤던 팬클럽 회원들의 말에는 그야말로 10년 이상에 걸쳐 그녀를 계속 지원해 온 회원들의 진심이 담겨 있었던 것이다.

### 제5절 다카라즈카 가극단의 고객 에워싸기 전략이 시사하는 것

지금까지 고바야시 이치조의 한큐전철 고객 에워싸기 전략, 다카라즈카 가극단의 진화와 팬클럽에 대해 간략하게 설명해 보았다. 그러면 이런 활동과 실상이 마케팅에는 무엇을 시사하고 있는가? 이 점에 대해 분석하면서 제2막 제1장을 끝맺기로 하겠다.

한큐전철의 개발 사업에 맞추어 고바야시 이치조가 실행한 승객 확대 전략은 우메다 역에 백화점을 열고 다카라즈카라는 교외의 종점에 다카라즈카 패밀리랜드를 개설하는 것이었는데, 사람들을 끌어모으는 전략으로서는 대단히 획기적인 내용이었다. 거기에 도심의 역과 교외의 종점 사이에 있는 전원 지대에 주택 단지를 개발한다는 전략까지 더하면 확실히 고객 에워싸기 전략의 극치라고 말할 수 있을 것이다. 이런 의미에서 고바야시 이치조의 전략은 생활 기점·생활 영역으로의 접근, 즉 총체주의적인 접근의 전형이었다. 물론 이 전략 역시 기본적으로는 전통적 마케팅의 틀에서 설명할 수 있다. 바로 다이쇼大正 시대[15]와 쇼와昭和[16] 초기에 "일본의 새로운 생활자상"을 제시하고 잠재 수요를 발굴해 냈던, 이른바 "제안형 수요 개척" 마케팅 말이다. 무엇보다도 이 제안은 소비자의 생활을 총체적으로 포괄하면서 전체적으로 꼭 들어맞는 전략이었기 때문에 무척 효과적이었다. 결국 고바야시 이치조의 개발 사업을 통해 다카라즈카선 주변에는 "중류 가정의 생활자상"이 탄생했고, 한큐전철은 그들의 여가까지를 포함하여 전체 생활에 대응하는 서비스를 제안한 셈이 되었다.

이야기를 다카라즈카 가극단으로 한정지어 보아도 이러한 한큐전철 개발 사업의 구조를 완전히 도외시하기는 어렵다. 다카라즈카 가극단은 그 성장 과정부터가 고바야시 이치조의 총체적인 고객 에워싸기 전략 안에 포함되어 있었으며, 그런 의미에서 다카라즈카 가극단은 태생적으로 총체적인 성격을 타고 났다고 이야기할 수 있기 때문이다. 즉, 고바야시 이치조가 그려낸 "새로운 일본 소비자"의 생활에는 다카라즈카 패밀리랜드에서 온 가족이 다카라즈카 가극을 관람하는 것 또한 포함되어 있었던 것이다. 여기에 어린 시절에 대한 소비자의 기억까지 더해지면 다카라즈카 가극은 확실히 "향수와 판타지"라고 할 수 있을 것이다.

다카라즈카 가극단 자체도 총체적이다. 더구나 다카라즈카 가극단은 세 가지 차원에서 총체적인 것이다. 우선 가극의 관람 자체가 꿈이고 판타지이기 때문에 총체적이다. 동시에 팬클럽의 활동이 총체적이다. 소비 전의 과정, 소비의 과정, 소비 후의 과정 전체에 팬클럽이 관여하고 있다는 의미에서, 그리고 스타의 성장과 팬의 성장이 10년이라는 긴 시간에 걸쳐 함께 이루어진다는 의미에서 총체적인 것이다. [표 9]는 다카라즈카 가극단의 세이토와 팬이 10년 동안 걸어가는 길을 대비시킨 것으로서, 스타를 지원하고 팬클럽의 활동에 참가하는 것 자체가 팬의 생활에서 중요한 부분을 차지한다는 것을 보여 준다. 마지막으로 스타와 함께 팬들도 성장한다는 것, 즉 스타와 팬이 상호 지원cross patronizing한다는 의미에서 또한 총체적이다.

다카라즈카 가극단의 고객 유치 전략은, 대중 매체를 통해 광고를 한다거나 다카라즈카 도모노카이[회원 조직]를 통해 정보를 제공하고 티켓 판매 유통을 확대하며 편의성을 향상시킨다는 점만 봐서는 전통적 경영 마케팅의 구조를 뛰어넘는 것은 아니다. 그러나 공연 중에 나타나는 무대와 객석의 관계, 스타

| 가극단 세이토生徒의 행로 | 팬의 행로 |
|---|---|
| ① 다카라즈카 음악학교 입학, 예과생 | ① 본과생 문화제 관람 및 스타 후보 예과생 탐색 |
| ② 다카라즈카 음악학교 본과생 | ② 졸업 문화제를 보고 본과생 중에서 스타 후보 선택 |
| ③ 가극단 첫 무대 공연 출연, 연구과 1년 | ③ 첫 무대에 서는 세이토 지원 시작 및 팬클럽 조직화 시작 |
| ④ 연구과 3년 | ④ 팬클럽 조직 활동 (오챠카이, 통신) |
| ⑤ 연구과 7년까지 신인 공연 출연 | ⑤ 신인 공연을 중심으로 지원 조직 확대 |
| ⑥ 극단과의 계약 출연 시작 | ⑥ 조직 확대 강화, 티켓 매입 노력 확대 |
| ⑦ 톱 남성역 취임 | ⑦ 고별 공연 준비 시작 |
| ⑧ 퇴단 | ⑧ 고별 공연 지원 |

[표 9] 다카라즈카 팬클럽 형성 과정

와 팬클럽의 관계는 상호 작용적이다. 그리고 다른 연극과 다카라즈카 가극의 다른 점은, 공연 중에 극장이라는 "닫힌 시공간"에서 이루어지는 출연자와 관객의 관계 이외에도 스타와 팬의 관계가 "인생"의 행로에서 상호 작용적으로 진행된다는 점이다. 팬들은 스타 후보를 찾는 것에서 새로운 인생을 시작하고, 스타가 퇴단하는 시점에서 인생의 한 단락을 마무리한다. 10년이라는 긴 시간에 걸쳐 몸도 마음도 스타와 함께하는 팬은 스타의 성장에 공헌함과 동시에 자신들의 성장 역시 실감하는 것이다.

다카라즈카 가극단에 내재하는 마케팅 전략은, 기본적으로 고객을 유도하기 전에는 전통적 마케팅을 효과적으로 활용하고, 소비의 과정 혹은 소비 후의 과정에서는 총체적인 동시에 상호 작용적인 관계 마케팅의 구조를 동원한다는 것이다. 그리고 이 상호 작용적인 관계는 단순히 팬클럽이라는 자발적인 voluntary 활동에 의해서 생겨나는 것이 아니다. 물론 다카라즈카 가극단이 상호 작용적인 관계가 일어나도록 장치를 만들어 제공하고 있는 것도 아니다. 어쩌면 다카라즈카 가극단의 세이토 육성 시스템 자체가 이러한 자원 봉사volunteer 활동을 유발하고 있는 것인지도 모르겠다. 이런 사실이 의미하는 바는, "고객의 자발적인 브랜드 지원 조직과 활동을 유발"하기 위해서는 어떤 제품 디자인과 마케팅 디자인이 필요한가를 고려해야 한다는 점이다.

## 제2장
# 극단 시키의 고객 유도 마케팅

"예술"과 관련된 사람들에게 "흥행"이라는 단어는 예술을 무시하는 듯한 여운을 줄지도 모르겠다. 흥행사興行史 전문가에 의하면, 흥행 제도란 "특정한 후견인patron을 갖지 못한 예술가가 일정한 장소에서 영리를 목적으로 공연을 하고, 불특정 관객이 요금을 지불하고 원하는 공연을 감상하는 시스템" 또는 "상품을 판매하는 것처럼 공연을 판매하는 형태"이다. 근대적인 흥행 제도가 성립되기 위해서는 예술가가 "특정한 후견인에게 인신적人身的으로 예속되어 봉사하는" 상태[17]를 벗어나 "특정한 후견인을 갖지 않은 예술가"로 되는 동시에 원하는 공연을 감상하는 "불특정한 관객"이 존재해야 한다는 뜻이다. 흥행 회사에는 영리, 돈 벌기라는 부정적인 이미지가 있는 것도 사실이지만, 흥행 제도의 성립으로 연극이 대중에게 개방된 측면도 부정할 수는 없다. 제1막에서 서술했던 바와 같이, 이 책의 목적은

[그림 9] 극단 시키의 회보 La Harpe의 표지

"관객의 지지가 있어야 예술이 존재한다는 사람들과 뜻을 함께" 하면서, 연극으로 대표되는 무대 예술을 마케팅이라는 관점에서 관찰하여 어떤 시사점을 얻을 수 있는지 분석하는 것이다.

먼저 제2장 제1절에서는 극단 시키의 성장 과정을 극단 대표 아사리 게이타를 중심으로 기술하겠다. 제2절에서는 시키가 성장 확대 노선을 지향하게 된 전환점이 잇쇼 극장日生劇場에서의 경험이라는 것에서 시작하여, '경영자 아사리 게이타'의 탄생, 뮤지컬과의 만남, 〈캐츠Cats〉에 이르기까지의 경위를 더듬어 갈 것이다. 계속해서 제3절에서는 영리 조직(시키 주식회사)과 예술 조직(극단 시키)이라는 두 개의 얼굴을 갖는 극단의 조직 구조와 운영 형태를 분석해 보고, 제4절에서는 성공의 원동력이 된 마케팅 전략에 대해 논하도록 하겠다. 그리고 마지막 절에서 극단 시키의 앞으로의 과제를 언급하고자 한다.

## 제1절 극단 시키의 행적

극단 시키의 대표 아사리 게이타는 1933년 3월 16일 도쿄에서 태어났다. 아버지는 츠키지築地 소극장[18]의 창립 멤버인 아사리 츠루오淺利鶴雄이고, 동생은 예전에 젠신자前進座의 여배우였던 아사리 요코淺利陽子이다. 아사리 츠루오는 츠키지 소극장을 비교적 이른 시기에 그만두었지만, 원래부터 연극을 좋아했던 터라 생긴 지 얼마 안 된 극단 하이유자俳優座의 연구생이 되어 연극을 계속했다. 부친이 하이유자의 연구생이었기 때문에, 1944년 홋카이도 가루이자와에 소개[19]당해 있던 아사리의 가족에게는 그렇지 않아도 어려운 피난 생활이 한층 더 어려울 수밖에 없었다. 그런 사정 때문에 아사리 게이타는 어린 시절에는 연극이 싫었다고 말한다. 그에게는 "미운 연극"이었던 것이다.

종전 후 도쿄에 돌아온 그는 1949년 게이오慶應 고교를 거쳐, 게이오 대학 문학부 불문과에 입학하면서 연극에 깊이 관여하게 되었다. 대부분의 동년배 지식인이나 문화인들과 마찬가지로 그 역시 고교·대학 시절의 한때를 매우 전투적인 좌익 학생으로서 보냈다. 대학 1학년 때에는 히요시日吉 학생 운동[20]의 간부로서 "게이오 대학 역사상 3번째"였다고 이야기되는 학생 데모를 주도했다고 한다. 또 "피의 메이데이 사건"으로 지칭되는 1952년 5월 고쿄皇居[21] 앞 광장 데모에 참가하여 경찰과 충돌한 경험도 있다. 그러나 그 후 아사리는 좌익 지식인들의 전향 등에 좌절감을 맛보면서 정치 투쟁에서 완전히 손을 끊고 연극 활동에만 몰두하게 되었다.

아사리는 게이오 고교에서 영어를 가르치던 가토 미치오加藤道夫와 그의 친한 친구이기도 한 아쿠타가와 히로시芥川比呂志에게서 연극을 배웠는데, 가토의 연극론은 사실주의·자연주의의 전성 시대였던 당시 일본의 신극 조류와는 관점이 다소 다른 것이었다. 가토에게서 사사받은 학생들은, 연극은 시와 환상의 예술이며 문학이 입체화된 것이라는 생각을 출발점으로 삼고 있었다. 아사리가 게이오 대학 불문과 2학년 때, 도쿄 대학과 게이오 대학 학생들이 연합하여 직업적인 극단을 만들게 되었다. 은사인 가토 선생과 친구 아쿠타가와는 당시 일본의 상황에서는 연극으로 생계를 해결할 수 없다는 점을 걱정하여 극단 설립에 반대했지만, 그래도 극단의 이름인 "시키"는 아쿠타가와가 지었다고 한다. "극단 시키"를 불어로 옮기면 "테아트르 데 카트르 세종Théâtre des quatre saisons"이 되는데, 이것은 사철 내내 피는 꽃이나 철마다 나는 야채 등을 가리키는 말이기도 하다. 그러니까 그다지 관념적이 아니면서 또한 사계절 철철이 신선한 연극을 제공한다는 의미로도 좋을 것이라는 생각에서 "극단 시키"라고 이름을 정했다고 전해진다.

극단 시키는 당시 프랑스 극작가들의 작품을 중점적으로 다루는 극단으로서 1953년 7월 14일(7월 14일은 프랑스 대혁명 기념일이다)에 창립되었다. 극단 시키는 게이오 대학과 도쿄 대학의 불문과 재학생들이 중심이 된, 평균 연령 21세의 극단으로서 창립 멤버는 아사리 게이타, 구사카 다케시日下武史, 미즈시마 히로무水島弘, 이제키 하지메井關一, 후지타 미츠오藤田三夫, 후지노 세츠코藤野節子, 스기야마 미치코杉山紀子, 하마모토 미호코浜本三保子, 후지모토 구도쿠藤本久德, 요시이 스미오吉井澄鶴 등 10명이었다. 신극이 붐이었던 당시로서도 극단 시키는 이색적인 존재였다. 학생 연극의 연장이라는 점에서도 이색적이었지만, 그것 이상으로 시키가 다른 신극 극단들과 달랐던 것은 좌파적인 리얼리즘 연극이 주류를 이루고 있던 일본 신극의 흐름과는 확연히 구분되는 연극을 한다는 점이었다. 아사리는 『미타 문학三田文學』에 게재한 「연극의 회복을 위하여」라는 논문에서 츠키지 소극장 이래 신극이 보이고 있던 좌파 편향적 성격을 비판하면서 큰 반향을 일으켰다. 이 논문에서 아사리는 신극이 바이블처럼 생각하고 있던 스타니슬라프스키Stanislavski 시스템[22]을 비판함과 동시에 상업주의로 타락해 버린 신극을 비판했다. 그리고 사회에 대한 연극의 효용은 공감을 불러일으키고 살아가는 보람을 느끼게 해주는 것 이상의 그 무엇도 아니라는 것, 즉 "정화 작용(카타르시스)"이라고 주장했다.

그렇기는 하지만 아사리, 즉 극단 시키는 이색적인 레퍼토리에도 불구하고 신극단으로서의 정체성을 유지하고 있었기 때문에 경제적인 구조는 전형적인 신극단의 방식을 취하고 있었다. 1960년대에 들어서면서 이시하라 신타로石原慎太郎, 데라야마 슈지寺山修司 등 일본 작가의 작품을 다루어 보았지만 그 결과는 참담했고, 이 실패 때문에 5,000명이었던 관객 기반이 1,500명까지 감소하고 말았다. 연습도 단원이 매월 1,000엔씩 낸 회비로 유치원과 절을 빌려서 밤에 했다고 한다. "구사카日下 군과 자주 이야기합니다만, 가케소바[메밀국수] 한 그릇의 가격이 20엔에서 30엔으로 오르던 날을 잘 기억하고 있습니다. 예산은 빠듯하고 달리 방법이 없어서 두 사람이 한 그릇을 나누어 먹었지요. ⋯ 아라이야쿠시에 있는 연습장에서 가미이구사의 집으로 갈 전차비도 없어서 두 사람이 6-7개 정거장을 걸어 돌아간 적도 있습니다. '무사시노[일본의 도시 이름]의 해질 무렵도 운치가 있네' 어쩌느니 해가면서 말이죠. 어쨌든 그 정도로 인내의 연속이었습니다"라고 아사리는 『요미우리 신문』의 「나의 길」란에 쓴 적이 있다.

TV의 등장이 일본 연극계에 미친 영향은 지대했다. 편안하게 즐길 수 있는 오락을 제공하는 TV가 관객을 극장에서 멀어지게 만들었던 것이다. 신극이 TV라는 존재를 통해 깨닫게 된 것은 연극의 또 다른 주체인 "관객"의 존재, 즉 자신들의 작품을 그저 고마워하며 수용하는 수동적인 존재가 아니라 취사선택하는 능동적 주체로서의 관객이라는 존재였다. TV의 영향은 관객의 문제에 그치지 않았다. 배우, 극작가, 연출가들이 TV를 중심으로 활동하게 되면서 만성적인 극작가 부족 사태가 발생했다. TV와 연극의 각본료가 10배 이상 차이가 났기 때문에 젊고 재능 있는 작가들이 대거 TV 쪽으로 가버렸고, 덕분에 연극계에는 우수한 오리지널 작품을 만들어 낼 인재가 줄어들게 되었던 것이다. 이러한 환경 변화에 대응하여, 많은 신극단은 상업주의를 비판하고 리얼리즘 연극에서 자신들의 존재 이유를 찾고자 하면서도 경제적 기반을 TV 드라마에서 확보하는 상태에 처하게 되었다. 극단 시키의 단원들 역시 TV 영화의 대역 배우를 하던 시기가 있었으나, 자신들의 존재 기반인 연극이 TV에 의해 위협받는 상황에 직면한 아사리는 단원들이 연극만으로도 생활할 수 있도록 하기 위해서 극단 운영의 근대화를 위한 기업 경영 방식을 도입하게 된다. 연극과 경영을 결부시킨 것은 "대중"을 관객 대상으로 삼은 것이었고, 이것은 신극단이었던 극단 시키가 자신의 존재 기반에 대한 정의에서 대전환을 이루었음을 의미한다. 극단은 1960년에 유한회사가 되었고, 1967년에는 극단 시키를 운영하는 시키 주식회사가 탄생했다.

## 제2절 성장 확대 노선으로

잇쇼 극장은 극단 시키로서는 두 가지 의미에서 중요한 곳이다.

그 하나는 경영자로서의 아사리 게이타가 만들어진 곳이었다는 점이다. 잇쇼 극장에서 아사리는 니혼생명日本生命이 파견한 경리 담당 중역과 회계 감사 직원들에게서 철저한 경영 훈련을 받았다. 아사리가 프로듀서의 조건으로 "돈 이야기를 할 수 있을 것"을 제일 먼저 들게 된 것도, 연극계의 허술한 경영이 세상에서는 전혀 통하지 않는다는 것을 이 시기에 배웠기 때문일 것이다. 잇쇼 극장의 개장 첫 공연은 대성공이었다. 하지만 힘든 경영 상황은 계속되었다. 3년째에 흑자로 전환되었다고는 하나 당시 돈으로 1억 엔 이상의 부채가 있었기 때문에 적자였던 잇쇼 극장의 경영을 정상 궤도에 오르게 하기 위해서는 흥행 성적과 채산성이 좋은 극단 시키의 공연을 많이 할 수밖에 없었다. 이번에는 "극장의 사유화"라거나 "잇쇼 극장과 극단 시키의 유착"이란 비판을 받게 되었고, 결국 1970년 아사리는 경영 부진을 이유로 해고되었다. 아사리 게이타가 37세 때의 일이었다. 잇쇼 극장의 경영에서 손을 뗀 1970년 이후, 극단 시키는 살아남기 위해서 도쿄뿐만이 아니라 전국 각지에서 공연을 하게 되었다. 당시의 경험은 "연극의 도쿄 편중을 고친다"는 극단의 이념으로 이어졌다.

잇쇼 극장이 갖는 두 번째 의미는 그곳에서 아사리가 뮤지컬과 만났다는 것이다. 아사리는 신극이 실패한 것은 자신들이 높은 곳에 있다고 자만하면서 관객을 어리석은 군중으로 여겼기 때문이라는 결론을 내리고, 어떻게 하면 관객이 보러 올 것인가 또는 관객이 오지 않는 것은 자신들의 무대에 문제가 있기 때문은 아닌가라는 생각을 하기에 이르렀다. 이러한 발상에서 극단 시키는 관객이 많고 생계를 해결해 줄 수 있는 연극, 즉 뮤지컬에 관심을 두게 되었던 것이다.

여기에서 일본의 뮤지컬 도입사를 잠깐 살펴보도록 하자. 일본의 뮤지컬 공연은 제2차 세계대전 전까지 거슬러 올라가는데, 당시에는 "노래가 있는 연극," "음악극" 정도로 받아들여졌다. 뮤지컬 수용 초기에 어느 정도 역할을 달성해 냈던 것은 1950년대 전반의 "데이케키帝劇 뮤지컬즈"이다. 구舊 데이케키 극장에 올라갔던 공연 시리즈의 첫 번째 작품은 1951년에 고시지 후부키越路吹雪가 주연한 〈모르강 오유키慕〉[23]였으며, 그 후 1954년까지 〈마담 사다얏코貞奴〉 등 많은 작품이 상연되었지만, 음악이 들어간 코미디 드라마가 태반이었을 뿐 본격적인 뮤지컬의 영역에 다다르지는 못했다. 지금이야 많은 사람들이 뮤지컬을 감상하지만, 뮤지컬에 익숙하지 않았던 1950년대 당시의 일본 사람들은 노래가 들어가면 연극의 분위기가 깨져 버린다고 생각하였다.

그리고 오늘날 뮤지컬의 융성을 말할 때 결코 빠뜨릴 수 없는 인물이 도호의 기쿠타 가즈오菊田一夫이다. 기쿠타는 도호의 연극부 담당 중역으로서 작가이자 프로듀서였는데, 뮤지컬에 대해 일찌감치 의욕을 보이고 있었다. 그러나 본격적 뮤지컬은 아직 시기상조라고 생각했기 때문에 "노래가 있는 아챠라카[익살스럽고 떠들썩한 가벼운 연극]" 정도로 "도호 뮤지컬"을 제작하면서 대성공을 거두었다. 그 후 뮤지컬에 대한 기쿠타의 애정과 집념은 브로드웨이 뮤지컬의 번역 공연으로 이어진다. 일본에서 본격적인 브로드웨이 뮤지컬이 공연된 것은 1963년 9월 1일

도쿄 다카라즈카 극장에서 개막된 기쿠타 각색·연출, 에리 치에미江利チェミ, 다카시마 다다오高島忠夫 주연의 〈마이 페어 레이디My Fair Lady〉가 최초였다. 그 후 브로드웨이 뮤지컬은 도호 계열의 극장들에서 차례로 상연되면서 일본의 흥행계에 정착해 갔다.

도호의 기쿠타가 뮤지컬을 육성하기 시작한 것과 같은 시기에, 아사리는 잇쇼 극장에서 뮤지컬과 만났다. 니혼생명의 사장인 히로세 겐弘世現의 지원으로 1964년 5월 21일, 데라야마 슈지 각본, 아사리 게이타 연출의 〈벌거벗은 임금님〉이 제1회 "잇쇼 명작극장, 어린이를 위한 뮤지컬 플레이"라는 명칭으로 상연되었다. 주로 도쿄에 있는 초등학교들을 대상으로 관람 희망 학교를 모집했고, 초등학교 고학년 아동들을 무료로 초대하는 공연이었다. 또 같은 해 11월에는 브로드웨이에서 〈웨스트사이드 스토리〉를 초청했는데, 이것은 브로드웨이 뮤지컬을 일본 최초로 소개하는 공연이었다. 〈마이 페어 레이디〉를 번역, 상연했던 도호의 기쿠타와는 달리, 아사리는 우선 브로드웨이에서 오리지널 무대를 부르는 방법을 선택했다. 아사리의 말에 의하면, 이 새로운 양식이 나중에 일본의 무대 예술을 위해 해낼 역할을 생각했을 때 원산지 브로드웨이의 무대를 원래의 모습으로 상연하는 것이 보다 적절할 것이라 판단했다고 한다. "어린이를 위한 뮤지컬 플레이"의 연출을 직접 했다는 것을 빼고는 본격적인 뮤지컬 공부를 해본 적이 없었던 아사리는, 브로드웨이 배우들의 고도로 훈련된 연기·노래·춤의 핵심을 파악하기 위해 〈웨스트사이드 스토리〉의 방일訪日 공연 중 그 무대를 30회 가까이 보았다고 한다.

아사리가 처음으로 연출한 브로드웨이 뮤지컬은 1967년에 고시지 후부키를 주연으로 상연된 〈결혼 이야기〉(잇쇼 극장 제작)였다. 극단 시키가 제작한 최초의 번역 뮤지컬도 역시 고시지 후부키가 주연한 〈갈채Applause〉(1972)였으며, 공연은 1973년의 〈메임 아주머니Auntie Mame〉, 1974년의 〈일요일은 참으세요Never on Sunday〉로 이어졌다. 관객 동원력이 있는 대스타 고시지 후부키를 동원하여 흥행의 위험을 감소시키면서 시키 단원으로 조연을 구성하는 동시에 OJT[24]를 통해 시키 단원의 연기 능력을 향상시켜 갔다. 이런 연유로 당시의 극단 시키는 "조연 집단"이라는 험담을 듣기도 했지만, 제작자로서 경영의 안정을 꾀하면서 뮤지컬 극단으로서의 기반을 확고히 하기 위해서는 적절한 전략이었다고 할 수 있다.

또 쉽게 유명 스타를 기용하고 스타의 관객 동원력에 의존하는 경향이 있는 도호와는 달리, 시키가 그 능력을 십분 발휘한 것은 앙상블 중심의 뮤지컬이다. 그 대표작이 록 오페라인 〈예수 그리스도 슈퍼스타〉(1973년 초연)였다. 〈웨스트사이드 스토리〉(1974), 〈지저스 크리스트 슈퍼스타〉(1976), 〈코러스 라인〉(1979)도 같은 방법으로 무대에 올렸다. 브로드웨이 뮤지컬이라는 것 자체가 원래 스타 시스템의 산물이기 때문에 앙상블에 의한 공연은 그리 많지 않지만, 시키의 1970년대 작품은 여느 것이나 대스타가 있어야 하는 뮤지컬보다는 앙상블로 보여 주는 작품들이었다. 이렇게 스타 시스템이 아니라 앙상블을 중시하는 자세는 원래 신극의 특색이므로, 시키는 신극 특유의 무대 만들기를 뮤지컬 세계에 도입했다고 할 수도 있겠다. 또 극단 경영의 근대화를 목표로 한다는 것은, 종래 일본의 흥행 시스템에서 나타나는 대체 불가능한 "단장" 중심의 연극에서 벗어나 대체 가능한 배우진에 의한 극단을 만들어 경영 스태프가 극단을 관리하고 배우가 안정된 수입을 얻을 수 있도록 한다는 것을 의미했으며, 그런 목표를 위해서라도 스타를 만들지 않고 앙상블을 중심으로 하는 레퍼토리가 필요했던 것이다.

극단 시키가 급성장하는 계기가 된 작품은 뭐니 뭐니 해도 뮤지컬 〈캐츠Cats〉였다. 〈캐츠〉는 1983년 11월 초연된 이래 1998년 4월까지 통산 3,809회 상연되었다. 1983년 당시 극단 시키가 〈캐츠〉를 상연한다는 것은 도박이나 마찬가지인 상황이었다. 초기 투자로 드는 비용(약 5억 엔)을 회수하기 위해서는 어떻게든 장기 공연을 하지 않으면 안 되었는데, 당시 일본에서는 1개월 단위의 흥행이 중심이었기 때문에 장기 공연이라는 개념이 없었던 것이다. 그래서 작품에 맞는 흥행이 가능한 극장을 설립하는 것을 생각하게 되었지만, 그러기 위해서는 캐츠 전용 극장의 건설비 3억 엔이 더 필요하다는 결론이 나왔다. 결국 초기 투자만으로 약 8억 엔이 드는 셈이었고, 그 액수는 시키의 당시 통상 투자액의 20배에 달하는 것이었다. 흥하거나 망하는 도박으로 끝나지 않게 하기 위해 아사리는 나중에 극단 시키의 경영 기반이 될 방법들을 차례로 실행해 나갔다. (1) 더블 캐스팅, 트리플 캐스팅을 도입하여 여러 명의 배우가 하나의 배역을 맡게 함으로써 배우 간에 경쟁과 협조의 상호 관계를 구축함과 동시에 그로 인한 연기의 철저한 "품질 관리"를 꾀했고, (2) 기

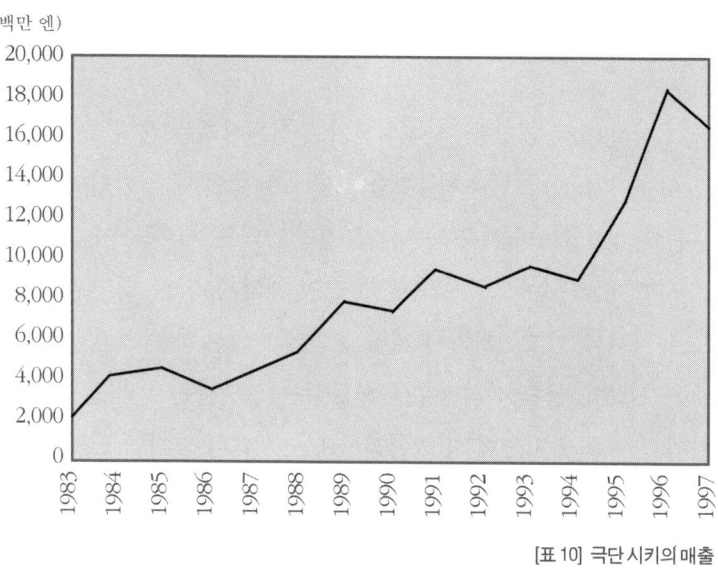

[표 10] 극단 시키의 매출

업과 제휴했으며, (3) '피아'[25]와 제휴하여 티켓 판매를 온라인화했고, (4) 시키노카이四季の會[26]를 발족시켰으며, (5) TV 광고를 실시했고, (6) 아사리 자신이 적극적으로 매스컴 대책을 맡았으며, (7) 시어터 어드바이저를 모집했던 것이다.

아사리 자신도 "경영자라면 누구나 하는 일을 하고 있을 뿐"이라고 말했고, 아사리를 아는 사람들 역시 이구동성으로 "안전하다, 별나고 엉뚱한 일은 하지 않는다"고 평했지만, 이런 방법들은 그때까지의 신극계에서는 전혀 생각할 수 없는 것들이었다. 〈캐츠〉의 대성공 후, 극단 시키는 브로드웨이 뮤지컬을 중심으로 공연하면서 [표 10]에 나타난 것 같은 성장을 이루게 된다.

## 제3절 두 개의 얼굴: 시키 주식회사와 극단 시키

극단 시키는 예술 집단 조직과 시키 주식회사라는 흥행 조직으로 이루어져 있다. 1998년 4월을 기준으로 했을 때 극단원의 총수는 약 800명이다(배우 약 380명, 경영 스태프 180명, 기술 스태프 240명). 배우는 1년 계약 멤버, 장기 계약자, 단원, 정단원 등으로 나뉘어 있고, 그 외에 개별 공연에만 참여하는 기간 계약 배우가 있다. 극단의 집행부에 해당하는 정단원은 극단 운영에 깊이 관여하게 되는데, 단원에서 정단원으로의 승격은 단원 간의 토의에 의해 결정된다. 배우는 매년 1회, 각 연도의 급여를 결정하는 계약을 극단 시키와 맺게 되는데, 배우의 급여를 예로 들면 적어도 전년도 소득액의 80%를 보증하는 월급제(계약 기간 중 출연 횟수가 예정보다 늘어날 것으로 예상될 때는 성과급제로 전환된다)와 성과급제라는 복수 체제로 이루어져 있다. 월급제는 주로 지방 출신이면서 혼자 사는 여배우에게 적용되고, 남자 배우는 전원이 성과급제이다. 이는 무대 위에 오르는 배우의 역할이 남자 80%, 여자 20%의 비율이기 때문에 남자 배우 쪽이 압도적으로 많은 상황에서 여배우들의 생활 기반을 지켜 주기 위한 제도이기도 하다. 또 극단에 소속된 지 30년 이상이 된 배우에게는 무대 역할이 없어도 안정된 생활이 가능하도록 고정 급여를 지불하는 시스템과 기업 연금을 마련하여 단원의 생활을 지원한다. 예술가 청빈론 등의 사고방식도 있지만 이념만으로 먹고 살 수는 없다. 단원의 재직 연수, 성별 등에 따라 고정급과 성과급을 적절히 적용하여 생활을 어느 정도 안정시켜 줌으로써 연습에 집중하도록 하는 시스템이 있기 때문에 우수한 작품이 계속 나올 수 있는 것이다.

구미歐美의 경우와는 달리 극단 시키의 시스템은 연습 기간에는 일체의 급료를 지불하지 않고 "무대에 오르면 얼마"라는 식의 성과주의를 따르고 있다. 배우가 하기에 따라서 연습 단계에서 역을 잃기도 한다. 그러나 공연 레퍼토리마다 배우를 채용하는 구미와는 달리 일본 특유의 극단제로 운영하기 때문에, 특정한 작품에 나올 수 없게 되어도 다른 공연에 출연할 기회가 있다. 솔직히 주 2회 마티네[27]가 있고 연간 400회의 공연을 하기 때문에, 자기가 맡은 역을 대신 소화해 낼 사람이 없으면 쉴 수도 없다. 같은 역을 서로 도와주면서 잘 연마하면 휴식도 취할 수 있고 다른 연극에 출연할 수도 있다. 극단 시키에서는 〈캐츠〉의 역할을 더블 혹은 트리플 캐스팅으로 하고 있기 때문에 배우들은 배역을 둘러싸고 치열한 경쟁을 벌일 뿐 아니라 같은 역을 맡은 배우끼리 서로 가르치며 연구하는 상호 신뢰 관계를 형성해 간다. 프로 배우 집단으로서 극단 시키의 단원이 가져야 하는 일관된 자세는 "기쁨"과 "감동"을 관객에게 전하고 공유하기 위해서 온갖 노력을 다한다는 것이다. 한편, 극단 시키의 명성이 높아지면서 시키에 있기만 하면 출연할 수 있다거나 소속되어 있기만 하면 기회가 있을 것이라고 생각하는 단원도 늘어난 것이 사실이다. 그래서 오디션을 통해 외부에서 새로운 인재를 충원하며, 일정 수준을 유지하지 못하는 배우는 도태시킨다. 극단 시키의 배우 교체율은 연간 약 20% 정도라고 한다. 또 극단 시키 부속 연극 연구소에서 배우를 선발하는 경우도 있다.

극단 시키는 여러 가지 마케팅 방법을 사용하여 영리 조직으로서의 기반을 갖추는 한편, 무대 뒤에서 일하는 사람이나 앞에서 일하는 사람 모두가 "단원"으로서 평등하게 일하고 단원들이 이익을 배분한다는 "전통적인 극단의 성격"을 꿋꿋하게 유지하고 있다. 게다가 되도록이면 다수의 단원에게 이익이 배분되도록 함으로써, 톱스타만이 고수익을 얻는 구조가 되지 않도록 신경 쓰고 있다. 뮤지컬 중심 극단으로 자리를 잡는 과정에서 극단원들에게 엄격한 훈련을 요구할 수 있었던 것도 극단이라는 공동체 속에서 단원들 사이의 경쟁심을 불러일으킴과 동시에 공생 의식을 키우는 데 성공했기 때문이다. 극단 시키는 "누구에게나 기회가 주어지는 평등한 곳"이며 공연 레퍼토리 역시 앙상블 중심으로 선택하여 극단 내에서 스타를 만들지 않는 조직 운영을 해나가고 있다. 더욱이 "공연 전국화 전략"은 그 실천 과정에서 스타를 지방에 장기간 잡아둘 수 없기 때문에 스타가 없는 극단 조직이 아니면 안 될 일이기도 했다. "전원이 평등하다"는 의식을 갖게 함으로써 아사리 자신의 리더십을 강화했고, 이를 통해서 극단의 통합을 견고하게 하고 스타 배우의 에고ego를 배제하여, 예술가 집단으로서는 드물게 유연한 조직을 구축할 수 있었던 것이다. 무대 조직이라는 것은 소규모라도 다양한 전문가들의 집합이다. 아사리가 주장하는 연극인의 적성은 이렇다. 작품에 감동할 수 있고 관객의 감동에서 기쁨을 느낄 것, 자신의 이해는 버리고 자기희생을 받아들일 수 있을 것 그리고 "무엇보다도 연극이 좋다"는 의식을 갖고 있을 것. 연극인들이 만났을 때 시간에 관계없이 서로 "아침 인사"[28]를 나누는 것은, "만날 때는 언제나 아침 같은 신선한 기분으로"라는 발상에서 생겨난 습관으로서, 언제나 밝고 맑게 갠 듯한 기분을 가지는 것이 곧바로 조직의 연대감을 불러일으킨다는 생각에서 비롯된 것이다.

흥행 집단과 예술 집단이라는 두 가지를 하나의 모체로 삼고 있는 집단의 리더라는 점에서 아사리 게이타의 입장은 미묘하다. 예술가 집단의 장長으로서 항상 예술성과 카리스마를 보여 주지 않으면 안 되는 동시에 기업 경영의 최고 책임자 역할도 다하지 않으면 안 되기 때문이다. 자신들의 예술적 욕구와 흥행 성공 사이의 균형, 이것은 언제까지나 아사리의 과제로 남을 것이다. 상업적으로 성공한 예술가가 자신의 예술적 목표를 추구하기 시작하면서 실패하고 만 예는 많이 보고되지만, 뮤지컬의 성장기였던 시절에 아사리는 극단 시키에서 굳이 예술적 욕구를 충족시키고자 하지 않았다. 『아사히 그래프 Asahi Graph』에 실린 그의 발언이 그 증거이다. "때때로 시키의 입장에서 뮤지컬이란 세상에 보여 주기 위한 가짜 모습이라는 농담을 하곤 합니다. 정말 하고 싶은 일은 따로 있다고 말이지요. 그래도 지금 일본의 연극에서 중요한 일은 무엇보다도 모두가 무대에서 먹고 살아갈 수 있을 만큼의 실적을 올리는 것입니다. 이것이 츠키지 소극장의 사람들이 했던 일을 보완하는 것입니다. 먼저 일본의 극장에 고객이 찾아드는 상황을 한 번 더 만들게 되면, 여러 가지 연극이 그 속에서 생겨나리라고 생각합니다."

아사리로서는 밀라노와 잘츠부르크에서 오페라 연출을 하는 것이 자신의 욕구를 충족시키는 수단이며 동시에 예술가로서의 능력을 내외에 알리고 그로 인해 예술가 집단에서의 카리스마를 강화하는 일일 것이다. 결국 아사리는 예술적 욕구를 충족시킬 수단을 극단 외부에서 구함으로써 시키 주식회사의 경영을 안정시키는 데 성공했다고 말해도 과언이 아닐 것이다.

## 제4절 극단 시키의 마케팅 전략

마케팅이란 기업의 시장에 대한 전 조직적 사고방식 혹은 접근 방법이라고 하는데, 여기에서 시장을 "관객"으로만 바꾸어 놓으면 극단 시키(또는 아사리 게이타)의 마케팅은 바로 극단 시키의 관객에 대한 전 조직적 사고방식이자 접근 방법이 된다. [표 11]에서 보듯, 예술가의 첫 번째 고객은 일반적으로 자기 자신이며, 다음이 동업자이고, 일반 대중은 제일 바깥쪽에 있다고 한다. 예술가들을 대상으로 인터뷰 조사를 한 끝에 이 도표를 만든 허쉬만Hirschman은 예술가들이 갖고 있는 "마케팅 개념의 한계"를 지적하고 있는데, 극단 시키의 경우는 레퍼토리를 뮤지컬 중심으로 전환했던 그 시점에서 관객을 중심에 두는 대전환을 시도했던 것이다. 즉, 연극을 매개로 하는 시키와 관객의 관계를 재정의하고, 그로써 관객을 즐겁게 해줄 질 높은 작품을 제공한다는 전략을 택했다고 할 수 있다. 바꾸어 말하면 바로 이것이 시키가 관객에게 접근하는 방법이다. 그것은 관객을 창출하는 활동(트라이얼 유도)임과 동시에 표적 시장 관객을 유지하는 활동(리피트 유도)인 것이다.

| 자기 지향적 창조성 | 동업자 지향적 창조성 | 영리적 창조성 |
|---|---|---|
| 관객: 자기<br>목적: 자기 표현 | 관객: 동업자, 업계인<br>목적: 인지, 칭찬 | 관객: 일반 대중<br>목적: 돈 |

[표 11] 마케팅 개념의 한계(Hirschman, 1983)

### 고객 창조 활동: 트라이얼 유도

"손님은 신이다"라는 것은 가수 미나미 하루오三波春夫의 발언으로 유명하지만, 극단의 고객 창출에서는 흥행 위험과 관객 위험의 균형을 생각하지 않을 수 없다. 먼저 경제적인 흥행 위험은, 일본 공연 소비 인구의 대다수는 여성 단체 관객이 차지하고 있으며, 따라서 경영 안정화를 위해서는 단체 관객에 대한 영업 활동이 필수적이라는 점이다. 또 단체 관람이 아니면 뮤지컬을 보지도 않을 손님들을 극장으로 유도하는 역할도 해낼지 모른다. 그러나 제1막에서 언급했듯이 단체 관객은 동시에 극장 안의 다른 관객에게 피해를 줄 수 있는 위험 요소이기도 하다. 이것을 관객 위험이라고 부른다면, 극단 시키는 단체 관객의 비율을 3분의 1로 억제함으로써 그런 위험을 낮추려 하고 있다. 또 개인 관객 창출에 중점을 두는 것은 "연극의 시민 사회로의 복귀"라는 기업 이념을 위한 것임과 동시에 경기景氣의 흐름에 의한 영향을 덜 받기 위한 것이다. 흥행을 "불특정 관객이 요금을 내고 원하는 것을 감상하는 시스템"이라고 정의한다면,

개인 관객의 점유 비율이 3분의 2나 되는 극단 시키야말로 확실히 이상적인 흥행 회사라고 할 만하다.

극단 시키는 개인 고객을 개척하는 영업을 하는 한편 기업들과도 제휴를 했는데, 이는 극단의 안정적 수입원 확보뿐만 아니라 기업의 사회에 대한 공헌이라는 의미도 갖는 것이다. 시키와 기업이 제휴했던 예로는 니혼생명이 지원한 "잇쇼 명작극장, 어린이들을 위한 뮤지컬 플레이," 닛산 노련日産勞連[29]이 지원한 장애자 대상 뮤지컬 등을 들 수 있다. 특히 전자는 어린이들에게 뮤지컬을 접할 기회를 줌으로써 극단 시키의 미래의 팬을 창출함과 동시에 청소년들이 극단 시키의 배우를 목표로 하게 되는 계기가 되기도 한다.

극단 시키는 이제까지 뉴욕 브로드웨이와 런던 웨스트엔드에서 성공한 뮤지컬을 수입하여 일본풍으로 각색해 시장에 내놓는 것을 고객 창출의 방법으로 삼아 왔다. 구성 언어를 영어에서 일본어로 옮기고 애정 표현에 일본적인 해석을 더하는 것 등이 각색의 주된 내용이다. 또 구미에 비하여 일본의 관객층이 젊기 때문에, 그 연령층에 맞는 작품을 선정하고 있다. 이러한 전략은 시험 관람trial을 하려는 관객이 관람을 시도할 때 관객측이 갖게 되는 공연 감상에 대한 위험을 경감시키는 효과도 있다. 제품의 브랜드가 신뢰를 보증하는 것처럼, 시험 관람을 하려는 관객으로서는 평가가 좋은 작품을 안심하고 선택할 수 있기 때문이다. "관객이 안심할 수 있는" 작품은 예술이 아니라는 비판도 있을 수 있다. 그러나 일본 최대의 극단이 예술성과 오락성을 적절히 겸비한 작품을 제공하여 먼저 관객층을 넓히려고 노력한다는 것은 의미 있는 일이다.

고객에게 상품을 알린다는 점에서 TV 광고의 효과는 지대하다. 1983년 〈캐츠〉 공연은 신극과 TV 광고의 결합 자체가 화제가 되면서 커다란 성공을 거두었다. 지금도 대형 공연의 경우에는 반드시 공연 전후 4개월간에 걸쳐 월 1회, 대규모 프로모션 활동을 벌인다. 관람 후의 설문 조사에 의하면, 전체 관객의 3분의 1을 차지하는 개인 관객들의 대부분이 TV를 통해서 공연이 있다는 사실을 알게 되었다고 한다. 그러나 연극에서는 관람 체험자들의 입소문이 중요하다. 실제로 첫날 공연을 올리고 관객이 관람하고 나서야 "티켓이 팔려 나간다"고 한다.

이러한 보급 과정은 관객이 단순한 수동적 수요자가 아니라 관객 창출에까지 관여하는 능동적인 정보 발신자 혹은 전도자라는 사실을 뒷받침해 준다.

이러한 고객의 능동성을 조직화 해낸 시스템이 바로 시어터 어드바이저(TA; Theater Advisor)라는 보수제 티켓 판매 제도이다. TA 제도는 할인 판매를 하지 않는 등의 기본적인 룰을 지키는 한도에서 여타의 방법을 각각의 어드바이저들에게 맡긴다. 대다수 TA의 수입은 용돈 정도의 소액이지만, 돈벌이를 위해서가 아니라 극단 시키의 팬이 가벼운 마음으로 티켓을 판다는 생각에서 하는 것이라고 한다. 광고와 DM[Direct Mail] 등의 일방적인 커뮤니케이션 전략이 아니라, 고객 간의 상호 작용을 조직화하여 쌍방향 커뮤니케이션 경로를 확보함으로써 그것이 또다시 판매 전략으로 이어지는 예라고 할 수 있겠다.

### 고객 유지 활동: 재구매 유도

1998년 4월을 기준으로 했을 때 전국적으로 14만여 명의 회원 수를 자랑하는 회원 조직 "시키노카이"는 극단 시키를 지탱해 주는 뼈대와도 같은 것이다.

일단은 이를 통해 확실한 티켓 판매를 예상하는 것이 가능하다. 이 제도를 통해 누적된 회원들의 데이터를 티켓 매출 시뮬레이션에 이용하기도 한다. 결국 수치적인 면에서 극단 시키의 경영에 크게 공헌하고 있는 것이다. 그러나 극단 시키의 입장에서 시키노카이의 회원이 더욱 큰 의미를 갖는 것은 그 회원들은 열성적 지원자인 동시에 엄격한 비평가이기도 하다는 질적인 측면 때문이다. 아사리는 "대가는 관람하고 돌아갈 때 내는 돈"이라는 말을 좋아한다고 한다. 본래의 연극에서는 관객이 연극을 보고 만족해야 돈을 던지고 돌아갔는데, 이 말에는 그것으로 살아가겠다는 예인의 각오가 들어 있기 때문이다. 극단 시키와 시키노카이 회원의 관계는 이런 식으로 일종의 긴장 관계라고 할 수 있어서, 반드시 서로 친하기만 한 것은 아니다. 극장이라는 닫힌 시공간에서 공연자와 관객의 상호 작용이 만들어 내는 공기는 관객이 없으면 결코 생겨날 수 없다. 관객은 단순히 관람하는 역할만이 아니라 "보는 역의 연기자"라는 역할도 하는 것이어서, 그들이 능동적으로 연극에 참가함으로써만 연극이 성립된다. 회원들은 극장 안에서 얻는 시키노카이 회보 등의 경로를 통해 극단 시키와 상호 작용하면서, 극단 시키가 가장 중요하게 여기는 무대의 질을 향상시키는 일에 공헌한다. 그러므로 극단 시키로서는 시키노카이 회원을 유지하는 것이 경영이라는 측면뿐만 아니라 예술적인 측면에서도 최대 관심사의 하나라고 할 것이다.

일단 시험 관람을 한 관객을 어떻게 해야 유지할 수 있을까? 고객의 재구매를 유도하기 위해 사용할 수 있는 전략은 무엇인가? 이것은 현재 많은 기업들이 몰두하고 있는 테마이다. 관여도가 높고 대단히 능동적인 관객과 극단 시키의 관계를 보면, 그것은 단순히 '보내는 사람 → 받는 사람'이라는 도식을 넘어서고 있음을 알 수 있다. 연극이란 일반적으로 ① 공연이 있음을 알게 된다 → ② 표를 입수한다 → ③ 극장에 간다 → ④ 개막을 기다린다 → ⑤ 관람을 한다라는 일련의 에너지 변화의 과정으로 파악된다. 확실히 이 일련의 과정 전체가 시키와 관객의 관계를 보여 주고 있다. 그리고 그 과정은 다양한 커뮤니케이션 행위에 의해 만들어진다. 연극이 있다는 것을 알게 하기 위해서는 우선 '고지告知'라는 매스 커뮤니케이션이 필요하며, 티켓 판매에는 인적 커뮤니케이션까지 필요하게 된다. 극장 안에서 관객과 극장 스태프가 얼굴을 맞대고 하는 커뮤니케이션, 관객과 배우의 커뮤니케이션, 관람 후 관객 사이에서 이루어지는 커뮤니케이션 등이 필요한 것이다. 연극을 이렇게 다양한 커뮤니케이션에 의해 이루어지는 과정으로 규정한다면, 이것은 단순히 티켓 판매라는 경제적인 교환 관계만이 아니라, 뮤지컬을 매개로 배우와 관객, 관객과 관객 사이에 일어나는 전체적인 사회적 교환의 커뮤니케이션도 포함하는 과정이라고 할 수 있을 것이다. 시험 관람을 통해 시키와 커뮤니케이션 관계를 시작하게 된 관객을 재구매로 이끄는 것 또한 커뮤니케이션에 의해

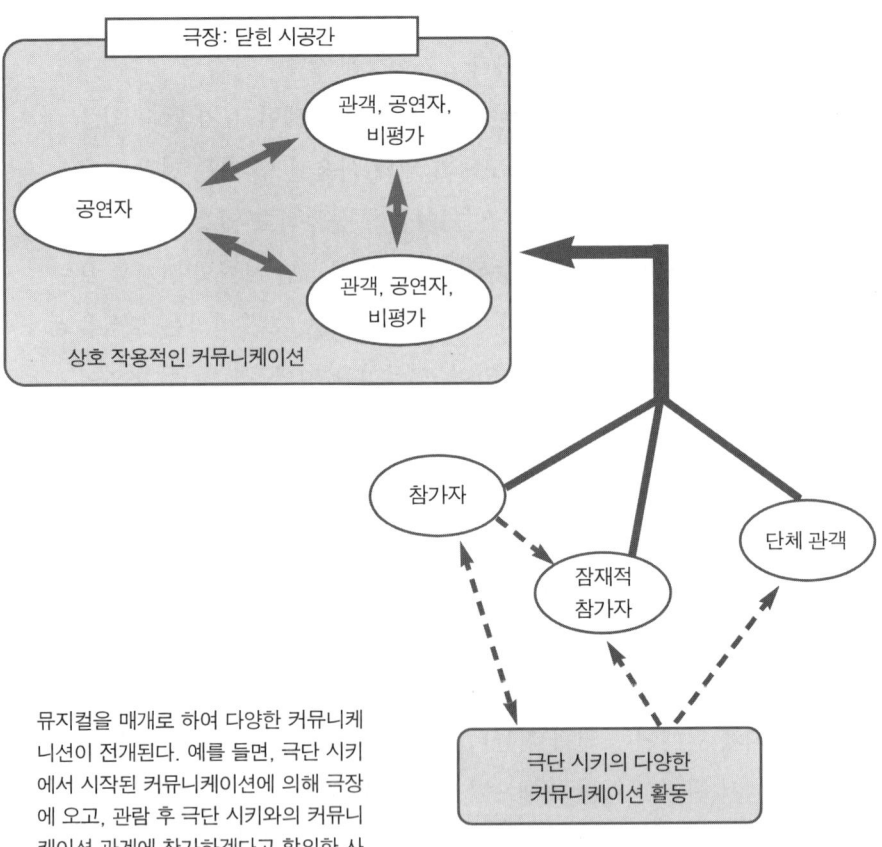

뮤지컬을 매개로 하여 다양한 커뮤니케니션이 전개된다. 예를 들면, 극단 시키에서 시작된 커뮤니케이션에 의해 극장에 오고, 관람 후 극단 시키와의 커뮤니케이션 관계에 참가하겠다고 합의한 사람들은 극장 바깥에서 잠재적 참가자를 설득하여 극장으로 유도한다. 또 극단 역시 시험 관람만을 유도하는 것이 아니라 재구매를 촉진하기 위해 다양한 커뮤니케이션 활동을 계속해 간다.

[표 12] 극단 시키와 참가자의 커뮤니케이션

서만 가능하며, 이러한 커뮤니케이션 전략에 의한 '관계 만들기'에 성공한 것이 극단 시키라고 할 수 있다.

### 제5절 극단 시키의 과제

1998년 10월 극단 시키는 마침내 도쿄에 상설 극장을 개관했다. 1,255석의 "하루春"와 707석의 "아키秋"가 그것이다. 상설 극장과 함께 그에 상응하는 관객 기반이 필요하게 되었고, 지금까지 이상으로 관객의 확대·유지 관리를 위한 커뮤니케이션이 중요해졌다. 극단 시키가 현재는 많은 관객들의 지원을 받고 있지만, 커뮤니케이션 관계의 성립이 반드시 안정을 의미하는 것은 아니라는 사실을 인식하는 것이 중요하다. '관계가 성립된 상태'를 참가자가 그 관계 유지에 합의하고 있는 상태라고 정의한다면, 어느 한 쪽이 합의하지 않으면 커뮤니케이션은 성립하지 않게 되기 때문이다. 예로 시키의 옛날 팬이 뮤지컬을 중심으로 하는 극단의 정책을 받아들이지 않고 시키의 무대에서 멀어지는 경우를 들 수 있다. 이렇게 긴 시간을 두고 일어나는 경우뿐만 아니라, 실제로 관객이 합의를 포기할 가능성은 도처에 존재하고 있다. 극단 측의 티켓 판매 제도를 관객들은 불편하게 느낄 수도 있는 것이다. 게다가 극장에서 공간을 함께하는 사람들이 반드시 동일한 관람 경험을 갖는 것도 아니다. 그런 사람들이 서로 접촉하는 막간에 생각지도 못한 위험이 잠재해 있기도 하다. 실제로 〈캐츠〉 공연의 막간 휴식 시간에 "고양이가 시끄러워서 잠을 잘 수가 없었다"거나 "무엇이 재미있는

지 모르겠다"는 대화가 있었다는 내용이 시키노카이 회원에 의해 보고된 일도 있다. 관객 기반의 확대는 필연적으로 관객의 다양화를 동반하기 때문에, 표적 시장 관객의 확산에 어떻게 대응해 갈 것인가 하는 문제는 앞으로도 커다란 과제일 것이다. 또 공연 수의 증가로 인한 공연자의 질적 저하, 단원 수의 증가로 인한 조직의 구심력 저하, 그에 따른 우수한 배우의 퇴단 등도 생각할 수 있다. 게다가 기업으로서의 존속을 생각하면 아사리 게이타의 후계자 문제 역시 중요하다. 그리고 이런 문제들에 대한 대처 방안이 앞으로의 극단 시키에게 남은 과제일 것이다.

## 제3장
# 극단 후루사토 카라반의 고객 유지 마케팅

극단 후루사토 카라반의 공연에 가 보면 보통의 연극 공연과는 크게 다른 점이 눈에 들어온다. 바로 남성 관객의 수가 많다는 것이다. 소극장계 극단의 경우 공연에 따라 남성 관객이 중심이 되는 일도 있기는 하다. 그러나 후루사토 카라반이 뮤지컬 극단이라는 사실을 생각해 보면 그곳의 관객층은 꽤나 색다르다. 뮤지컬 〈남자의 낭만, 여자의 불만〉의 평일 저녁 공연에는 넥타이 차림의 샐러리맨이 관객의 절반 가까이를 차지한다. 다른 공연에서도 막이 오르는 시간에 늦는 관객은 있게 마련이지만, 이 극단의 공연에서는 막이 오르고 난 후에도 계속 관객들이 입장한다. 그리고 더 한층 놀라운 것은 막이 내린 다음의 스탠딩 오베이션standing ovation[30]이다. 일본의 샐러리맨들이 후루사토 카라반의 공연에 그렇게까지 몰두하는 이유는 무엇일까? 후루사토 카라반은 뮤지컬의 표적 시장 고객으로는 개척이 불가능

[그림 10] 극단 후루사토 카라반의 공연 장면

하다고 여겨지던 남성 관객을 어떻게 동원하고 있는 것일까? 또 "농촌"과 "샐러리맨" 등 뮤지컬에는 적당하지 않다고 생각되던 소재들이 어떻게 받아들여지게 된 것일까? 그리고 그러한 소재를 어떻게 발굴하고 있는 것일까?

제3장에서는 후루사토 카라반의 성공 요인들을 분석하기 위해 먼저 제1절에서는 후루사토 카라반의 행적을 따라가 보고, 제2절에서는 조직 구조와 운영 형태에, 제3절에서는 오리지널 뮤지컬을 만들어 내는 원천인 제작 활동에 초점을 맞추어 고찰하며, 제4절에서는 고객 유지 전략을 다루도록 하겠다. 그리고 마지막으로는 앞으로 후루사토 카라반이 해결해야 할 과제를 생각해 보고자 한다.

### 제1절 극단 후루사토 카라반의 행적

극단 시키가 학생 연극을 모체로 하는 신극단으로 출발한 데 비해 후루사토 카라반의 주요 창립 멤버들은 마야마 미호眞山美保가 이끌던 신세이사쿠자新制作座 출신들이다. 마야마 미호는 연출가·극작가이며, 마야마 세이카眞山靑果(1866-1948)의 딸이다. 그녀는 니혼日本 여자 대학 졸업 후 젠신자前進座 문예부와 신쿄新協 극단을 거쳤고, 1950년에는 신극의 대중화를 표방하면서 신세이사쿠자를 창립했다. 신극의 대중화를 목표로 했던 신세이사쿠자는 당시 연극의 흐름으로 보면 순수한 신극단이라고 말할 수는 없는 위치였다. 현재 후루사토 카라반에서 각본·연출을 담당하고 있는 이시즈카 고쿠겐石塚克彦이 신세이사쿠자에

서 최초로 뮤지컬을 만들었을 때에는 무척 힘들었다고 한다. 단원과 관객 양쪽 모두로부터 심하게 비난을 받았기 때문에 그의 처녀작인 〈천국과 지옥 '70〉은 도쿄 공연 겨우 7회 만에 결국 막을 내릴 수밖에 없었다. 이시즈카의 목표는 표를 사서 보고 돌아갈 때 우울해지는 연극을 만드는 것이 아니라 힘든 현실을 초월하는 희극성의 추구, 즉 비극을 극복한 뒤의 세계를 그려내는 것이었다. 그는 처녀작의 실패에도 불구하고 몇 편인가의 작품을 계속 썼으나 끝내 다른 단원들과 뜻이 맞지 않게 되면서 오우치 요시노부大內義信, 아마기 요시에天城美枝, 히라츠카 쥰코ひらつか順子, 데라모토 다케오寺本建雄 등 총 40명의 멤버로 극단 후루사토 카라반을 창단했다. 1983년 1월 5일의 일이었다.

후루사토 카라반의 창립 취지를 극단 대표 오우치는 이렇게 쓰고 있다. "일본의 산과 강, 그 품속에서 만들어진 거리와 마을, 그곳에서 사는 사람들, 그 풍토 안에서, 시대와 함께 살아가는 많은 사람들의 숨결을 원천으로 하여 만들어지는 뮤지컬의 창조와 연극 문화를 목표로 하여 '후루사토 카라반'은 출발했습니다. '후루사토[고향]'는 단순히 그리운 풍물이 아니라 시대와 함께 모습이 변모하는 존재입니다. 댐이 생기고, 상점이 세워지고, 공장이 건설되고, 상품 가치에 따라 논밭의 작물이 바뀌고, 사람들의 생활 모습이 변화해 가고…. 이렇게 변하고 있는 '후루사토'에 '극장'을 만들고, 고통 받는 '후루사토'에서 작품을 탄생시키고자 합니다. 오늘날에는 대도시에 사는 사람들도 '후루사토'에서 이루어지는 창조를 원하고 있습니다. 인간이 살아가는 데 있어 자연과 단절되고 사람과 사람의 연결이 황폐해지는 것만큼 심각하고 마음을 불안하게 만드는 것은 없기 때문입니다."

극단 후루사토 카라반은 "카라반"[31]이라는 말 그대로 전국을 돌아다니는 극단으로서, 인구 2,000명 정도의 마을에서 도쿄와 오사카 같은 대도시에 이르기까지 현대인의 생활 속에서 소재를 얻어 현실을 그대로 반영하는 대중적 오리지널 뮤지컬을 만든다. 도쿄에서 만든 것을 지방에 가져가서 공연하는 것이 아니라 지역에서 연극을 창조하는 것을 목표로 하고 실천하는 극단으로서 활동을 시작한 것이다. 당시를 회상하며 히라츠카는 다음과 같이 말한다.

"스스로 하고 싶어서 연극을 한다는 것은 그때까지 전례가 없었던 일이고, 있었다 해도 일시적인 일로 끝나 버리는 정도였습니다. 또 다른 고민은 정말로 자신들이 하고 싶은 연극을 하면 만족할 수 있겠는가, 그것만으로 괜찮은 것인가 하는 것이었습니다. 무엇보다도 당시 우리들이 활동하던 시절에는 도쿄라는 중앙에서 극을 만들어 전국으로 들고 간다는, 그런 스타일이 많았다고나 할까…. 연극을 한다고 해도 우리는 오히려 지방 공연이 많았지요. 특별히 유명한 스타도 뭣도 없었고. 중앙에서 만든 것을 가지고 가서 지방 관객에게 이런 식으로 전해도 좋은 것일까 하는 기분, 지방 관객이 더 좋아할 작품이 따로 있지 않을까 하는 생각이 사라지지 않는 가운데 '후루사토 카라반'이 생겨난 거지요. 그래서 도쿄 공연은 전혀 생각하지 않았어요. … 지방에서 봐 주시는 분들의 현실과 좀 더 하나가 된달까, 아무튼 그런 연극을 시작하고 싶다는 생각에서 '카라반'이 출발하게 된 것이라고 할까요…."

　후루사토 카라반은 지금은 독창적인 극단으로 인정받고 있지만, 당초에는 연극 평가의 대상조차 되지 못했다. 동업자들 사이에서 "어렵지만 하고 싶은 일을 위해 자신의 길을 간다"고 멋있게 생각되기는커녕 그저 무시당했던 것이다. 당시의 연극인들은 레퍼토리의 내용을 논하기 전에 관객을 고려한다는 것 자체를 "대중과 영합하는 것"으로 해석하면서 받아들이려고도 하지 않았다. 그렇다면 왜 후루사토 카라반은 관객을 즐겁게 하는, 관객이 원하는 작품을 만들겠다고 결심했던 것일까?

　"우리는 정말 훌륭한 작품이라고 생각하는데, 관객들은 그렇게 생각하지 않을 수 있잖아요. 이시즈카에게도 다른 사람의 각본으로 공연할 때 관객이 우르르 나가 버렸던 경험이 있습니다. 무척 상징적인 일이었지요. 홋카이도 츠키가타정이라는 곳에서 관객을 모았는데, 연극이 재미없으니까 사람들이 줄줄이 돌아가 버렸다나요. 이시즈카가 돌아가는 관객들을 따라 바깥에 나와 보니, '오늘 연극은 재미없었어. 이 정도면 집에서 TV를 보는 편이 낫지' 라든가 '이건 애들 속임수야,' '이 정도면 애들도 안 속지' 라는 이야기들을 하고 있었다고 합니다. 흔히 지방 관객은 문화 수준이 낮다거나 뭘 모른다고들 하지만, 그렇게 말할 일이 아닙니다. 그 사람들이 만족하지 못한다면 무엇을 연극이라고 할 수 있겠어요…."

　그리고 이런 고민이야말로 마케팅의 딜레마이다.

　"고객의 소리를 듣는다"는 것이 일반 제조업의 경우에는 당연한 일이지만 "예술가 집단"에게는 여간 어려운 일이 아니다. 관객이 예술가의 자기 욕구 충족이나 연극계의 평가와 상관없는 외부에 존재한다고 생각하는 예술가들은 고객 만족을 목표로 하는 것은 예술가가 할 일이 아니라고 생각하기 때문이다. 그러나 후루사토 카라반의 멤버들은 철저하게 생활자들에게 자신의 눈높이를 맞추었다. 그러기 위해 작품을 만들 때부터 관객의 모습을 생각하고 그 소리를 들었으며, 그것이 가능했던 것은 모체인 신세이사쿠자에서도 비슷한 방법을 사용했기 때문이다. 제작부와 현지 사람들, 제작부와 연출가, 연출가와 현지 사람들 사이에서 커뮤니케이션이 거듭되는 속에서 작품을 만들어 내는 스타일이야말로 후루사토 카라반이 창립 이래 지켜 온 자세다.

후루사토 카라반의 창단 공연은 1983년 후쿠오카현 치쿠고 지방에서 시작되었다. 그때의 모습은 그야말로 굉장하달 수밖에 없었다고 한다. 멤버 40명의 절반이 제작 담당이었기 때문에 뮤지컬 배우가 부족했고, 결국 무대 감독과 조명 스태프까지 무대에 올랐다. 조명 담당이 조명실을 벗어나 무대에 등장했다가 의상을 걸거나 벗어 버리고 조명 배전반 앞으로 돌아가는 식이었다. 그러나 치쿠고는 "젊은 극단이 출발하는 것을 낭만으로 받아들여 꿈을 함께 나누고 행동으로 옮기는, 대범하고 파워풀한 풍습"이 있는 지방이었기 때문에, 이 거리에서 저 마을로 순회공연을 할 수 있었다. 그 뒤 1985년 2월에 후루사토 카라반은 주식회사로 바뀌었고, 1997년을 기준으로 매출 8억 엔, 오리지널 작품 15편(컨트리 11, 샐러리맨 4), 극단원 82명의 극단으로서, 2팀으로 나눠 전국을 순회하며 연간 220회의 공연을 해내

| 연도 | 작품 | 행적 |
|---|---|---|
| 1983년 | 극단 후루사토 카라반 창립<br>〈시아버지와 며느리〉 | |
| 1984년 | 〈더The 결혼〉 | |
| 1985년 | 주식회사 후루사토 카라반 설립<br>〈형님〉 | 제1회 전국 지역 활동자 연구 집회<br>제1회 도쿄 23구區 공연<br>제40회 기념문화청 예술제상 수상(《시아버지와 며느리》) |
| 1986년 | | 제2회 전국 지역 활동자 연구 집회<br>제1회 도쿄 뮤지컬 페스티벌 특별 출연 |
| 1987년 | | 제3회 전국 지역 활동자 연구 집회<br>제3회 일본무대예술가조합상 수상(작품·연출 부문, 이시즈카 고쿠겐) |
| 1988년 | 〈마을은 3.3.7 박수〉 | 중일中日 국교 정상화 15주년 기념 문화 사절단으로 방중訪中<br>일본 일주 뮤지컬 카라반 규슈에서 시작 |
| 1989년 | | 사쿠라 후루사토 거리 만들기 운동 시작<br>(전국 131시, 정, 촌市町村에 묘목 8,945그루 증정)<br>제6회 일본 이벤트 대상 최우수 기획상 수상<br>하루에 만드는 300명 뮤지컬〈여름·축제 뮤지컬 in 아스즈카〉 |
| 1990년 | 〈유-Ah! 마이 SUN사원社員〉 | |
| 1991년 | 미일美日 합작 뮤지컬〈LABOR OF LOVE〉양국 순회 공연 | |
| 1992년 | 〈샐러리맨의 금메달〉 | 일본 일주 뮤지컬 카라반 47도부현都道府縣 공연 달성<br>- 오키나와현 나하시<br>바르셀로나 올림픽 예술제 연극 부분에 초청 참가<br>중일 국교 정상화 20주년 기념<br>'중일민간우호련友好連 환영식'에 출연<br>참가자 일반 공모에 의한〈우편저금 300명 뮤지컬〉상연 |
| 1993년 | 〈남자는 낭만, 여자는 불만〉 | 어린이 참가형 환경 뮤지컬〈구마곤의 숲〉상연<br>(국제환경회의 글로벌 포럼에서 제작 위촉)<br>제4회 전국 지역 생활자 연구 집회 |
| 1994년 | 〈벌거숭이가 된 샐러리맨〉 | 제19회 기쿠타 가즈오 연극상 수상(음악 부문, 데라모토 다케오)<br>제11회 일본 무대예술가조합상 수상(배우·안무 부문, 데라모토 다케오) |
| 1995년 | | 주민 참가형〈리버 뮤지컬 아라카와〉상연<br>제1회 전국 다나다 서미트 |
| 1996년 | 〈아빠는 가족의 파수꾼〉 | 제4회 스포니치sponichi[32] 문화예술대상 그랑프리 수상<br>(《벌거숭이가 된 샐러리맨》)<br>제2회 전국 다나다 서미트 |
| 1997년 | 〈Oh! 마이 SUN 사원〉 | 제3회 전국 다나다 서미트<br>도쿠시마현德島縣 제작 뮤지컬〈달려라! 놓아라! YATTOSEY!〉상연 |

[표 13] 후루사토 카라반의 행적 (공연 프로그램 등에서 발췌 작성)

고 있고, 또한 212만 명(1997년 12월 말 기준)이라는 누적 관객 수를 기록해 냈다(극단 후루사토 카라반의 창립 이래 활동은 [표 13]을 참조할 것).

극단의 자매 회사인 "후루카라 네트워크"[33]는 1991년 4월에 설립되었다. 후루카라 네트워크는 극단의 공연을 통해 구축된 전국의 인적 네크워크를 활용하여 지역 간 교류 촉진을 지원하는 것을 그 목적으로 하는 조직이다. 후루카라 네트워크가 제공하는 정보의 내용은 지방 산업을 지탱하는 사람들이나 각지의 이종 업종 교류회의 책임자 소개, 각지의 전통 공예와 관광 자원, 특산물 소개 등인데, 이러한 정보를 기초로 공예품과 농산물의 판로 개척, 인맥 만들기, 자기가 사는 지역의 진흥을 위한 이벤트 기획 등으로 이어지게 된다. 지금까지 개최한 이벤트로는 도쿄도 아라카와구 주민들이 참여하여 하루 동안만 공연했던 〈리버 뮤지컬 아라카와〉, 1995년 시코쿠 시만토 강의 상류인 고치현 다카오카군 유스하라정에서 농림수산성의 후원으로 개최했던 '제1회 전국 다나다棚田 서미트summit' 등을 들 수 있다. 후루카라 네트워크는 유한회사이자 영리 기업이지만, 이것은 극단이 가진 정보를 사회에 환원하겠다는 시도이기도 하다. 단순히 연극을 통해 극장 안에서의 커뮤니케이션만 촉진하는 것이 아니라, 자기가 사는 지역과 자치 단체와 후루사토 카라반이 일체가 되어 무엇인가를 만들어 가는 것이다. 기업과 사회를 연결하는 방법으로서 이것이 시사하는 바는 그 얼마나 지대한가?

| 대표 | 5명(오우치 요시노부, 다니우치 다카시, 데라모토 다케오, 아마기 요시에, 히라츠카 준코) |
|---|---|
| 본부 사무직원 | 3명 |
| 제작부원 | 25명 |
| 배우 | 41명 |
| 스태프 | 8명 |
| 단원 합계 | 82명 |

[표 14] 주식회사 후루사토 카라반의 조직 구조

## 제2절 조직 구성과 운영 형태

"전원 무명으로 일관하기," 바로 이것이 후루사토 카라반 창립 당시의 정책이다. 배우라 해도 짐을 나르거나 청소를 한다. 1997년도를 기준으로 주식회사 후루사토 카라반의 단원은 82명에 이르는데, 단원들은 보통 아침 10시에 출근해서 연습을 시작한다. 대부분 극단 본부가 있는 고가네이의 시민이기 때문에 전원이 자전거로 통근을 한다. 멀리 사는 단원들은 극단에서 일하다가 결혼을 하면서 도쿄 도내 都内에서는 살 수 없게 되어 어쩔 수 없이 교외로 이사한 경우들이다. 대부분 무명의 연극인이라면 그날그날의 생활비도 부족한 것이 보통이지만, 여기서는 전원이 월급을 받는 샐러리맨인데다가 아르바이트가 금지되어 있다. 사실 너무 바쁘기 때문에 아르바이트를 할 여유도 없다. 스타 없는 공동체 안에서 한 덩어리가 되어 일함으로써 공동의 목적을 향해 달려가는 집단을 형성하고 있는 것이다.

극단 시키에서는 극단원의 수입이 "무대에 오르면 얼마"라는 식의 성과급이지만, 여기서는 배우라는 전문직을 연공 서열에 따른 급여제로 관리하고 있다. 극단 시키도 앙상블을 중시하는 극단이지만, 후루사토 카라반 역시 공연 레퍼토리로 보나 대우로 보나 스타가 존재하지 않는다. 뮤지컬은 정극과는 달리 "노래하고 춤추고 연기하는" 3박자를 갖춘 배우를 찾는다. 하지만 공연을 한 번이라도 보면 알겠지만, 후루사토 카라반의 무대는 매우 세련되어 보인다고는 결코 말할 수 없는 수준이다. 배우의 체격이나 춤도 제대로 맞지 않는다는 인상마저 받게 된다. 원래부터가 뮤지컬 극단에서 출발한 것이 아니었기 때문에, 고참 단원들 중에도 연기는 되지만 음치이거나 춤이 전혀 안 되는 사람이 있을 정도이다. 그래도 연공 급여 제도에 대한 불만은 들리지 않는다. 일반 기업이라면 승진에 의해 부하가 늘어난다거나 급여가 오르거나 권한이 커져서 직무에 대해 만족을 느끼거나 동기를 부여받을 수도 있다. 그러나 주역, 조역이라는 명확한 서열이 있음에도 불구하고 연공 급여 제도를 운영할 수 있는 것은 평등 의식을 철저히 함과 동시에 전원이 납득할 수 있는 불평등 상태를 만듦으로써 그것이 조직의 활성화로 이어지도록 하는 시스템이 존재하기 때문이다.

그러나 비록 평등 의식을 커뮤니티 내에 심어주는 데 성공했다 해도 극단 후루사토 카라반에서 전문가 집단이 기술에 대해 안이한 태도를 보이는 것은 용서되지 않는다. 납득할 수 있는 불평등을 만든다는 것은 전문가 집단에게 기량을 다투게 함으로써 서열을 만드는 것을 의미한다. 극단 시키가 배우 사이에 경쟁·공생 관계를 만들어 서로 배우면서 같이 경쟁하게 함으로써 품질을 관리하는 시스템이라면, 후루사토 카라반 역시 외부 공연자(약 20명)를 이용해 단원에게 자극을 주고 있다. 게다가 연공 급여라 할지라도 다음에 어떤 역에 뽑히느냐는 심각한 관심사이다. 프로듀서의 말에 의하면, 급여가 같다면 배역이 많은 쪽이 당당하게 보이기 때문이라고 한다. 매년 몇 명가량의 단원이 나가고 들어오는데, 그렇게 새로운 인재가 들어와서 조직의 경직을 막는 것인지도 모른다. 좋아하는 연극을 하면서 생계도 꾸릴 수 있다면 보수만으로는 환산할 수 없는 성취감과 자아실현 또한 이루는 셈일 것이다. 금전적 가치만으로 환산할 수 없는 무언가에 몰두하는 상태를 만들어 내는 "바場"의 매니지먼트[35]가 극단 운영의 열쇠인 것은 아닐까?

하지만 후루사토 카라반의 가장 큰 특징은 무엇보다도 오리지널 작품을 만드는 방법일 것이다. 사람들은 연극의 각본이라는 것을 작가의 번뜩이는 아이디어와 재능의 산물이라고 생각하지만, 후루사토 카라반에서는 제작부가 철저하게 취재를 하여 현장에서 발굴해 낸 아이디어를 기초로 각본을 창작한다. 아무리 생각해도 그들이 다루는 "농촌"과 "샐러리맨"은 뮤지컬을 위한 소재로는 적합하지 않은 듯 생각되지만, 현장에서 발굴한 소재를 기초로 하고 있기 때문에 그곳에서 생활하는 사람들을 다루는 연극을 만들어 낼 수도 있는 것이다. 왜 그렇게까지 취재에 매달릴까? 어쩌면 그 이유는 극단의 소속 작가인 이시즈카가 옛 극단에서 체험했던 것에 있는지도 모르겠다. 신세이사쿠자에서는 마야마 미호라는 걸출한 인물이 자신의 재능에 의지하여 각본을 썼다. 하지만 세월이 흐르면 재능은 고갈되고, 그렇지 않더라도 슬럼프가 오게 마련이다. 그러한 작가의 모습을 옆에서 지켜보았던 이시즈카는, 후루사토 카라반 창립 무렵부터 개인의 재능에 기대지 않고 팀 제작이 가능한 시스템을 만들겠노라 결심했다. 물론 마지막 순간에는 이시즈카의 재능에 의존하지만, 소재를 발굴하고 개발하는 시스템은 후루사토 카라반 제작부가 맡고 있다. 다음 절에서는 후루사토 카라반의 마케팅 전략을 제작부 기획 회의를 중심으로 살펴보겠다.

### 제3절 제작부가 주도하는 제품 개발

창립 이래 후루사토 카라반의 뮤지컬은 예외 없이 극단 제작부 전원의 토의를 거쳐 기획되어 왔다. 제작 회의에 배우가 참여하지 않는 이유는, 그들이 하고 싶은 연극은 관객들이 재미없다고 느끼기 때문이다. 우선 각지에 흩어져 있는 제작부원이 한곳에서 만나 논의를 거듭하면서 주요 인물과 인간관계, 극의 골격 등을 결정한다. 이렇게 테마를 짜고 나면 제작부에서는 그 소재를 작가 이시즈카에게 제공한다. 공식적으로는 공동 집필이라고 이야기하지만, 실제로는 캐치볼을 하는 것처럼 주고받으며 완성하는 분담 작업이자 팀플레이인 것이다.

제작부원은 25명(1997년 기준)이다. 그들이 취재한 소재로 각본을 만드는 이유 중 하나는 동기 부여 motivation 때문이다. "자신이 만드는 작품"이라는 자각이 있고, 작품에 대한 책임감

| | |
|---|---|
| 〈시아버지와 며느리〉(1983-1986)<br>작·연출 이시즈카 고쿠겐, 음악 데라모토 다케오, 안무 아마기 요시에<br>1985년도 문화청 예술제상 수상<br>전국 334시, 정, 촌市町村 354스테이지<br>관객 동원 35만 명 | 대도시 근교에서는 농촌 지대가 도시화에 밀려 농업을 할 수 없게 되었다. 그런 속에서 농업 생존 전쟁을 선언하는 이상한 남자의 이야기를 그렸다. |
| 〈형님〉(1985-1987)<br>작·연출 이시즈카 고쿠겐, 음악 데라모토 다케오, 안무 아마기 요시에<br>1987년도 문화청 예술제상 출품작<br>전국 59시, 정, 촌 65스테이지<br>관객 동원 6만 명 | 오봉盆,[36] 정월이 되면 친척, 형제가 찾아와 자동차 가득히 쌀, 야채를 싸들고 돌아간다. 이것을 당연한 것으로 받아들이면서 분투하는 상속자 장남의 인간적인 삶을 보여 준다. |
| 〈더 결혼〉(1986-1988)<br>작·연출 이시즈카 고쿠겐, 음악 데라모토 다케오, 안무 아마기 요시에<br>전국 224시, 정, 촌 279스테이지<br>관객 동원 27만 명 | 결혼식에 엄청난 돈을 들이는 것이 유행이 된 가운데, 결혼·결혼식이란 무엇인가를 테마로 일가족이 우왕좌왕하며 생각하게 되는 이야기이다. |
| 〈마을은 3·3·7 박수〉(1988-1992)<br>작·연출 이시즈카 고쿠겐, 음악 데라모토 다케오, 안무 아마기 요시에<br>일본 일주 뮤지컬·전국 47도도부현에서 공연<br>전국 283시, 정, 촌 371스테이지<br>관객 동원 33만 5천 명 | 마을 선거란 정치와 인생의 축제가 뒤섞인 것이다. 지역과 가족 속에서 어머니들의 활력과 밝은 태도가 모두를 밝고 활기차게 만든다. |
| 〈남자는 낭만, 여자는 불만〉(1993-1995)<br>작·연출 이시즈카 고쿠겐, 음악 데라모토 다케오, 안무 아마기 요시에<br>전국 211시, 정, 촌 278스테이지<br>관객 동원 27만 5천 명 | 남자들은 낭만을 추구한다며 오코시 마을, 오코시 거리의 집을 뛰쳐나가고, 현실의 삶과 집을 지키는 여자들은 불만에 휩싸인다. 남자의 낭만과 여자의 불만이 충돌하면서 대소동이 일어난 마을의 이야기이다. |
| 〈아빠는 가족의 파수꾼〉(1996-)<br>작·연출 이시즈카 고쿠겐, 음악 데라모토 다케오, 안무 아마기 요시에 | 유스키정 상점가의 간노 시계점은 점주 마사츠구의 네트워크를 무기로 전기 공사에서 농작물 운반, 잔치의 사회에서 싸움의 중재에 이르기까지 온갖 일을 하면서 생계를 꾸려간다. 하지만 장남, 장녀, 처갓집과 간노의 집에는 차례차례 문제가 생겨나고…. |

[표 15] 후루사토 카라반 작품 목록

## 이제까지의 샐러리맨 뮤지컬

| | |
|---|---|
| 〈유-Ah! 마이 SUN 사원〉(1990)<br>작·연출 이시즈카 고쿠겐, 음악 데라모토 다케오, 안무 아마기 요시에<br>1990년도 문화청 예술제 참가 작품<br>도쿄, 오사카 등 105스테이지<br>관객 동원 9만 명 | 회사에서 보답 받지 못한 샐러리맨이 가정에서도 아무런 보답을 받지 못한 채 가족들은 뿔뿔이 흩어져 간다. 그리고 가족 한 사람 한 사람이 새로운 인생을 추구하면서 새삼스레 서로를 바라보게 된다. |
| 〈샐러리맨의 금메달〉(1992-1993)<br>작·연출 이시즈카 고쿠겐, 음악 데라모토 다케오, 안무 아마기 요시에<br>도쿄, 오사카 등 108스테이지<br>전국 주요 도시 공연(42도시)<br>관객 동원 9만 명 | 샐러리맨으로서 어떠한 상황이 된다면 행복하겠냐는 질문에 "내가 다니는 회사의 팬이 된다면 좋겠다"고 대답한 사람이 있었다. 그런 소원에서 이 드라마는 만들어졌다. |
| 〈벌거숭이가 된 샐러리맨〉(1994-1996)<br>작·연출 이시즈카 고쿠겐, 음악 데라모토 다케오, 안무 아마기 요시에 | 거대 전자 메이커의 AV사업부 차장 하루하라 고스케는 구조조정을 하라는 명을 받자 평소 눈에 거슬리던 부하 3명에게 자회사 파견 근무를 명한다. 하지만 큰 역할을 완수하고 안심하는 것도 순간, 자신도 같은 자회사로 파견당하고 만다. 상태가 이상해진 그는 애첩과의 사이도 어긋나고, 본사에서는 만날 일도 없었던 자회사의 이상한 사람들과 함께 일하게 된다. 그리고 가족과 새로운 직장에서는 옥신각신 분투가 시작된다. |

## 특별 기획

| | |
|---|---|
| 〈LABOR OF LOVE〉(1991-1992)<br>작 이시즈카 고쿠겐, 채드 헨리<br>연출 이시즈카 고쿠겐, 린다 하체<br>음악 데라모토 다케오, 채드 헨리<br>안무 아마기 요시에<br>일본 투어(도쿄 12스테이지 포함) 24스테이지<br>미국 투어 7주 10개소 13스테이지<br>귀국 특별 공연(오사카, 고베) 15스테이지<br>전국 주요 도시 공연(42도시)<br>바르셀로나 올림픽 예술제 참가 5스테이지<br>관객 동원 4만 9천 명 | 정치적인 대립과 흥정으로만 보면 세상이 시끄럽지만, 일본과 미국에서 쌀을 생산하는 농민들이 직접 만난다면 어떻게 될까? 일본과 미국의 연극인들이 처음으로 대등한 입장에서 힘을 합쳐 완성한 이야기이다. |

과 애정을 갖고 있기 때문에 소재를 찾는 중대한 역할에 최선을 다하게 된다. 이를 위해 제작부원들은 일 년의 태반을 일본 어딘가에 있는 아파트나 빈 집을 빌려 살면서 그 지역에 뿌리를 뻗는 생활을 계속한다.

 제작부에서 주는 정보를 기초로 이시즈카 자신도 조사를 한다. 그것은 이시즈카 자신이 직접 현지에 들어가 "얼굴"을 보지 않으면 불안해지기 때문이라고 한다. 작가가 무엇인가를 발견해 내는 경우도 있다. 예를 들어, 1984년의 〈더 결혼〉의 경우, 2박 3일에 걸친 기획 회의의 결과 테마는 "농가 채무"로 결정되었다. 그런데 실제로 이시즈카가 취재해 보니, 농가가 빚을 지게 되는 원인은 농기구 구입 때문이 아니라 집의 신축이나 자동차 구입 때문인 경우가 많았다. 왜 그런 것일까? 좋은 집, 좋은 차가 아니면 결혼해 줄 여자가 없기 때문이었다. 결국 "농가 채무"는 결혼 문제였던 것이다. 그래서 새롭게 "결혼"이라는 테마가 떠올랐고, 또 한 번의 취재와 기획 회의를 통해 농촌의 결혼과 빚을 극의 중심으로 하는 뮤지컬 〈더 결혼〉이 탄생하게 되었다.

 여기에서 극단 후루사토 카라반의 뮤지컬이 만들어지는 과정을 소개해 보자. 후루사토 카라반의 작품은 전부 기획 회의에서 출발한다. [표 16]은 컨트리 뮤지컬의 제작 과정을 도표로 나타낸 것이다.

● 기획 회의

기획 단계에서는 제작부 멤버 전원이 한자리에 모인다. 회의는 일반적으로 온천에서 사흘 밤 사흘 낮 동안 진행된다. 이 회의에서 각 담당자들은 각지에서 보고 들은 것을 서술하고, 테마에 어울리는 소재를 짜 맞춘다. 기획 회의를 열기만 하면 여러 가지 아이디어가 구체적인 모습으로 술술 나오는 것은 결코 아니다. 잡담, 농담, 이런저런 이야기들이 오가는 가운데 다양한 에피소드들이며 흥미 있는 인간상이 떠오르게 되는 것이다. 그런 것들을 두고 이시즈카가 질문을 하는 형태로 살을 붙이면서 이미지를 굳혀 간다. 회의가 끝날 때까지는 연극의 극적 전개를 뒷받침해 줄 현실 상황이나 특정 인물의 이미지를 만들 수 있는 모델 등 구체적인 조사 항목이 만들어지고 제작부 전원이 각지로 돌아가서 다시 조사를 시작한다.

● 제작부의 취재 조사

각 담당자가 다시 취재를 개시한다. 담당자들에게는 제각기 자신 있는 지역이 있기 때문에 자신이 담당하는 지역의 취재가 활용되도록 작가에게 최대한 강조하게 된다. 일종의 사내 경쟁이라고 할 수 있는 것으로서, 각 지역 담당자들이 서로 자기 지역으로 작가를 끌어들이려는 경쟁이 생기는 것이다. 소재로 선택되면 자연히 그 작품에 대한 애착은 더 커지게 된다.

● 작가의 취재 조사

이시즈카 자신도 독자적인 조사를 한다. 이렇게 모은 2차 자료는 참고 자료로 활용되지만 작품이 거기에서 탄생하는 것은 결코 아니다. 하나의 작품을 완성하기 위해 100명에 가까운 사람

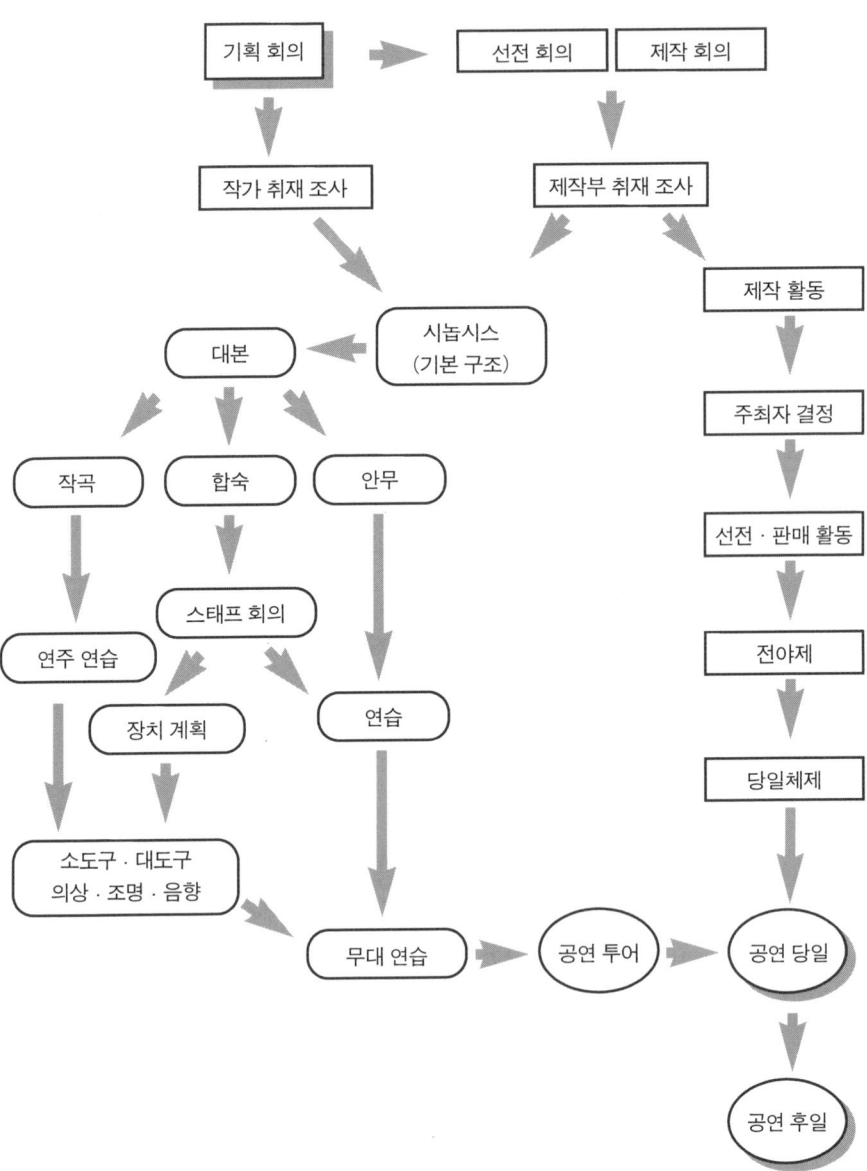

[표 16] 뮤지컬의 탄생 과정

들을 만나고 방대한 양의 자료를 읽는다.

● 시놉시스(기본 구조)

다음 기획 회의에서는 조사 결과를 가져와서 한층 구체적으로 검토한다. 그리고 주요 등장인물과 이야기의 기본 구조를 쓴 시놉시스가 완성되면 제작부에 보내고, 제작 활동 현장에 있는 사람들은 다시 작가에게 시놉시스를 읽은 감상을 전달한다. 작가 이시즈카와 제작부 사이에 이루어지는 캐치볼 같은 공동 작업이며 팀에 의한 창작 활동이라고 할 수 있다.

● 창작 활동

시놉시스를 받으면 [표 16]의 왼쪽에 나와 있는 창작 활동(대본, 음악, 안무 등)을 시작한다

● 제작 활동

한편 자세한 공연 일정이 결정되면 제작부원들은 공연 3개월에서 6개월 전에 3-4명이 한 조가 되어 그 현으로 들어간다. 우선 사무실을 빌려서 살기 시작한다. 그리고 그 다음날부터 지역의 모든 시, 정, 촌을 방문하면서 장소와 주최자를 찾기 시작하는데, 아무리 작은 곳에 간다 해도 최소한 30명 이상을 만나서 이야기를 나눈다. 〈샐러리맨〉의 경우에는 7,000여 명과 인터뷰를 가졌다.

"예를 들어, 아오모리현 내를 순회하며 일할 때는, 제작부원이 아오모리 시내의 아파트에 살면서 현내를 돕니다. 아무리

작은 마을이라도 수십 명과 만나 '이러저러한 연극을 하고 싶은 데요' 하면서 협력을 부탁해요. 처음에는 '어째서 극단의 돈벌이를 도와줘야 하느냐?'라고 말하기도 합니다만, 얼마 지나지 않아서 '고작 연극이라지만 하룻밤 마츠리[축제]를 하자는 것이 아닌가?'라면서 우호적으로 변합니다. 그리고 20-30명의 유지들이 실행위원회를 만들어 관객을 모아 줍니다. 도쿄와 오사카에서는 극단 주최로 공연하는 일이 많지만 지방에서는 대개 이런 형태입니다. 선전을 한다 해도 그걸 보고 찾아오는 연극 인구가 일본에는 극히 적기 때문에 우리 스스로 연극 인구를 발굴하는 것이지요."

제작 활동은 시나리오 헌팅(소재 찾기)이며 동시에 응원단을 형성해 가는 영업 활동이기도 하다. 제작 활동이 진전되는 한편에서는 그 지역 사람들이 제작에 이끌려 들어오기 때문에 마을과 거리는 온통 마츠리[축제]로 떠들썩해진다. 결국 "후루사토 카라반의 연극을 본다"는 것은 극장에서 이루어지는 행위뿐만 아니라 공연 소비가 다양한 모습을 갖는 과정임을 보여 주는 것이다.

● 상황 보고
제작 담당자는 지역에서 취재할 때, "요즘 관객은 별로 웃지 않는다고 생각합니다"라든가 "이 마을은 성실하게 살아온 사람들만 있으므로 농담은 주의 깊게 해주십시오," "이 마을은 아주 시골이어서 한적한 생활을 하기 때문에 대사가 빠르면 말은 알아들을지 몰라도 생활 감각으로 명확히 인식해 주지는 않습니다," "올해는 벼농사가 좋지 않습니다," "이 마을은 강을 경계로 서로 으르렁거리고 있기 때문에 가끔은 하나가 되어 무엇인가 해보자는 뜻에서 후루사토 카라반을 불렀다고 합니다" 등의 상황 보고도 하게 된다.

 제작부로부터 관객에 대한 "상황 보고"를 받는 것은 배우들이다. 보고의 내용은 그 마을과 거리의 인구, 산업, 사람들이 사는 모습, 마을 사람들의 성격, 누가 힘을 보태고 누가 계속 반대했나에 이르기까지 무척 다양하다. 상황 보고는 후루사토 카라반의 제작부가 마을에 들어간 시점부터 벌어지는 드라마를 이야기하는 것이기도 해서, 제작부원으로부터 눈물 젖은 보고가 올라오는 경우도 자주 있다고 한다. 상황 보고를 들은 배우는 그것을 마음에 품고 무대에 오른다. 배우도 관객을 알게 되었기 때문에 그날의 대사와 음악의 템포 등을 통해 관객에게 전하는 메시지를 선명하게 만들어 간다. 이렇게 철저하게 관객 밀착형인 연극을 들고 전국 각지를 순회하며 공연하고 있으니, 인구 수천 명인 지역에서 관객 동원 1,000명이라는 일도 있을 법하다. 이러한 접근 방법으로 평균 손익 분기점인 관객 1,000명 정도는 동원할 수 있다고 하는데, 제작부로서는 숫자도 그렇겠지만 일에서 얻는 성취감과 감동이 숫자 이상의 그 무엇일 것이다.

## 제4절 극단 후루사토 카라반의 고객 유지 전략

후루사토 카라반의 팬 조직인 '응원단'은 전국적으로 2만 명가

**응원단에 들어가면…**

1. 응원단원만의 이벤트 · 기획이 가득.
   극단원과의 교류 파티, 고가네이 연습장을 개방해서 여는 신년회에는 전국 각지의 술과 맛있는 음식이 모입니다. 또 중국, 미국, 바르셀로나로 함께 가는 투어와 지방 관람 투어, 무대 만들기와 해체 체험 투어, 하루에 만드는 300명 뮤지컬 등 후루사토 카라반의 즐거운 기획에 참가할 수 있습니다.

2. 공연 티켓의 우선 예약과 응원단 특별 할인
   공연 정보가 조금이라도 빨리 전달되어 일반 판매보다 우선적으로 티켓 예약을 할 수 있습니다. 물론 응원단 할인 가격입니다(극단 주최 공연에 한함).

3. 계간지 『후루사토 카라반』을 집에서 받아 보실 수 있습니다.
   여행지의 화제와 재미있는 정보가 가득! 후루사토 카라반을 좀 더 응원하고 싶게 되는 마음 보증! (특산품 증정 기획 등 있음)

4. 반짝이는 응원단 단원증이 손안에!
   이것을 자랑스럽게 내보이면서 만나는 사람 누구에게나 "나는 후루사토 카라반의 응원단"이라고 자랑하는 사람들이 많습니다.

5. 후루사토 카라반을 통한 전국 규모 네크워트.
   전국 47도도부현에서의 공연 실적이 있는 후루사토 카라반의 폭넓은 팬층, 북쪽의 홋카이도에서 남쪽의 오키나와까지 다양한 사람들과 친구가 됩니다.

6. 응원단에 들어오면 무엇보다도 "나는 후루사토 카라반을 응원하고 있다!"는 긍지(?)가 생깁니다.

**신청은…**

- 좋아하는 배우나 가까이 있는 극단원을 붙잡아서 신청서 용지를 채운 뒤 단비를 내고 신청하십시오. (즉시 입단됨. 무척 기뻐함)
- 도쿄 고가네이시(JR "쥬오中央선" '무사시고가네이武藏小金井' 하차)의 극단 사무소에 신청 용지와 단비를 지참하고 방문. (커피로 환영합니다.)

☆ 응원단비는 입회금 500엔, 연회비 3,000엔입니다.
☆ 입금하고부터 약 한 달 안에 응원단증을 보내드립니다.

[표 17] 후루사토 카라반 응원단

량이 있다([표 17] 참조). 이것은 특별히 조직적으로 움직이는 것은 아니지만, 가까운 곳에서 공연이 있으면 급히 달려온다. 작은 읍내, 마을에서는 몇 년에 한 번씩 오는 극단 방문이 큰 이벤트로 인식되기 때문에 손꼽아 기다리는 사람도 많다고 한다. 극단 측이 "3년에 한 번은 같은 읍내, 마을을 돌지 않으면 욕을 먹습니다"라며 신경을 쓸 정도이다.

극단 시키의 시키노카이 회원이 티켓 판매를 후원하는 지지자인 동시에 엄격한 비평가이기도 하다는 것은 이미 말했지만, 후루사토 카라반 응원단의 경우에는 극단과 응원단의 관계가 연극 팬과 극단이라는 관계를 훌쩍 뛰어넘고 있다. 먼저 그들 자신이 연극의 소재가 될 수 있다는 것, 즉 소재 제공자라는 것이 큰 특징이다. 또한 응원단이 새로운 멤버를 소개하는 것은 그리 놀라운 일이 아니지만, 여기서는 흥행주까지 주선하는 경우도 있다고 한다. 히로시마의 어느 마을 공연을 오카야마 응원단의 친구가 주최했던 것이 그 예이다. 응원단에 들어오는 동기는 다양하지만 극단이 생활에 밀착해 있는 만큼 그들의 참여 역시 그 정도가 대단하며, 공연 뒤풀이에 참가하는 것은 물론이고 자사 제품인 트럭을 제공하는 회사도 있다. 〈벌거숭이가 된 샐러리맨〉의 취재에 응했던 이스즈 자동차의 사원들이 그 예이다. 그들은 마음에서 우러나와 취재에 응해 주었고, 그 다음에는 열렬한 팬이 되어 회사 안에서 한 회 공연을 하도록 만들 정도의 열성을 보였다.

후루사토 카라반의 응원단이 극단으로부터 원하는 것은 무엇일까? 극단 시키의 팬은 연극을 매개로 하는 커뮤니케이션 관계를 극단과 맺는 것에 합의한 사람들이지만, 응원단의 경우에는 연극 작품을 통한 커뮤니케이션보다는 극단이나 다른 응원단 멤버와의 한층 밀접한 인적 커뮤니케이션을 추구하고 있다는 생각이 든다. 그것은 물론 후루사토 카라반이 고객의 '얼굴을 보면서' 하는 제작 활동을 통해 작품을 만들고 그것이 응원단에게 호소력을 갖는 가운데 커뮤니케이션이 성립하기 때문이며, 작품의 생활 밀착도가 높고 작품이 그리는 인물의 모습이 현실적인 탓에 후루사토 카라반을 더욱 가까운 존재로 만들어주기 때문이다. 그러므로 제작부 역시 무엇보다도 인적 연계를 중요시한다. 열성팬, 홍행주, 테마의 소재 역할을 하는 응원단 사람들과의 관계는 극단 시키와 시키노카이의 관계와 마찬가지로 후루사토 카라반으로서도 대단히 중요하다. 티켓 판매라는 경제적인 교환을 넘어 사회적인 교환 관계가 성립되는 계기를 그곳에서도 찾아볼 수 있다.

    후루사토 카라반의 전국 다나다 서미트 참여, 주민 참가형 뮤지컬, 어린이 참가형 뮤지컬 등은 자치 단체와 기업의 후원을 얻으면서 성공을 거두고 있는데, 분명 홍행 회사의 하나인 후루사토 카라반의 활동은 영리/비영리라는 조직 형태에 따라 예술 단체의 운영이 달라야 한다는 논의 자체를 무의미하게 만들고 있다. 이 책이 "고객의 지지가 있어야 예술이라고 생각하는 사람들과 뜻을 함께" 하는 것은, 관객에게 커다란 감동과 기쁨을 전하는 것을 목표로 한다는 점에서는 영리이든 비영리이든 간에 매니지먼트 방법에는 차이가 없다고 생각하기 때문이다.

## 제5절 극단 후루사토 카라반의 과제

후루사토 카라반의 티켓은 회사 퇴근길의 술값을 기준으로 설정되어 있다고 한다. 이시즈카에 의하면 샐러리맨이 연극을 위해 지출할 수 있는 금액은 5,000엔 정도이며, 그 이상의 비용으로 관람하는 것은 이른바 연극 애호가층이기 때문에 현재의 후루사토 카라반이 대상으로 삼고 있는 표적 시장과는 달라진다고 한다. 경험에 의해 내린 결론을 말하자면, 관객을 5만 명까지 동원한다면 5,000엔이 괜찮지만 7만 명 이상 동원하고자 할 때는 3,500엔이 적정 가격이 아닌가 생각되며, 그래서 앞으로 스폰서를 개척할 때에는 3,500엔을 내는 층이 오게 하도록 지원을 요청할 계획이라고도 한다.

컨트리 뮤지컬에서는 응원단이 위력을 발휘하는 일이 많지만, 샐러리맨 뮤지컬에서는 기업 주최가 압도적으로 많다. 하지만 현재와 같은 경영 환경이 계속된다면 기업에서도 지원할 여유가 없어지게 될 것이다. 따라서 앞으로 어떻게 하면 기업 협찬을 얻을 수 있을 것인가 하는 문제는 제작부로서도 머리가 아픈 부분이다.

또한 고객층을 넓히려면 공연 레퍼토리 역시 검토하고 고치지 않으면 안 될 것이다. 작은 자치 단체에서는 작품 자체보다도 "카라반이 왔다!"는 것이 곧 축제이고 또한 연극 감상이라는 행위를 넘어서는 이벤트이기 때문에 레퍼토리 문제가 생기지 않을지도 모른다. 그러나 도시 지역에서 고객층을 넓히려 한다면, 지금처럼 "현실을 리얼하게 표현하는" 노선이 어디까지

통할 수 있을지 검토해야만 한다. 특히 후루사토 카라반이 샐러리맨 뮤지컬로 들고 나온 주제는 구조조정과 기업 합병 등 샐러리맨에게는 심각한 문제들이기에, 마지막은 기운을 북돋아 주는 구성으로 되어 있다고 하지만, 지금까지는 어떠했든 간에 최근 고용 정세의 어려움을 감안해 본다면 현재의 샐러리맨 뮤지컬의 주제는 너무 '리얼한' 나머지 그 속에서 고생하고 있는 사람들에게 "연극에서까지 현실을 들이대는" 것은 아닌가 하는 불안 요소 또한 안고 있는 것이 사실이다. 후루사토 카라반의 강점은 "실생활 속에서 소재를 찾아 만든 리얼한 화제를 뮤지컬로 만들어" 제공하는 데 있지만, 도시 지역이라고 해서 굳이 샐러리맨 뮤지컬로 한정할 필요는 없을지도 모르겠다. 실제로 도시에서 컨트리 뮤지컬을 보여 주었더니 상당한 반응이 있었다고 한다. 소재가 되었던 농촌 사람들은 농촌의 이야기가 도시에서 받아들여진 것에 놀랐다고 하지만, "컨트리 뮤지컬은 농촌에서"라고 제한하는 것은 "현실과 같은 리얼한 소재"를 다루어야 한다고 생각하는 제작자의 분류일 뿐이며 관객의 수용 범위는 그보다 넓은 것인지도 모르겠다. 이렇게 생각하면, 현재의 레퍼토리를 넓히기 위해서는 후루사토 카라반의 강점인 "현실과 같은 리얼함"을 유지함과 동시에 그것을 파괴할 수 있는 새로운 창조성이 요구된다고 할 수 있다.

또는 고객층이 확대되면서 고객의 다양성이 드러나기 시작하면 후루사토 카라반처럼 고객과 밀접한 관계를 맺고 있는 경우에는 고객과의 관계 유지에 더욱 주의할 필요가 생길 것이다. 소비자 관여도가 높다는 것은 대상과 자기의 관련성이 강하다는 것인데, 후루사토 카라반과 자기의 강한 관련성을 개인적으로 밀접한 커뮤니케이션을 통해 확인하고 있는 팬으로서는, 관객층의 확대와 함께 팬의 정체성이 확산 혹은 상실될 경우 대상과 자기의 관련성을 잃어버리게 된다. 후루사토 카라반의 경우는, 티켓 값으로 내는 금액은 같을지라도 관객의 심리적인 연관은 한 가지 모양이 아니다. 굳이 비교하자면 연관성이 강한 핵심 고객들을 정점으로 하는 피라미드 조직과 같은 것일지 모른다. 그 경우 코어 타깃(핵심 표적)과의 커뮤니케이션에 너무 주력하면 보다 넓은 층으로의 관계 확대가 곤란하게 되고, 역으로 확대 노선을 펴면 코어 타깃(핵심 표적)과의 관계 유지가 불안해지면서 무엇보다도 중요한 부분을 잃게 될 수도 있다. 이러한 관계는 관여도가 높은 소비에 공통적으로 등장하는 것으로서, 예를 들면 고급 브랜드가 그러하다. 코어 타깃을 중요하게 여기면서도 매출 증대를 목표로 한다면 어떻게 하면 좋을까? 고객층을 확대하면 브랜드의 가치가 떨어지고, 그렇다고 코어 타깃만으로는 매출을 일정 규모 이상으로 증가시킬 수가 없다. 이러한 양날의 칼과 같은 상황을 어떻게 타파해 낼 것인가? 이후 후루사토 카라반의 동향이 흥미로운 부분이다.

    창조성의 문제와 관련해서는 후계자 문제를 들 수 있을 것이다(지금은 창조와 관련된 많은 사람들이 조직으로서의 계속성 문제 등은 생각하고 있지 않는 듯 보이지만 말이다). 팀으로 작품을 창작하고 있다고는 하지만, 이시즈카에 대한 의존도는 크다. 아사리에 대한 극단 시키의 의존도보다는 작을지 모르지만 기업으로서의 존속을 생각한다면 후계자 문제는 꽤나 골치 아픈 부분이다. 예를 들어, 패션 업계에서는 디자이너의 이름을 브랜드로 계승하면서 디자이너를 교체하여 신진대사를 도모한다. 예술 단체도 계속성이라는 문제를 고민한다면 "다움"을 확보하면서도 동시에 새로운 인재를 동원할 방법을 생각하는 것이 문제가 될 수밖에 없는 것이다.

# 제3막
## 공연 소비 마케팅에서 배우기

이제까지 이야기한 내용은 다카라즈카 가극단, 극단 시키, 디즈니, 극단 기자, 극단 후루사토 카라반의 뜨거운 열정에 관한 것이었다. 또한 전통적 마케팅과 관계 마케팅을 두고, 전통적 마케팅은 기본적으로 대중mass을 대상으로 하는 마케팅이며, 따라서 오늘날처럼 대중이 붕괴된 일본 소비시장은 관계 마케팅을 요구한다는 것을, 그리고 그러한 관계 마케팅의 구조를 만든다는 것이 얼마나 중요한가를 짚어 보았다. 또한 다카라즈카 가극단, 극단 시키, 극단 후루사토 카라반의 마케팅 활동이 내일의 마케팅을 위해 시사하고 있는 점이 무엇인지에 관해서도 논의했다.

제3막에서는 이상의 논의를 근거로 하여, 공연 소비와 마케팅의 만남이 앞으로의 마케팅 패러다임 변화에 구체적으로 어떻게 활용될 수 있을 것인지를 서술하고자 한다. 공연 소비의 현실, 그곳에서 얻는 관계 마케팅의 구조, 그리고 다카라즈카 가극단, 극단 시키, 극단 후루사토 카라반의 활동을 우리는 다음과 같은 관점에서 마케팅의 새로운 구조를 만드는 데 직접 활용할 수 있을 것이다. 지금 21세기를 향한 마케팅에서 가장 필요한 관점은 (1) 브랜드 마케팅, (2) 신제품 개발 마케팅, (3) 고객 유지 마케팅의 세 가지다. 제3막에서는 이제까지의 공연 소비 논의를 바탕으로, 21세기의 마케팅에서 가장 중요한 이들 세 가지 관점에 적합한 구체적인 마케팅 구조를 생각해 보고자 한다. 그리고 이것이 공연 소비의 마케팅으로부터 배워야 할 제일 중요한 관점일 것이다.

# 제1장
# 장수 브랜드 형성의 마케팅

## 제1절 브랜드화란 무엇인가?

돌이켜보면, 1960년대에 출발한 전통적 마케팅의 기본 구조는 제품을 단위로 하는 마케팅이었다. 동시에 그것은 브랜드를 단위로 하는 마케팅이었다. 일본에서 탄생한 브랜드 마케팅의 원조는 된장 마케팅이다. 일본의 전통 상품인 된장은, 예전에는 가정에서 자체적으로 만드는 식품이었으나 된장 전문 메이커가 생겨나면서 제품이 되었다. 많은 일상 용품들이 그렇듯이, 된장은 각 메이커가 독자적으로 생산했기 때문에 품질이 안정되지 않은 상태에서 무게를 달아서 파는 제품으로 시장화 되기 시작했다. 그러나 그 뒤 패키지 혁명을 통해 장기 보존이 가능해지면서 품질이 안정된 브랜드 상품으로 바뀌게 된 것이다. 마루코메, 미야사카宮坂 양조, 다케야竹屋 등으로 대표되는 된장 메이커가 자사 제품을 패키지화하여 품질의 안정화와 표준화에 성공함으로써 소위 '패키지화된 상품Consumer Packaged Goods'으로서 된장을 전국 발매하고 브랜드 마케팅을 전개하기 시작한 것은 그다지 오래 전 일이 아니다.

브랜드 마케팅이란 대중 시장을 대상으로 하는 상품을 소비자용으로 포장하여 상품의 균일한 품질을 보증하고 이것을 브랜드(등록 상표)로 표시함으로써 비로소 가능하게 되는 것이다. 오늘날에는 농산물, 예를 들어 "썬키스트" 레몬과 "OG" 비프[1]처럼, 종래에는 품질의 균일화와 안정화가 어려운 것으로 여겨지던 상품 분야에서도 브랜드 마케팅이 전개되고 있다. 그러므로 제품 브랜드화의 첫걸음은 우선 제품 품질의 균일화와 안정화이며 또한 패키지를 통해 품질의 균일화를 보증하는 것이다. 여기서 품질 보증을 표시하는 브랜드 명으로는 미야사카 양조의 "신슈이치神州一 된장"처럼 하는 경우와 다케야의 "다케야 된장"처럼 하는 경우, 이렇게 두 가지 방법이 있을 수 있다. 전자는 소위 "자체 브랜드"이며 후자는 "기업 브랜드"이다. 어느 쪽이든 하나의 브랜드로 제품의 품질을 보증하고 있는데, 기업 브랜드의 경우에는 품질 보증의 방법이 곧 "신원 보증"과도 같은 뉘앙스를 갖는다. 즉, "이러이러한 기업이 생산한 제품이기 때문에 품질이 확실합니다"라는 느낌을 주는 것이다. 최근 많이 보이는 "아지노모토味の素[2] 마요네즈"라는 식의 브랜드를 붙이는 방법은 신원 보증의 의미를 강하게 가진다.

자체 브랜드 전략을 채용하는 이유 가운데 하나는, 앞에서 설명한 품질 보증이라는 의미 이외에도 제품의 "기능"을 표시하기 위해서이다. 물론 전술한 "신슈이치 된장"의 경우는 기능 표시라기보다는 차라리 "신슈神州, 즉 신의 나라인 일본에서도 최고 품질의 된장"이라는 의미이므로 "품질을 차별화"한 것이며, 기능 표시와는 성격이 조금 다르다고 할 수 있다. 이러한 "품질 차별화," 즉 경쟁사 제품과 비교해서 같은 사양이지만 품질이 보다 우위라고 하는 브랜드로는 "니혼 사카리日本盛" 청주와 유통 소매업 '마이칼'(구舊 "니치이")이 있다.

제품의 기능 표시를 브랜드로 하는 것은, 시장에 새로 등장한 제품인 탓에 소비자가 그 제품에 대해서 잘 모르는 경우에 주로 사용된다. 예를 들어, "아지노모토"라는 제품이 발표되었을 때, 당시까지 사용되어 온 다시마와 가다랑어포라는 천연 조미료와는 달리 완전히 화학적으로 정제된 상품이었기 때문에 모든 요리의 맛을 풍요롭게 한다는 뜻에서 "아지노모토"(맛의 원천)라고 할 수밖에 없었다. 마찬가지로 "무슈다"(무취다)라든가 "도이레소노아토니"[화장실 그 후에][3] 역시 그 기능을 브랜드로 특화함으로써, 제품을 처음 접하는 소비자라 할지라도 그 제품의 용도가 무엇인지를 알게 한 것들이다.

한편, 기능 표시를 브랜드화 하는 것은 제품의 소비가 성숙해진 시장에서도 필연성을 갖는다. 즉, 시장이 성숙되는 과정에서 "이 상품 카테고리의 기능은 이것"이라는 도식이 진부해지고 더 이상의 시장 성장을 기대할 수 없게 되면, 마케터는 이러한 기본적 도식을 넘는 새로운 기능을 찾아내어 제품의 차별화를 꾀하게 되기 때문이다. 그래서 제품의 수명 주기 중에서도 이 시기에 전개되는 것은 차별화 경쟁이다. 하지만 사양이 같은

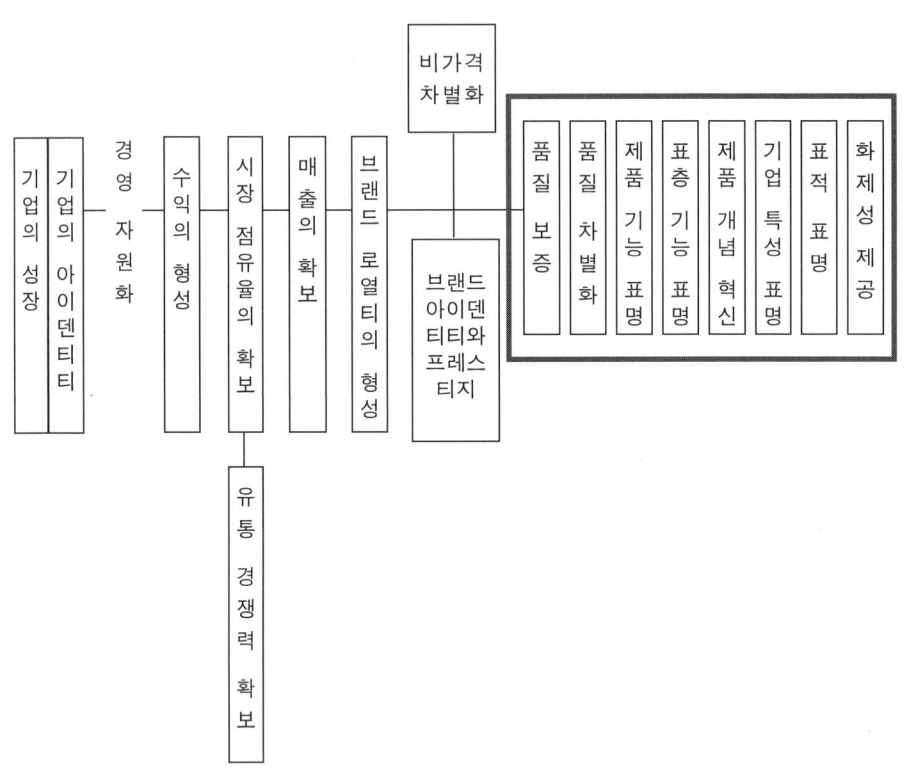

[표 18] 브랜드화의 의미

제품들 사이에서 품질을 차별화하는 것이 아니라 용도와 편의성에 따라 차별화시키는 것이다. 그 전형적인 예가 라이온 주식회사의 "화이트 & 화이트"와 P&G 사의 "울트라 브라이트"라는 미백 치약들이다. 소비자는 이런 차별화 제품이 시장에 제공되기 전까지는 치약의 "충치 예방"이 아닌 치아 미백이라는 효용성에 대해서는 모르는 상태였다. 그러므로 이 두 제품처럼 "이를 하얗게 만든다," "이를 빛나게 한다"라는 새로운 기능을 직접 브랜드 명으로 표시할 필요성이 있는 것이다. 여기서 주의하지 않으면 안 될 점은, 이렇게 제품의 차별화를 노리면서 신제품을 개발하는 경우에는 대부분 제품 라인을 확대한다는 전략에 따른 것이기 때문에, 이 신제품의 표적은 이미 불특정 다수의 대중이 아니라 특성에 따라 세분화된 소비자 집단 또는 사용상황에 따라 세분화된 소비자 집단이라는 사실이다. 즉, 충치 예방을 원하는 소비자는 많지만 치아를 빛나게 만들고 싶어 하는 사람은 그 정도로 많지 않다는 뜻이다. [표 18]은 이제까지의 논의를 "브랜드화의 의미"라는 형태로 요약한 것이다.

    브랜드화에 대한 지금까지의 논의에서 우리는 브랜드 마케팅 혹은 제품의 브랜드화의 의미가 (1) 품질 증명, (2) 신원 보증, (3) 품질 차별화 표명, (4) 기능 표시라는 네 가지로 집약된다는 것을 살펴보았다. 그러므로 각각의 브랜드가 표현하는 내용은 제품을 만든 기업의 이름이나 품질의 등급 또는 알기 쉬운 기능 표시이다. 여기에서 드는 의문은 일본 시장에 제공되는 모든 브랜드가 위와 같은 형태로 표시되고 있는가 하는 점이다. 산토리나 브리지스톤[4] 등은 창업자 집안의 성姓을 가타카나 문자[5]로 쓴 것이니까 신원 증명으로 여겨도 좋을 것이다. 그러면 마요네즈가 왜 "큐피kewpie"[6]이고 맥주가 왜 "기린"[7]인 것일까? 요컨대 브랜드에는 앞에서 설명한 것과 같은 품질 증명과 기능 표시 외에도 무엇인가 다른 가치가 부여되는 것은 아닐까 하는 의문이 든다. 이번에는 브랜드에 부여되는 품질과 기능 이외의 "그 무엇"에 대해 검토해 보도록 하자.

## 제2절 브랜드 가치란 무엇인가?

1990년대에 들어서자 데이비드 아커David A. Aaker를 중심으로 브랜드에 관한 다양한 논의가 진행되면서 "브랜드 이퀴티brand equity," "브랜드 아이덴티티," "브랜드 이미지"라는 개념이 빈번하게 다루어지게 되었다. 그러나 이들 논의의 대부분은 가공 식품과 일용 잡화라는 이른바 생활 실용품을 대상으로 하는 것으로서, 앞에서 말한 품질 증명, 신원 증명 혹은 기능 표시라는 의미의 브랜드 가치를 논하는 것에 한정되어 있었다. 그래서 이 논의를 통해서는 앞에서 이야기한 것처럼 "브랜드 가치에 이것 이외에 또 다른 그 무엇이 있는가?"라는 질문에 대해 쉽사리 답을 낼 수가 없었다.

1990년대 이전까지 브랜드에 관한 오랜 논의의 중심은 "브랜드 로열티론"이었다. 당시에는 브랜드 로열티brand royalty란 무엇인가, 브랜드 로열티를 어떻게 측정할 것인가, 브랜드 로열티를 어떻게 구축할 것인가에 대한 논의가 풍부하게 이루어졌다. 여기서 브랜드 로열티를 극히 단순하게 정의해 본다면,

"타 브랜드와는 달리 특정 브랜드에 대해 편향적으로 유지하는 선택 행위 및 선호"라고 할 수 있겠다. "편향적 선택 행위"란 행동적 브랜드 충성도, "편향적 선호"란 태도적 브랜드 충성도 attitudinal brand royalty를 가리킨다고 한다. 여기서는 앞에서 말한 "그 무엇"을 검토하기에 앞서 이 태도적 브랜드 충성도의 형성 과정에 주목해 보자.

특정 상품을 구매하고 소비하려는 동기가 생겼을 때 사람들은 우선 과거의 구매 및 소비 경험 혹은 정보 취득 경험에서 몇 가지 브랜드를 상기하게 된다. 이것을 "환기 상표군Evoked Brand Set"[8]이라 한다. 여기서 문제가 되는 것은 사람들이 몇 가지 브랜드를 상기해 내는가 하는 점이다. 이 환기 상표군의 규모(수)를 결정하는 것은 두 가지이다. 첫째로는 각자의 정보 처리 능력이다. 연구에 따르면, 사람은 하나의 상품 영역에 대해 평균 7개 정도의 브랜드를 환기할 수 있다고 한다. 그리고 이것은 그야말로 각자의 정보 처리 능력에 달려 있기 때문에 사람에 따라서는 다섯 개가 될 수도 있고 열 개가 될 수도 있다. 그러나 인간의 정보 처리 능력을 고려했을 때 100개나 200개의 브랜드를 상기한다고 생각하기는 어려울 것이다. 둘째로는 각자가 개별 제품 영역에 대해 가지는 관여도이다. 물론 관여도가 높으면 환기 상표군의 규모는 커지고 그렇지 않으면 작아진다.

제품에 대한 구매 동기가 발생하고 정보 처리 능력과 제품 관여도에 따라 환기 상표군이 확정되면, 당사자는 환기 상표군 내의 브랜드를 세 가지 카테고리, 즉 (1) 수용 영역의 브랜드, (2) 무관심 영역의 브랜드, (3) 거부 영역의 브랜드로 분류한다.

```
|─────────────|─────────────|─────────────|
 수용 브랜드   무관심 브랜드   거부 브랜드
```

수용 브랜드　무관심 브랜드　　거부 브랜드　　환기 상표군의 규모
　　　　　　　　　　　　　　　　　　　　　　· 정보 처리 능력
환기 상표군 구조의 결정 요인　　　　　　　　· 제품 관여도
　· 브랜드 커미트먼트
　· 품질 우위 인식
　· 차별화 인식
　· 브랜드 가치의 '그 무엇'

[표 19] 브랜드 가치 결정의 구조

    수용 영역의 브랜드는 사고 싶거나 사도 좋은 브랜드이고, 무관심 영역의 브랜드는 상기한 물건에 그다지 관심이 없는 브랜드이며, 거부 영역의 브랜드는 '절대로' 사고 싶지 않거나 별 이유 없이 사고 싶지 않은 브랜드이다.

    브랜드 로열티에서 관심을 두는 것은 환기 상표군이 가지는 이 세 가지 카테고리의 구조이다. 가장 이상적인 브랜드 로열티 구조는 환기 상표군에서 단 하나의 브랜드만이 수용 영역으로 분류되고 나머지 브랜드는 거부 영역으로 분류되는 상황이다. 연구에 따르면, 그러한 환기 상표군의 구조는 한때 시장 점유율이 62%에 이르렀던 "기린 맥주" 같은 고점유율 상품에서도 볼 수 없는 극히 드문 것으로서, 과점화된 시장에서는 대부분 수용 영역에 두 개나 세 개의 브랜드가 분류되는, 소위 "복수 브랜드 로열티" 상황을 많이 볼 수 있다고 한다. 즉, 자신이 선호하여 구매하려고 하는 브랜드가 2-3개 있는 상황이기에 시장의 상황과 물건의 유통 상황에 따라 그때그때 하나의 브랜드를 선택한다는 편이 더욱 현실적인 판단이라는 것이다.

문제는 이렇게 편향적인 환기 상표군의 구조가 생겨나는 이유가 무엇이냐는 것이다. 강한 제품 관여도와 강한 브랜드 커미트먼트라는 관점에서 보면, 그것은 오랫동안 자신들이 커미트먼트 해온 브랜드의 품질이 다른 브랜드에 비하여 압도적으로 우위에 있다고 인식하기 때문에 생겨난다. 또한 제품 차별화의 수준이 다른 브랜드에서 제시되지 않는 혹은 제시되어 있다 하여도 압도적 우위로 제시되어 있지 않은 경우여야 한다. 퍼스널 컴퓨터 "매킨토시"의 사용자들이 이런 인식을 가지고 있는 전형적인 예라고 할 수 있다. 논의는 여기서 멈추지 않는다. 품질 차이가 압도적이라거나 차별화의 내용이 독특하다 또는 차별화가 압도적이라고 하는 것만으로 입증되는 브랜드 커미트먼트란 어떤 의미에서는 취약하기 때문이다.

성숙되고 과점화된 시장에서 경영, 자원, 능력이 대동소이한 기업들이 북적거리는 경우, 무엇인가 대단한 기술 혁신이 일어나지 않는 한 압도적인 품질 차이가 나타날 가능성은 없다. 처음에는 독특했던 차별화 축이라 할지라도 얼마 지나지 않아 진부해지고 만다. 요컨대 과점 기업들이 동일 축에 존재하기 때문에 경쟁력이 아주 짧은 기간 안에 상쇄되어 버린다는 것이다. 따라서 동일 축 상에서의 경쟁을 피하고 이질적인 축을 수평적으로 전개해야만 브랜드 가치의 "그 무엇"이 드러날 수 있다. 구체적으로 말하면, 브랜드 가치란 품질과 기능을 넘어서는 제품의 '가치'이며, 거기에는 표적 고객을 달리하는 제품 개발과 마케팅 전략 전개가 필요하다는 것이다. 제2막을 예로 들면, 공연 소비에 대한 동기를 가지게 된 사람은 다카라즈카 가극을 볼까, 극단 시키의 뮤지컬을 볼까, 후루사토 카라반의 샐러리맨 뮤지컬을 볼까를 고민하며 선택하게 된다는 것이다. 여기에서 다시 한 번 말해 두겠다. 브랜드 가치의 "그 무엇"을 추구하는 생활자를 규정하는 것은 제품에 대한 구매 동기가 생기고 난 뒤의 제품 관여도이며 브랜드 커미트먼트이다.

소비자의 정보 처리 과정에 의하면, 소비자는 제품을 여러 가지 속성으로 분석하고 그 속성을 어떻게 종합하는가에 따라 특정 제품에 대한 태도와 선호도를 결정한다고 한다. 앞의 치약 제품을 예로 들면, 사람들은 치약을 (1) 충치를 예방한다, (2) 이를 하얗게 만든다, (3) 이를 빛나게 한다, (4) 구취를 없앤다, (5) 상쾌한 느낌을 준다 등의 속성으로 분석한다. 그리고 이 속성들에 대한 각자의 평가와 중요도, 그리고 이 속성들과 각 브랜드를 결부시키는 강도에 따라 최종적으로 브랜드를 선택하게 되는 것이다. 반대로, 각 제품의 분석된 속성을 매슬로A. H. Maslow의 "욕구 단계설"에 따라 분류해 보면 다음의 네 가지, 즉 (1) 기본 가치, (2) 편의 가치, (3) 감각 가치, (4) 관념 가치 등으로 나뉘게 된다. 여기서 말하는 기본 가치와 편의 가치는 앞에서 설명한 품질 증명과 기능 표시에 대응하는 것이고, 감각 가치와 관념 가치가 바로 여러 차례 이야기한 브랜드 가치의 "그 무엇"이다.

기본 가치와 편의 가치는 품질·기능이기 때문에 동일 축상에서 경쟁하는 브랜드와 수직적으로 명확하게 비교할 수 있는 가치이며, 절대적으로 인지할 수 있는 가치이다. 하지만 감각 가치와 관념 가치는 정서와 감각에 관련된 것이기 때문에 단

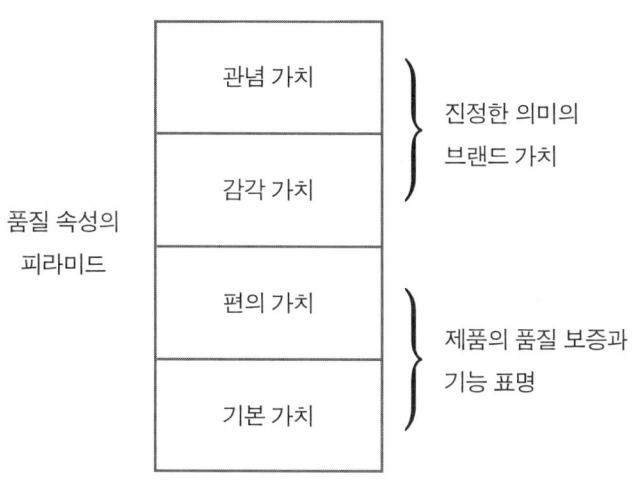

[표 20] 브랜드 가치 표출 구조

순히 좋다, 나쁘다라고 비교하기는 어렵다. 제2막에서 다룬 공연이라는 제품은 분명히 이러한 감각 가치와 관념 가치를 우선으로 하는 상품이다. 극단 시키의 뮤지컬이 좋다거나 다카라즈카 가극이 좋다고 하는 것은 명확하게 개인의 감정과 주관의 문제이며, 따라서 품질과 기능에서 어느 쪽이 우수하다고 잘라 말할 수 없는 것이다. 요컨대 진정한 브랜드 가치는 경쟁 브랜드와 직접 비교할 수 없는 가치이다. 감각 가치와 관념 가치가 개입되면서 같은 축에서는 비교할 수 없는 가치가 생겨나게 된 것이다. [표 20]은 브랜드 가치와 제품 속성을 비교한 것이다.

그러므로 진정한 브랜드 가치에 대한 이러한 인식을 바탕으로 했을 때 제품의 브랜드 가치를 어떻게 만들어 내면 좋을까 하는 것이 문제로 남는다. 다음 절에서는 브랜드 가치가 형성되는 기본 구도와 그 구체적인 방안에 관해 몇 가지 예를 들어 보

제1장 장수 브랜드 형성의 마케팅

겠다.

## 제3절 브랜드 가치 형성의 기본 구도

어떤 제품 카테고리에 대해 구매·소비 동기를 가지게 된 사람은 그 제품 카테고리에 대한 자신의 제품 관여도를 기초로 구매할 브랜드를 선택하게 된다. 제품 카테고리에 대한 관여도는 사람에 따라 제각기 다르다. 이렇게 제품 카테고리에 대한 사람들의 관여도가 제각기 다르다는 사실을 소비자의 생활 관여도와 바꿔 놓고 생각해 보자. 오늘날의 일본은 더 이상 대량 마케팅 mass marketing으로는 통하지 않는 상태이다. 일본의 소비자들이 인구 통계적 특성demographic characteristic에서는 별다른 차이를 보이지 않는 반면, 심리적 특성psychographic characteristic에서는 커다란 차이를 보이기 시작했기 때문이다. 현대 일본의 소비자를 세분화하는 기본 축은 "라이프 스타일"이다. 그러므로 이미 대량 마케팅이 존재할 수 없게 된 전통적 마케팅의 구조 역시 라이프 스타일을 기본 축으로 하는 세분 시장 마케팅segment marketing에 중점을 두는 방향으로 전환하고 있다. 그리고 사람들의 라이프 스타일을 규정하는 생활 가치에 따라 각각의 제품에 대한 사람들의 관여도가 달라진다. 코플랜드 M. T. Copeland의 제품 분류법에 따라 편의품convenience goods, 선매품shopping goods, 전문품specialty goods으로 나누는 상품 분류[9]는 이미 그 유효성을 잃었고, 소비자의 관여도를 기초로 하는 '에고 상품ego-intensive,' '논-에고 상품non-egointensive' 이라고 하는 분류가 한층 현실적인 방법이 되었다. 즉, 치약이 A라는 사람에게는 논-에고 상품이지만 B라는 사람에게는 에고 상품이 될 수 있다는 해석을 필요로 하게 된 것이다.

 소비 체험을 충분하게 축적해 왔고 정보에도 충분히 노출되어 있는 일본의 소비자들은 각자가 한 사람의 생활자로서 자신의 라이프 스타일을 독자적으로 만들 정도로 세련되고 성숙되어 있다. 그 라이프 스타일의 기본이 되는 것은 생활 가치이며, 그들은 지금 자신들이 갖고 있는 생활 관여 구조에 따라 생활 기반을 형성하는 부분과 생활을 풍요롭게 하는 부분으로 라이프 스타일을 능란하게 분류하여 각각의 생활 장면에 맞는 상품 서비스를 선택한다.

 생활 장면이 이분화 구조를 갖게 되는 것은 소비자 혹은 생활자의 라이프 스타일이 지극히 선진적인 구조를 갖추는 현상이며, 앞에서 나타낸 코플랜드의 상품 분류를 뛰어넘는, 생활 구조화의 커미트먼트이다. 즉, 현대 일본의 생활자는 미국인들의 생활 태도에서 벗어나 자신들만의 라이프 스타일을 만들려 시도하고 있으며, 그 시도에서 우리는 극히 명쾌한 생활 장면의 한 단면을 볼 수 있다. 예를 들면, 생활의 기반을 형성하는 데 중심이 되는 생활의 기본 가치는 생활의 합리성, 효율성, 편의성이며, 생활의 풍요로움을 연출하는 부분의 생활 가치는 여유 만들기, 쓸데없는 것 만들기이다. 그런데 이러한 정반대의 생활 가치가 동일한 개인에게 내재한다. 이들 생활 가치, 생활 장면에 존재하는 모순이야말로 오늘날 일본 소비자의 실상을 표현하고 있다 하겠다. 그리고 이 생활 구조(라이프 스타일)를 규정하는 것은 개인의 생활 가치이며, 이 생활 가치가 각 제품 영역에 대한 관여도가 된다. 문제는, 제품에 대한 소비자의 강한 관여도 혹은 브랜드에 대한 강한 커미트먼트가 왜 생기는가 하는 점이다.

자신들의 라이프 스타일을 형성하는 과정에서 소비자는 다양한 제품 영역에 대하여 편향적으로 분포된 관여도에 따라 관여도 높은 제품 영역에 대한 브랜드 커미트먼트를 높여 간다. 즉, 제품 영역 전반에 대한 관여도의 구성은 자신들의 라이프 스타일에 의하여 규정되며, 브랜드 커미트먼트의 편향 구조도 라이프 스타일에 의해 규정된다는 뜻이다. 그러므로 제품 영역에 대한 관여도 구성과 브랜드 커미트먼트는 사람들의 라이프 스타일이 현실 안에서 표출된 것이라고 말할 수 있다. 여기에서 중요한 것은, 자신들의 라이프 스타일에 의해 높은 관여도가 부여된 제품 영역에서는 필연적으로 브랜드 커미트먼트가 높아지며, 그에 따라 브랜드 로열티의 구조가 편향적으로 구성된다는 점이다. 그와 동시에 브랜드 커미트먼트가 편향적으로 되는 상황에서는 그 라이프 스타일과의 관계 때문에 브랜드가 품질 보증, 품질 차별화, 신원 보증, 기능 표명을 넘어서는 가치를 갖지 않을 수 없게 된다. 그래서 앞에서 이야기한 제품의 감각 가치와 관념 가치에서는 라이프 스타일과 제품 사이의 공감과 공조가 중요해지는 것이다.

[표 21]은 이러한 라이프 스타일과 브랜드 가치의 관계를 나타낸 것이다. 여기에서 명심해야 할 것은, 자신의 라이프 스타

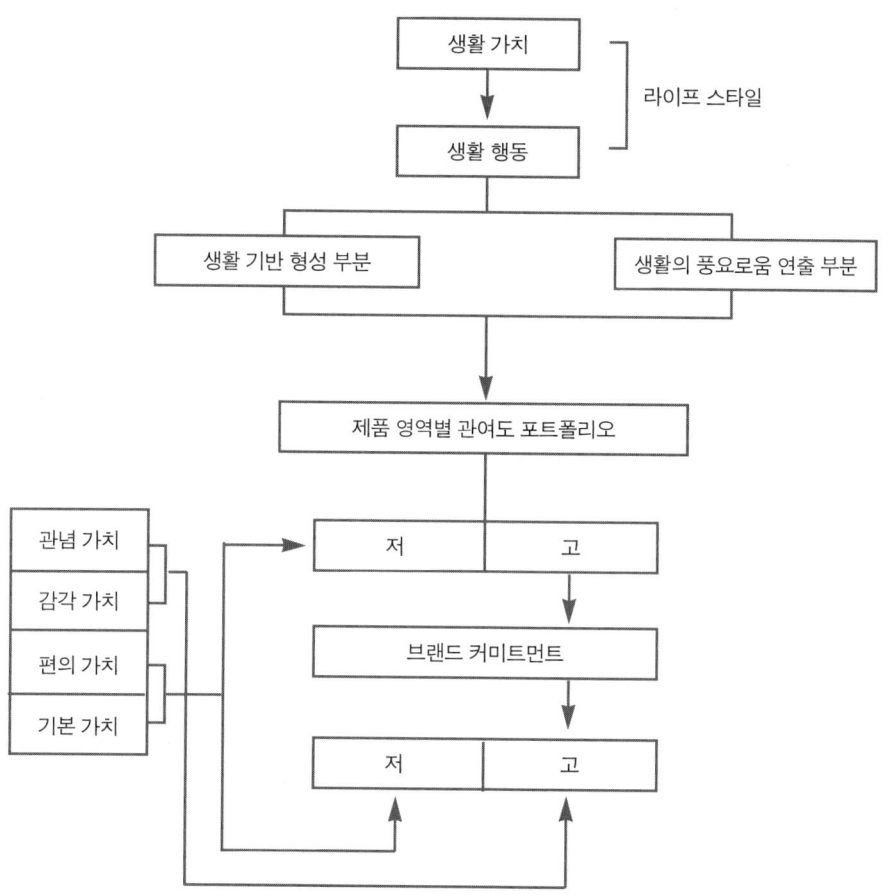

[표 21] 라이프 스타일과 브랜드 가치의 관계

일을 특징짓는 생활 가치에 근거하여 생활의 풍요로움을 연출하는 부분에 자리 잡게 된 제품 영역에서는 앞에서 서술한 브랜드 가치가 특히 강하게 일어난다는 사실, 그리고 제품의 제공자는 이러한 사실에 대응하여 제품 자체의 아이덴티티와 독창성을 명확하게 표명해야 한다는 사실이다. 많은 생활자에게 공연이라는 경험재는 분명 생활을 풍요롭게 하는 부분에 속한다. 다카라즈카, 극단 시키, 극단 후루사토 카라반의 샐러리맨 뮤지컬 등 그 어느 것이든 그것은 생활자가 추구하는 감각 가치와 관념 가치의 만남으로써 존재하는 것이다. 앞에서 서술한 총체주의 holism의 구조로 말한다면, 총체주의의 제1차원과 제2차원에 대응한다는 것이다. 공연을 소비하는 사람들이 경험재인 연극에서 기본 가치와 편의 가치를 구하는 상황을 생각하기는 어렵지 않겠는가?

또한 그렇기에 사람들이 생활 기반을 형성하는 부분에 속하는 것으로 여기는 제품 영역에는 브랜드 가치가 존재하기 어렵고, 따라서 브랜드 커미트먼트도 기대할 수 없는 것이 분명하다. 기본적으로 그런 제품 영역에서의 브랜드 가치란 제품을 반복해서 소비함으로써 제품의 품질과 기능에 대해 얻게 되는 신뢰이다. 그러나 그런 제품 영역에 있는 제품에 대해서도 기본 가치와 편의 가치를 넘어서는 제품 가치를 부여할 수는 있으며, 그 위치를 생활 기반을 형성하는 부분에서 생활의 풍요로움을 연출하는 부분으로 전환하는 것 역시 불가능한 일은 아니다. 간단한 예로, 음식 영역에서 이러한 경향은 특히 두드러진다. 음식은 기본적으로 영양 보급, 건강 증진, 공복감 해소라는, 전형적으로 생활의 기반을 형성하는 부분에 속하는 제품 영역이다. 그러나 실제로 "음식 문화"라는 개념이 있어서, 단순히 "생존을 위한" 수단이라는 기능을 넘어 "인생을 즐기는" 수단이라는 기능이 크게 강조되는 것이다. 요리의 전통과 역사도 있거니와, 눈으로 보며 즐기는 음식, 사람들의 관계를 풍요롭게 하는 음식이라는 말도 있음을 유념하도록 하자. 즉, 원래 많은 사람들이 생활 기반 형성 부분에 속하는 것으로 여겨 관여도가 낮은 제품이라 할지라도 기업 측에서 감각 가치와 관념 가치에 해당하는 부가가치를 높인 제품을 개발하여 시장에 제공하면, 그 제품 브랜드에 대한 관여도가 높아지고 브랜드 가치가 소비자에게 인식되어 브랜드 커미트먼트가 높아진다는 도식이 가능하다는 것이다.

그러면 관여도가 비교적 높다고 생각되는 제품 영역의 브랜드 커미트먼트를 높이기 위해서는 어떤 장치가 필요한 것일까? 제2막에서 소개한 다카라즈카 가극, 극단 시키의 뮤지컬, 극단 후루사토 카라반의 컨트리 뮤지컬과 샐러리맨 뮤지컬을 참고해서 이야기하면 다음과 같다. 먼저, 관여도가 낮은 소비자이자 생활자의 흥미와 관심을 불러일으켜 만남의 장에 오게 해야 한다. 즉, 트라이얼[시험 소비]을 유도하는 장치를 만들어야 한다. 다음으로는, 만남의 장에서 만난 고객과 상호 작용할 방법을 찾아야 한다. 재구매를 유도하는 장치가 필요한 것이다.

트라이얼을 유도하는 장치는 기본적으로 전통적 마케팅의 구조를 따른다. 그러나 여기서 강조할 점은, 지금까지처럼 대중 매체를 이용한 정보 전달보다는 대중 매체에 의한 커뮤니케이션을 보조 기능으로 하는 판매 촉진책이나 사전事前 이벤트를 추진해야 한다는 것이다. 요컨대 관여도를 높이기 위해서는 소비자이자 생활자인 사람들에게 어떤 기대를 품게 해야 한다는 뜻이다. 그리고 그래야만 홍보publicity 활동이 큰 힘을 발휘할 수 있게 되는 것이다. 1998년, 라이온 주식회사가 수십 년 만에 세제 발매를 재개하면서 실시했던 "금, 은, 진주 증정" 캠페인 등이 그 전형적인 예이다. 그 캠페인은 캠페인 부흥이라는 의미에서도 큰 화제를 제공했다. 단순히 세제를 사는 것인데도 불구하고, 물건을 산 소비자는 세제 포장 안에서 "금, 은, 진주"의 티켓을 찾는다는 생각에 가슴을 두근거리며 집으로 향하게 된다.

　여기에서 이야기하는 트라이얼 유도의 기본은 지금까지처럼 네 가지 주요 대중 매체를 이용하는 설득적 커뮤니케이션이 아니라 제품 홍보와 판매 촉진을 목표로 하는 '사전 화제' 만들기 작업이다. 이제 기업체의 광고부장은 종래의 매스 커뮤니케이션에 대응하는 일뿐만 아니라 홍보 활동을 전략적으로 사용하여 이벤트와 사건을 만듦으로써 보도를 유도하는 일에도 역점을 두지 않으면 안 되는 것이다. 그러나 다카라즈카 가극단과 극단 시키에서 볼 수 있는 트라이얼 유도 장치는 어떤 의미에서는 전통적 마케팅의 원칙을 따르는 것이며 결코 그 구조를 넘어서는 것이 아니다. 오히려 공연 소비 분야에서의 재구매 유도 장치 만들기야말로 브랜드 가치 형성이나 브랜드 마케팅에 의미 있는 관점을 제공하고 있다.

　재구매 유도 장치를 만드는 작업에서 기초가 되는 것은 공연 소비의 세계에서 생각할 수 있는 "닫힌 시공간 만들기"이다.

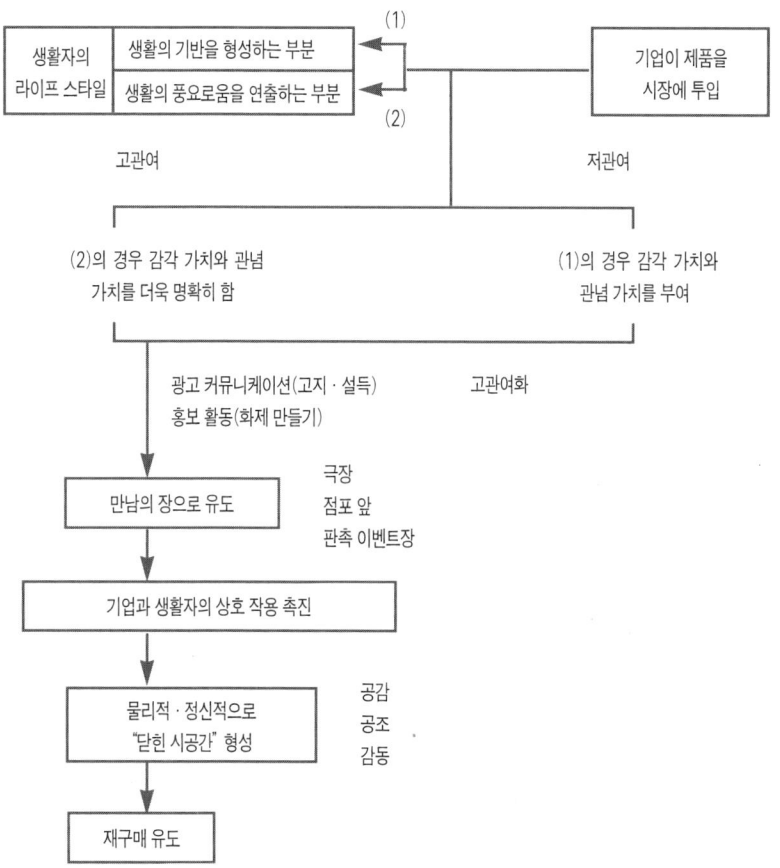

[표 22] 브랜드 가치의 형성 과정

제1장 장수 브랜드 형성의 마케팅

물론 알고 있으리라 생각하지만, 공연 소비에서는 서비스재의 제공자와 소비자가 극장이라는 "닫힌 시공간"에서 만나 상호작용을 한다. 브랜드 마케팅의 경우에는 그렇게 물리적으로 닫힌 시공간을 만들기가 어렵다. 브랜드 매니지먼트라는 입장에서 생각한다면 오히려 소비자와 생활자의 인식 수준에서 어떻게 정신적으로 또는 심리적으로 닫힌 시공간을 만들 것인가 하는 점이 관건이 된다. 이러한 브랜드 가치 형성의 과정을 나타낸 것이 [표 22]이다.

그렇다면 브랜드와 생활자가 정신적·심리적 시공간을 공유하고 양자가 하나가 된다는 것은 무엇인가? 이러한 상황이 형성되는 전제 조건은 (1) 기업 측에서 브랜드 투자를 장기적으로 생각하며 장수 브랜드 육성을 기도할 것, (2) 해당 제품이 생활자의 라이프 스타일에서 어떤 부분에 속하는지를 판단하여 감각 가치와 관념 가치를 제품에 부여할 것, (3) 생활자와 상호 작용적인 대화의 장치를 만들 것 등이다.

생활자의 가치 또는 생활 장면이 점점 더 불분명해지는 오늘날의 상황에서 일본의 많은 소비재 기업들은 "개량 제품," "라인 확장"이라는 이름만으로 신제품을 발매하기 때문에 별다른 성과를 올리지 못하고 있다. 1997년에 400가지에 육박하는 신제품을 발매했던 인스턴트 라면 메이커의 총 매출이 오히려 전년도 대비 하락을 기록한 것 등이 그 전형적인 예일 것이다. 그런 중에도 앞의 예를 조롱하듯 닛신日淸의 치킨 라면, 삿포로 이치방 라면 등 장수 브랜드는 건투하고 있다.

사실 일본 소비재 시장에는 제품 생명이 20-30년에 달하는 장수 브랜드가 여러 개 존재한다. 코카콜라, 큐피 마요네즈, 닛산 자동차 스카이라인, 네스카페 등 굳이 손꼽아 보면 셀 수도 없을 정도로 많다. 한편 인스턴트 라면 업계 등에서는 수백 가지 신제품이 발매 1년 이내에 사라진다. 이런 차이는 왜 생기는 것일까? 그것은 오늘날의 신제품은 대부분이 판매 계획 단계부터 PL(손익 계산서)[10]을 염두에 두고 만들어지기 때문이다. 전에는 대부분의 기업체가 신제품의 투자 상각 기간pay off schedule을 정할 때 3차 연도에 첫 흑자를 기록하고 5차 연도에 누적 적자를 해소하는 것을 목표로 삼았다. 그러나 오늘날에는 많은 신제품에 대해 해마다 개별 연도의 PL을 체크하기 때문에, 매출에 자신이 없는 부분만큼 마케팅 비용을 억제하게 된다. 다시 말해서, 10억 엔의 매출밖에 기대할 수 없는 신제품에 5억 엔의 마케팅 비용을 투자해야 할 것인가 하는 식의 논의가 되어 버리는 것이다. 가령 그 5억 엔을 TV 광고에 투입한다면 어느 정도의 GRP[매체 스케줄 노출 총량][11]를 확보할 수 있겠는가?

확실히 제품에 브랜드 가치가 형성되어 장수 브랜드가 되기 위해서는 다소나마 투자 수익(ROI; Return on Investment)[12]을 지향해야만 한다. 최근에 반도체 같은 제품에 3년이니 5년이니 하는 투자 상각 기간이 설정된 것은 기술 진부화의 속도가 예외적으로 빨라져서 그런 것이고, 브랜드 가치 형성을 조금이라도 투자 수익적인 발상에서 생각한다면 그 스케줄은 5년, 10년이라는 기간이 되어야 할 것이다. 그리고 이렇게 투자 수익을 지향해야만 브랜드 이퀴티brand equity[13]가 아닌 브랜드 자산 brand assets이라는 개념[14]이 탄생할 수 있을 것이다. 브로드웨이 뮤지컬이야말로 장수 브랜드를 지향한다. 브로드웨이 뮤지컬의 경우 회계 내용은 초기 투자에 해당하는 제작비와 출연진의 급여 등이 주週 단위의 운영비로 구분된다. 그러므로 초기 투자의 회수는 매주의 티켓 수입에서 운영비를 공제한 순수입에서 이루어진다. 예를 들면, 초기 투자가 15억 엔 정도인〈라이온 킹〉같은 작품에서 투자비를 회수하는 데에는 약 2년이 걸린다. 즉, 장수 브랜드를 만들고자 하는 기업은 신제품 발매 계획에서 연도별 PL을 지향할 것이 아니라, 5년 또는 10년이라는 장기적 투자 수익을 기초로 하는 예상 손익 계산서와 투자 수익의 투자 상각 기간을 편성하지 않으면 안 되는 것이다.

다음으로, 어느 신제품이 생활자의 라이프 스타일의 어느 부분을 위한 것이든지 간에 제품 영역 자체는 오로지 생활의 풍요로움을 연출하는 부분에 속하도록 계획하는 것이 적절하다. 가정용품 등의 영역에 속하는 제품을 무리하게 생활의 풍요로움을 연출하는 부분에 자리잡도록 하는 것은 문제가 있을지도 모른다. 예를 들면, 화장실의 방향제는 생활의 풍요로움을 연출할 수도 있겠지만 탈취제는 무리일 것이다. 물론 INAX 사처럼 자신들을 체험적 생활공간 디자이너Experiential Life Space Designer라고 정의하면서, 보통은 조금이라도 빨리 벗어나고 싶어 하는 화장실 공간을 즐겁게 지낼 수 있는 공간으로 만들어 가려는 기업도 있으니 획일적으로 말할 수는 없을 테지만 말이다. 사족이지만, INAX 사는 변비일 때에는 멘델스존의 음악이, 설사일 때에는 바흐의 음악이 흐르는 변기를 개발했다고 한다.

그러면 신제품을 생활의 풍요로움을 연출하는 부분에 자리 잡게 만들고, 신제품에 대한 생활자의 관심을 높이기 위해서는 어떻게 하면 좋을까? 말할 것도 없이 신제품에 감각 가치와 관념 가치를 주입하면 된다. 생활 실용품의 경우 품질과 기능 자체가 그런 가치를 부여하기 어려운 제품이기 때문에, 패키지 디자인과 광고 판촉을 중심으로 하는 커뮤니케이션 전략을 동원해야 할 것이다. 예를 들어, 광고 커뮤니케이션으로 감각 가치와 관념 가치를 전달하고자 한다면 광고의 표현이 고지형이거나 이해형, 설득형이어서는 안 된다. 화장실을 사용한 뒤 뿌리는 탈취제 상품을 두고 "화장실 냄새에, 도이레소노아토니[화장실 그 후에]"라고 사토 B사쿠[佐藤B作, 일본의 중견 남자 탤런트]가 싫은 표정으로 절규해 봐야 감각 가치도 관념 가치도 전혀 실어 낼 수 없는 것이다.

 광고 커뮤니케이션이 신제품에 감각 가치를 부여하기 위해서는 기본적으로 풍경, 음악, 컬러, 디자인이 이미지 위주여야 하고, 회화와 음악 소비의 경우에서처럼 생활자가 광고 커뮤니케이션을 인지적이 아니라 정서적으로 이해하도록 만들어야 한다. 관념 가치가 호소력을 지니게 하려면 무엇보다도 신제품이 특정한 생활의 장면, 특정한 역사적·환상적 스토리 속에 자리 잡도록 만들어야 하는 것이다. 관념 가치 창출의 기본은 노스탤지어nostalgia, 판타지fantasy, 히스토리history이다. 그리고 생활자가 그런 세계 안에 신제품을 둠으로써만 그 신제품은 생활자의 삶 안에 생생하게 존재하게 된다. 이것은 앞에서 제시한 다카라즈카 가극, 뮤지컬 등의 소비 상황을 생각해 보면 확실해진다.

세 번째로, 브랜드 가치의 형성과 장수 브랜드화에는 브랜드와 생활자의 끊임없는 상호 작용적 커뮤니케이션이 필요하다. 그리고 그러한 커뮤니케이션이 발생할 수 있을지 어떨지는, 브랜드 커미트먼트 유도 단계에서 전술한 노스탤지어, 판타지, 히스토리, 라이프 시나리오를 광고·판촉 커뮤니케이션에 어떻게 섞어 넣느냐에 달려 있다. 즉, 생활자를 기업과 만나도록 이끄는 트라이얼 유도 장치에 이러한 요소가 어떻게 짜여 들어가 있는가 하는 점이 그 만남에서 이루어지는 상호 작용적 커뮤니케이션의 성공 여부를 결정하는 것이다. 만일 이 단계에서 생활자가 신제품에 대하여 감각 가치와 관념 가치를 인식하게 되면, 신제품에 대한 생활자의 관여도가 높아지고, 상호 작용적 커뮤니케이션을 통한 대화 의욕이 높아지며, 브랜드 친밀감 brand intimacy, 브랜드 애용 brand patronage 그리고 재구매 소비 의욕 또한 높아진다.

상호 작용적 커뮤니케이션은 생활자와 직접 접촉하는 도구, 예를 들면 전화, 팩스, 카탈로그 혹은 인터넷 같은 네트워크에 의해서도 실현할 수 있다. 이제까지 일본의 많은 소비재 기업들은 일방적인 설득형 커뮤니케이션을 통해 극히 불안정하고 불투명한 상황에서 생활자에게 다가갔다. 그리고 대중이라는 '불특정 다수'를 대상으로 하는 이상, 개별 생활자와 직접 접촉하는 것은 불가능하다고 생각해 왔다. 그러나 정보 인프라가 갖추어지면서 시대는 크게 변하고 있다. 가령 전국 브랜드 national brand 메이커라도 '특정 다수'의 생활자와 개별적으로 혹은 그룹 별로 접촉할 수 있게 된 것이다. 바로 이 점이 생활자로 하여금 신제품의 브랜드 가치를 인식하도록 하는 상호 작용적 커뮤니케이션의 기회를 제공한다. 그리고 그 기회를 활용해야 할 시기는 이미 와 있다. 생활자를 대상으로 상호 작용적인 또는 대화적인 커뮤니케이션을 설정하는 것은 인터넷 같은 네트워크에 한정되는 것이 아니며, 앞에서 서술한 판촉 이벤트 만들기, 장場 만들기를 통해서도 가능하다. 극단적으로 말하면, 판촉의 장을 중심으로 이벤트와 스토리를 설정하고 네 가지 매스컴 매체에 의한 고지를 보조 수단으로 활용하여 생활 장면을 설정하고, 노스탤지어, 판타지, 히스토리를 농도 짙게 표출하는 상황을 만들 필요가 있다. 그리고 이것이 생활과 가깝다는 실감이 나게 할수록, 또는 노스탤지어와 판타지와 히스토리라는 요소를 좀 더 자극하는 것으로 만들수록 홍보 효과는 높아진다.

결국 브랜드 가치 형성과 브랜드 장수화는 제품의 품질과 기능을 넘어 감각 가치, 관념 가치의 설정을 중심에 두어야 하며, 트라이얼 유도 과정에서 연동에 의한 노스탤지어, 판타지, 히스토리를 실현해야만 가능하게 된다. 그리고 생활자와의 장기적인 관계에서는 항상 소비 단계에서 대화하면서 신제품의 소비를 생활 기점과 연결시켜 둘 필요가 있다. 공연이라는 경험재의 수단 지향적 소비와 목적 지향적 소비라는 특성을 신제품의 감각 소비와 관념 가치에 어떻게 주입할 것인가 하는 점이 바로 브랜드 장수화의 관건이 되는 것이다.

제2장
# 신제품 개발 과정 매니지먼트

오늘날 브랜드를 개발하고 육성, 유지해 간다는 것은 매우 힘들지만 마케팅이 감당하지 않으면 안 되는 일이기도 하다. 그리고 장수 브랜드 형성의 출발점은 바로 신제품의 개발이다. 문제는 "잠재 수요가 보이지 않고," "수요가 있는지 어떤지 모르는" 상황에서 종래의 신제품 개발 과정을 답습했을 때 본격적으로 시장에 침투하는 신제품을 개발해 내어 장수 브랜드화 하는 것이 가능한가라는 것이다. 그러므로 이 절에서는 관계 마케팅 방법을 참고로 다시 한 번 공연 소비 마케팅을 돌이켜 보고, 종래의 신제품 개발 과정을 비판적으로 검토하며, 장수 브랜드 육성을 위한 새로운 제품 개발 과정의 구조와 절차를 모색하고자 한다.

## 제1절 신제품 개발은 3/1000의 확률

오늘날 발간되는 마케팅 관련 교재들에는 신제품 개발 과정에 대한 장章이 반드시 들어가 있다. 그리고 대부분은 "신제품이란 무엇인가," "신제품 개발 과정은 어떠해야 하는가"라는 논의를 그 내용으로 하고 있다. 여기서 "신제품이란 무엇인가"라는 논의는 어떤 의미에서는 그다지 얻을 것이 없는 논의이다. 개량 제품과 라인 확대를 신제품이라고 말하는 것도 별로 의미가 없다. 그런 제품들이 기업의 입장에서는 신제품일지 몰라도 생활자에게는 신제품이 아닌 경우가 많기 때문이다. 이 책에서 생각하는 신제품이란 어디까지나 생활자가 판단하는 신제품이며, 오랫동안 생생하게 생활자의 생활에 뿌리내릴 것으로 기대되는 신제품이다. 그러므로 이 책이 그리는 신제품은 일본 기업들이 통상적으로 생각하는, 운영 관리자operation manager로서 제품 관리자product manager가 개발하는 신제품이 아니며, 하루 혹은 일 년 단위의 모니터링을 중심으로 만드는 신제품도 아니다.

많은 마케팅 교재에 포함되어 있는 신제품 개발을 다루는 장에는 신제품 개발의 기본 과정을 보여 주면서 미국의 주요 컨설팅 회사의 하나인 부즈 & 앨런Booz & Allen 사의 조사로 만들어진 신제품 히트율 도표를 반드시 제시한다. 신제품의 아이디어 수를 세로축에, 신제품 개발 과정을 가로축에 그린 이 도표는 분명히 "1,000개에서 3개," 즉 1,000개의 아이디어 중 시장에서 성공하는 제품 아이디어는 3개라는 것을 과장되게 표현

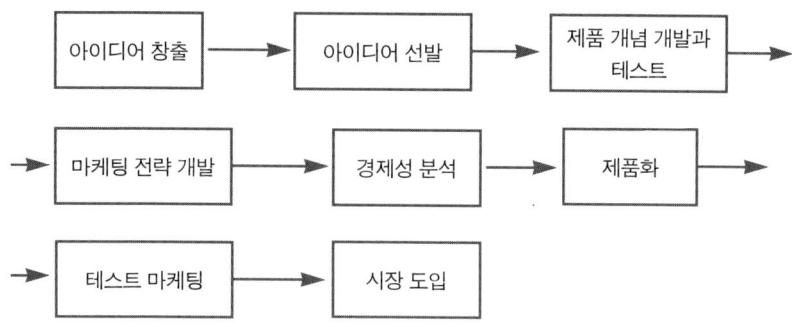

[표 23] 전형적인 신제품 개발 과정

하고 있다. 결국 이 그림이 시사하고 있는 한 가지 사실은 얼마나 많은 아이디어를 창출해 내는가가 중요하다는 것이다. 그러나 현실적으로 봤을 때 1,000개 혹은 그 이상의 제품 아이디어가 창출되지 않으면 2-3개의 신제품이 만들어질 수 없다는 발상은 극히 비효율적이며 위험 또한 큰 것이다. 우리가 고민해야 할 것은 오히려 제품의 아이디어와 개념, 구조가 만들어졌다면 그 구체적인 제품 개념을 어떻게 효율 좋은 신제품으로 실현할 것인가 하는 점이다. [표 23]은 마케팅 교과서에 등장하는 전형적인 신제품 개발 과정인데, 이것을 이 책에서는 '릴레이형 과정' 혹은 '역전형驛傳型'[15] 개발 과정이라고 부르기로 하겠다. 왜냐하면 이 표에서는 아이디어 창출 단계에서 발매 단계에 이르는 과정이 항상 앞으로 전달되듯 진행되기 때문이다. 즉, 신제품 개발 단계를 하나하나 밟아 가면서 자세한 조사를 통해 오리지널한 제품 아이디어를 도태시켜 간다는 도식인 것이다.

[표 23]에서 보듯, 종래의 릴레이형 신제품 개발 과정은 신

제2장 신제품 개발 과정 매니지먼트

제품 개발의 기능 분담이 지나치게 명확하고 각 단계의 평가 기준이 다르다는 대표적인 특성으로 인해 과정 간의 상호 작용이 거의 없고, 책임이 순차적으로 다음 과정에 전가되기 쉬운 구조이며, 기능 분담이 명확하기 때문에 앞의 단계에서 도태된 제품 아이디어가 다시 다음 단계에 제공되어 검토되는 일이 없다는 등의 결점을 안고 있다.

릴레이형 신제품 개발 과정에서는 아이디어 창출 단계에서 얼마나 많은 제품 아이디어를 창출하는가 하는 것이 문제가 된다. 어떤 의미에서는 무작정으로라도 아이디어를 내도록 장려하는 셈이 되고 마는 것이다. 그러나 현실적으로 제품 아이디어라는 것은 무작정 쏟아져 나오는 것이 아니다. 오히려 구체적인 기술의 씨앗seeds이나 소비자 패널로부터 나온 아이디어 리스트, 실생활에서 마주쳤던 욕구의 씨앗 등에서 창출되는 것이다. 신제품 개발은 앞에서 말한 "1,000개에서 3개"라는 식보다는 오히려 이러한 "기술, 패널 조사, 생활 장면, 개발 정책"이라는 씨앗에서 출발하는 경우가 많지 않을까 생각한다. 사실 '씨앗'이란 원래 그리 많지 않은 법이니까 말이다. 기술자의 뜨거운 열정이 중요한 것이지 제품 아이디어의 수가 많아야 히트 상품이 만들어진다는 가설은 현실적이지 않다.

그러면 좀 더 구체적으로 생각해 보자. 제품의 아이디어는 어떻게 해서 만들어지는 것인가? 다카라즈카 가극단의 경우에는 18세기 유럽, 20세기 미국, 왕조기王朝期 혹은 에도기江戶期의 일본 등을 시대로 설정하고, 그 시간 구조를 기준으로 각 조의 톱스타들이 가진 이미지와 잘 어울리는 작품 아이디어를 구상한다. 극단 시키는 아누이나 지로두가 보여 준 프랑스 연극에 대한 뜨거운 열정이나 브로드웨이의 히트 뮤지컬에서 아이디어를 얻고, 극단 후루사토 카라반은 농촌이나 샐러리맨이라는 상황 설정 속에서 테마를 만든다. 게다가 공연 소비 마케팅에서 얻을 수 있는 교훈은 "1,000개에서 3개"가 아니라 자신들이 발굴한 재료와 그에 대한 뜨거운 열정을 어떤 식으로 시장에 내놓을 수 있는 형태로 만드는가 하는 것이 더 중요하다는 점이다. 극단적으로 말하면, 자신들의 뜨거운 열정 속에서 창출된 제품 아이디어는 무슨 일이 있더라도 제품화 · 브랜드화 하여 시장에 내놓겠다고 생각해야 한다는 것이다.

### 제2절 공연 제작 과정에서 배우는 신제품 개발 과정

앞 절의 논의를 다시 정리해 보면, 공연의 신작 창조 과정은 제품 개발의 힌트가 된다는 것이다. 여기서는 극단 시키가 브로드웨이 뮤지컬에서 오리지널 작품을 가져와 새로이 창작해 가는 과정을 신제품 개발 과정으로 바꾸어 놓고 생각해 보고자 한다. 일반적으로 신제품 개발이란 기술자가 품은 꿈에서 비롯되는 "기술의 씨앗"이나 고객 지향형 기업이 말하는 "고객 욕구의 씨앗"에 그 뿌리를 둔다. 기술자가 그리는 "기술의 씨앗"은 생활자의 꿈을 그리는 상품으로 이어진다. 발성 영화Talkie나 TV가 얼마나 생활자의 기대를 불러일으키고 꿈을 실현해 냈는가를 생각하면 그 효과는 명확해진다. 그렇지만 이제까지의 획기적인 신제품들은 거의 언제나 기술자의 꿈에서 비롯된 "기술의 씨앗"에서 시작된 것들이었다. "고객 욕구의 씨앗"에서 신제품을 만든다는 발상은 이제까지 수많은 아이디어 상품과 개량 상품을 낳았지만, 이런 종류의 신제품들은 대부분 "편의성"이라는 가치를 실현한 것이었기에 그다지 큰 히트 상품이 되지는 못했다.

오늘날 가장 요구되는 신제품은 품질과 가치에서 충분한 만족을 주는 상품이면서 동시에 감각 가치와 관념 가치를 충분히 갖춘 상품이다. 그러므로 이러한 신제품의 개념을 만들기 위해서는 "극단적인 씨앗 지향"이나 "극단적인 욕구needs 지향"이, 그리고 실질적인 개발 과정에서는 "극단적인 욕구 지향"이 필요하다.

신제품 개발의 성공 여부는 아주 초기 단계에 해당하는 "아이디어 창출" 활동에 의해 좌우된다. 뮤지컬 〈캐츠〉와 〈레 미제라블〉을 세계적으로 히트시킨 영국의 프로듀서 카메론 매킨토시는 오페라 〈나비부인〉의 현대판인 베트남 배경의 뮤지컬 〈미스 사이공Miss Saigon〉을 창작할 때, 퓰리처상을 수상한 유명한 사진, 즉 베트남전에서 울며 절규하는 한 소녀의 모습이 담긴 사진을 보고 영감을 얻었다고 한다. 뮤지컬 〈왕과 나〉 등의 히트로 유명해진 제롬 로빈스Jerome Robbins는 셰익스피어의 비극 〈로미오와 줄리엣〉을 어떻게든 뮤지컬로 만들고 싶다고 평소부터 생각하고 있다가 그 현대판의 배경을 뉴욕의 웨스트사이드에서 벌어지는 백인과 푸에르토리코 젊은이들의 싸움에서 찾아내면서 〈웨스트사이드 스토리〉를 만들게 되었다.

뮤지컬 프로듀서는 항상 "좋은 뮤지컬을 창조하여 사람들에게 즐거움과 감동을 전하고 싶다"고 생각한다. 그러나 그런 좋은 뮤지컬이 항상 구체적인 모습으로 그들의 머릿속에 있는 것은 아니다. 그들은 인간의 사랑, 미움, 즐거움, 기쁨, 슬픔이라는 연극과 뮤지컬의 테마를 항상 염두에 두고, 어떠한 인생을 설정해서 이것들을 표현해야 할까를 모색한다. 그래서 카메론 매킨토시는 한 장의 사진에서, 제롬 로빈스는 뉴욕 사람들의 현실에서 상황을 설정할 수 있었다. 이러한 아이디어의 창출 과정이 우연한 사건으로 보일지도 모르겠다. 그러나 "항상 좋은 뮤지컬을 만들고 싶다"는 프로듀서의 뜨거운 열정이 이 우연의 만남을 유발했다고 할 수도 있다. 그리고 〈미스 사이공〉과 〈웨스트사이드 스토리〉, 그 어느 쪽에서도 그들의 뜨거운 열정은 충분히 실현되었다고 생각한다.

요컨대 공연 소비에서 신제품 개발에 관해 얻는 교훈은, 프로듀서 — 제품의 경우에는 제품 관리자 — 는 항상 "좋은 작품을 만들고 싶다, 사람들의 인생을 풍요롭게 만들고 싶다"는 뜨거운 열정을 품고 테마와 아이디어를 찾아 그것을 제품으로 구현하겠다고 생각할 필요가 있다는 것이다. 즉, 신제품 개발과 아이디어 창출의 기본은 신제품 개발에 대한 담당자의 생각과 그 생각을 실현해 줄 개발 분야의 결정, 그리고 개발 그 자체에 대한 궁리인 것이다.

관계 마케팅의 구조를 보여 준 앞 장에서는, 일본의 소비자들이 이제는 "배가 부르고" "뭔가 갖고 싶다"는 강한 욕구를 상실해 버렸기 때문에 "이제 시장에는 수요가 없다"고 설명했다. 그렇다면 프로듀서가 아무리 뜨거운 열정으로 아이디어를 창출하고 테마를 설정했다 하더라도 소비자·생활자는 그것에 관심을 보이지 않을 것이다. 그래서 필요한 것이 테마를 설정하고 아이디어를 창출한 뒤의 신제품 개발 과정에서 이루어지는 "과감한" 고객 참여형 작업이다.

여기서 극단 후루사토 카라반의 뮤지컬 창작 과정을 참고해 보자. 현재 후루사토 카라반의 뮤지컬 창작 영역은 물론 농촌과 샐러리맨의 생활이다. 그리고 이들 영역 속에서 이루어지는 창작 과정은 과감한 관객 참여형이다. 극단 후루사토 카라반의 뮤지컬 제작 과정을 한 번 더 생각해 보자.

앞에서 설명한 것처럼, 극단 후루사토 카라반의 뮤지컬 창작 영역은 농촌이며 고향이다. 이것은 극단의 창립 취지에 이렇게 표현되어 있다. "자연의 품속에서 만들어진 거리와 마을, 그곳에서 사는 사람들, 그 풍토 안에서 시대와 함께 살아가는 많은 사람들의 숨결. 이것이 후루사토 카라반 뮤지컬의 원천입니다." 당초 후루사토 카라반은 이러한 원천이 농촌이라고 생각하고 있었다. 그러나 이러한 원천이 농촌 사회에만 있는 것이 아니라 대도시 환경 속에서 숨 쉬는 사람들에게도 있음을 알게 되면서 나중에는 샐러리맨 뮤지컬을 창작하게 되었다. 앞에 인용한 극단 창립 취지의 표현들은 작품의 구조를 결정하는 영역이자 제품 개념의 원천이기 때문에, 이후 어떠한 뮤지컬을 창작한다 할지라도 이 발상이 변하지는 않을 것이다.

그러므로 창립 취지의 표현들이 어떤 의미에서는 창립 멤버의 생각이며 "작품의 씨앗"이라 말해도 좋을 것이다. 신제품 개발의 출발점에는 반드시 이러한 것이 있어야만 한다. 그것은 마케팅 언어로는 "신제품 개발 정책"에 해당되며, 큰 범위에서 보면 기본 제품 개념이기도 하다. 누가 보아도 "이 뮤지컬은 후루사토 카라반답군요"라고 말할 수 있도록 그리고 "이 제품은 ㅇㅇ사의 제품답군요"라고 말할 수 있도록 개발 담당자의 생각이 담기지 않으면 안 되는 것이다.

후루사토 카라반의 뮤지컬 제작 과정은 기획 회의, 제작부 취재, 작가 취재, 시놉시스(기본 구조) 작성, 구체적인 제작 활동으로 이어진다. 후루사토 카라반이 "고향 땅에서 시대와 함께 살아가는 많은 사람들의 숨결"을 뮤지컬로 표현할 때 꼭 지키는 기본 개념은 "생활과 리얼리즘"이다. 여기에도 관계 마케팅에 관한 장에서 서술했던 "총체주의holism"의 사고방식이 살아 있다. 사람들의 숨결을 소재로 한다면 현실을 살아가는 사람들의 생활 방식 자체가 뮤지컬의 테마가 되어야 한다. 그리고 후루사토 카라반이 "생활과 리얼리즘"을 뮤지컬의 테마로 구현해 내는 최고의 방법은 계속되는 취재이다.

문화 인류학자가 오랜 기간에 걸쳐 현장에 자리 잡고 살면서 되풀이해서 관찰하고 취재하는 것처럼, 각지에 퍼져 있는 제작 담당자들 역시 거리와 마을의 사람들과 어울리는 장場을 만들어 가면서 "리얼한" 테마를 찾아서 이야기를 나누고 소재를 고른다. 기획 회의는 생활 속으로 깊이 들어가 있던 각지의 제작자들이 한곳에서 만나 테마를 제출하고 논의하는 장場이다. 어느 정도 테마가 결정된 단계에 이르면 작가도 현장의 냄새를 맡기 위해 취재 활동을 되풀이한다. 샐러리맨 뮤지컬의 대표작 〈유 Ah! 마이 SUN 사원〉을 제작할 때는 제작 담당자들이 분담

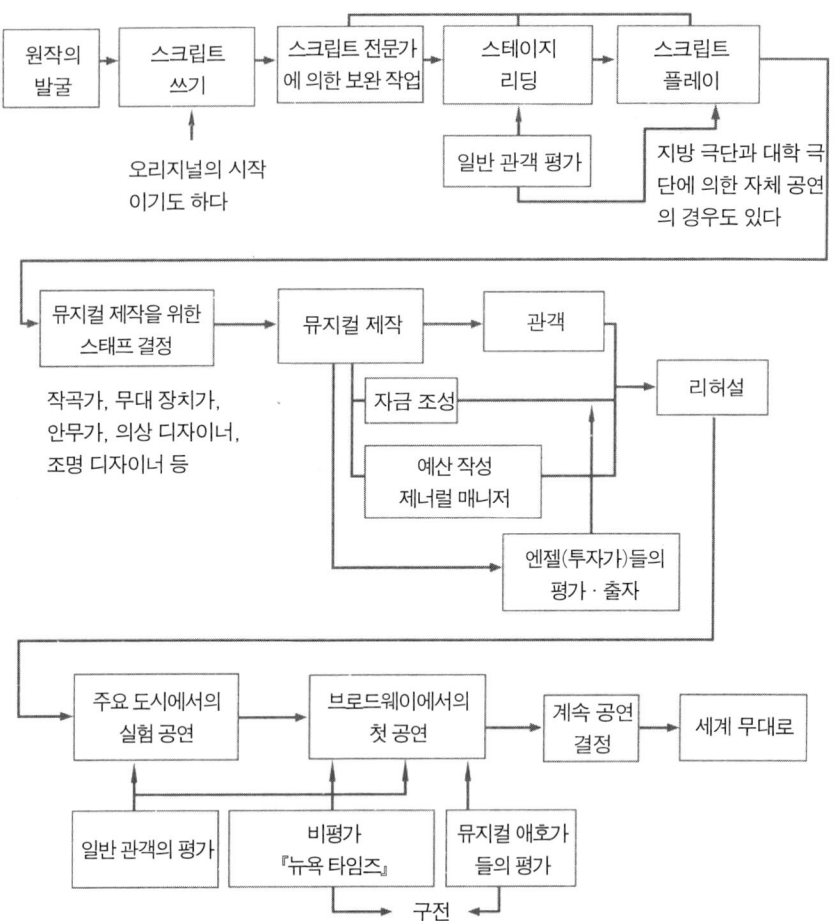

[표 24] 브로드웨이 뮤지컬 제작 과정

제3막 공연 소비 마케팅에서 배우기

하여 인터뷰한 샐러리맨의 수가 7,000명에 달했다고 한다.

소비재 마케팅에서 이루어지는 신제품 개발 과정에서는, 아이디어 창출 단계에서 기업 외부의 사람에게 의견과 아이디어를 구하지 않는 것이 보통이다. 다시 말해 아이디어의 원천이 사내 기술자, 마케터, 영업 사원 등인 것이다. 아이디어 창출을 외부에서 구하는 예는 "무지로시료힌無印良品"의 테스트 키친과 "주부의 눈으로 보는 상품"의 모니터 등 대기업 할인점의 자체 브랜드private brand 개발이나 메이커의 소비자 패널 등을 들 수 있지만 그 수는 얼마 되지 않는다. 게다가 이런 경우에도 소비자를 불러 이야기를 듣는 것이 고작이고, 기업 측에서 소비자의 생활 속에 깊이 들어가 이야기를 듣고 대화하는 예는 거의 찾아볼 수 없다. 그래서 모니터와 패널로부터 제품 영역을 넘어서는 총체적인holistic 관점에서 아이디어가 나오는 경우는 드물다.

[표 24]는 브로드웨이 뮤지컬의 전형적인 제작 과정으로, 원작의 발굴에서 브로드웨이 개막까지는 보통 3년이 걸린다고 한다. 여기서 극단 후루사토 카라반과 브로드웨이의 뮤지컬 제작 과정을 비교해 보자.

브로드웨이 뮤지컬의 아이디어 창출 과정은 전부 프로듀서에 의존한다. 다시 말해 많은 브로드웨이 뮤지컬이 그렇듯이 뮤지컬의 소재가 되는 원작을 찾는 일은 프로듀서의 몫이라는 뜻이다. 오리지널 작품이라면 프로듀서 자신이 작가가 되는 경우도 있다. 그러므로 뮤지컬 프로듀서는 그 소재가 되는 원작 혹은 오리지널 작품의 테마를 찾기 위해 늘 방대한 정보를 수집한다. 책을 읽어서 정보를 얻는 경우도 있을 것이고 동료들과 나누는 평범한 대화 속에서 생각이 떠오르는 경우도 있을 것이다. 〈웨스트사이드 스토리〉처럼 많은 사람들이 알고 있는 원작(셰익스피어의 〈로미오와 줄리엣〉)의 경우에는 이 테마를 어떻게 매력적인 뮤지컬로 만들어 올릴 것인지를 연구한다. 〈캐츠〉 같은 경우는 묻혀 있는 소품을 어떻게 찾아낼 것인지가 연구의 대상이 된다. 어느 작품이든 브로드웨이 뮤지컬의 창출은 전적으로 프로듀서의 정보 수집 능력과 예술적 센스에 의존한다. 삶의 장場에 깊숙이 들어가서 뮤지컬의 테마를 찾아내는 후루사토 카라반의 방식과는 크게 다르다고 할 수 있다.

 브로드웨이 뮤지컬의 제작 과정에 대한 고객의 참여는 [표 24]의 흐름 중에서도 네 군데 시점에서 뚜렷해진다. 바로 (1) 스테이지 리딩stage reading, (2) 스크립트 플레이script play, (3) 엔젤[투자자]들을 상대로 하는 제작 아이디어 프레젠테이션, (4) 지방 도시에서 하는 실험tryout 공연 등이다. 첫 번째 스테이지 리딩과 두 번째 스크립트 플레이는 보통 맨해튼의 다운타운 이곳저곳에 흩어져 있는 스튜디오에서 일반 관객을 상대로 리허설을 하는 형식을 취한다. 스테이지 리딩은 대본 연습이고, 스크립트 플레이는 서서 하는 연습을 말한다. 어느 쪽이나 관객 50명 정도면 가득 차는 소규모 스튜디오에서 하는 실연實演인데, 무대 장치도 의상도 소도구도 없는 상황에서 이루어진다. 엔젤[투자자]들을 상대로 하는 제작 아이디어 프레젠테이션은 자금을 모으기 위한 것으로, 프레젠테이션에 대한 엔젤들의 인상과 그들의 질문에 대한 프로듀서의 대답이 출자를 결정하는 단서가 된다. 실험 공연은 소규모이기는 하지만 무대 장치, 의상, 소도구를 갖추고 노래와 댄스 안무도 있는 것으로서 실제 공연에 가까운 형태이다.

　브로드웨이 뮤지컬의 제작 과정에서 고객은 각 단계마다에서 반응을 보이고 출연자에게 활기를 전달하게 된다. 공연의 경우에는 이것이 배우와 관객 사이에서 이루어지는 비언어적·오감적 자극을 이용하는 상호 작용 그 자체이며, 프로듀서는 이것을 상세하게 관찰하고 상호 작용을 분석하여 세부적인 수정을 해나간다. 극단 후루사토 카라반의 제작 과정에서는 이러한 고객 참여 방법이 보이지 않는다.

　극단 후루사토 카라반과 브로드웨이 뮤지컬의 제작 과정은 이처럼 양쪽 모두가 "고객 참여"를 포함하고 있고 또 고객과의 상호 작용을 환기할 만한 장치를 마련해 놓고 있지만, 이것을 중요시하는 단계가 다르다. 극단 후루사토 카라반의 경우에는 작품 테마의 결정에 중점을 두고 있기 때문에 어떻게 하면 지역 사람들과의 상호 작용 속에서 매력적인 아이디어를 추출해 낼 것인지가 관심사이고, 그것을 어떻게 뮤지컬로 만들 것인가 하는 문제는 대부분 작가 이시즈카 고쿠겐, 음악 담당 데라모토 다케오, 안무가 아마기 요시에 등 세 명의 역량에 맡겨져 있다. 한편 브로드웨이 뮤지컬의 경우에는 아이디어의 창출이 전적으로 프로듀서의 몫이고, 그 아이디어를 어떻게 매력적인 뮤지컬로 만들어 낼 것인지를 고민하는 단계에 고객 참여, 출연자와 관객의 상호 작용 같은 장치가 마련되어 있다.

## 제3절 신제품 개발 과정의 방향성

대부분이 침체 상태를 벗어나지 못하는 시장 안에서 신제품을 개발하고 그것을 장수 브랜드로 키워 나간다는 것이 얼마나 힘든 일인지를 오늘날의 마케터라면 누구라도 느끼고 있을 것이다. 그리고 이 문제를 해결하기 위한 전제 조건은 대담하게 신제품을 개발하고 장기적인 관점에서 계획하는 것이다. 그러나 사람들이 이야기하는 "1,000개에서 3개"라는 생각으로는 대담한 개발도 장기적인 계획도 도저히 시도할 수가 없다. 두렵기 때문이다. 그러니 당연히 롱런 히트의 확률을 높일 방법이 필요하다. 그 대답은 극단 후루사토 카라반과 브로드웨이 뮤지컬의 제작 과정에 있다. 그리고 그 키워드는 "고객 참여"이며 "고객과의 상호 작용 촉진"이다.

 이 장을 끝내기에 앞서, 공연 제작 과정에서 얻은 힌트와 관계 마케팅의 구조를 참고하여 신제품 개발 과정의 새로운 방향을 제시하고자 한다. 먼저 중요한 것은, 신제품 개발에 대한 개발 담당자의 "열정"이다. 개발 담당자는 마땅히 "신제품을 개발해서 생활을 풍요롭게 만드는 데 어떻게든 공헌하고 싶다"고 생각하지 않으면 안 된다. 제품을 단순히 물리적인 기능을 발휘하는 물리적 대상이 아니라, 생활의 풍요로움을 연출하는 소도구이며 목적적 소비와 수단적 소비에 걸맞은 존재로 생각하는 자세가 중요한 것이다.

 제품은 그것을 소비하는 과정에서 즐거움과 기쁨을 주고 (목적적 소비), 제품을 소비함으로써 인생에 감동하거나 생활자의 라이프 스타일을 표현하는(수단적 소비) 것이 되지 않으면 안 된다. 그러므로 앞에서 말했듯이 제품에 감각 가치와 관념 가치를 부여하는 것이 중요하다. 극단 후루사토 카라반은 "변화하는 시대를 사는 리얼한 생활자의 숨결"을, 브로드웨이 뮤지컬은 "신神의 사랑, 인생의 즐거움, 슬픔, 기쁨"을 제품을 통해 표현해야 하는 것이다. 그리고 이제는 "노스탤지어, 판타지, 히스토리, 라이프"라는 가치를 생활자의 생활 장면에 부여해야 한다. 그런 것이 없으면 생활자는 자신의 생활 영역 안에서 신제품에 대한 감동이나 공감을 아무것도 느끼지 못하게 된다.

새로운 방향의 신제품 개발 과정에서 키워드가 되는 것이 고객 참여, 고객과의 상호 작용이라는 것은 이미 서술했다. 이것은 '제안형' 신제품 개발과 '워크숍형' 신제품 개발의 어느 쪽에서도 마찬가지이다. 제안형 신제품 개발이란, 기업은 고객에게 이러저러한 욕구가 있다고 확신하지만 고객은 자신들의 욕구를 알아차리지 못하고 있을 경우의 신제품 개발 패턴이다. 즉, 기술자와 마케터가 누구보다도 앞서 제품의 아이디어를 창출하고 새로운 제품에 대한 잠재 수요를 확신하는 경우를 말한다. 마케팅에서 말하는 수요 창조, 수요 개척이 그것이다. 이 경우에는 기업이 일방적으로 신제품을 개발하고 나서, "이것은 당신이 필요로 하고 있던 제품입니다"라며 고객에게 밀어붙이게 된다. 이른바 가설 검증형 신제품 개발이다. 기술자와 마케터가 신제품 아이디어에 대해 그 정도로 확신하지 못할 경우에는 기업이 소비자 패널 등을 활용하여 제품 개념을 테스트한다. 그러나 테스트를 할 때 이미 제품 개념이 제시되어 있기 때문에, 고객 참여형이라고는 하지만 단순하게 기업이 일방적으로 생각한 가설을 검증하고 확인하거나 기업이 확신하고 있는 가설로 유도하는 모양이 되므로 고객과의 상호 작용적 커뮤니케이션은 고려의 대상이 되지 않는다. 소비자 모니터나 소비자 패널은 어떠한 형태로든 보수를 받는 경우가 대부분이기 때문에 그런 것을 통해서 삶의 생생한 현장에서 나오는 아이디어를 흡수하기는 힘들다고 할 수 있다. 그러나 기술자와 마케터가 끝까지 자신들이 창조한 제품 아이디어에 사로잡혀 있고 또 확신을 갖고 있다면, 자신을 믿으며 참을성 있게 고객을 설득하거나 고객의 생활 습관을 변화시키려고 노력해야 한다.

워크숍형 신제품 개발 과정은 기업도 고객도 고객의 욕구를 파악할 수 없는 상황일 때 필요한 과정이다. 다시 말해, 기업과 고객이 "좋은 뮤지컬을 만들고 싶다, 좋은 뮤지컬을 보고 싶다"거나 "맛있는 식품을 개발하고 싶다, 맛있는 것을 먹고 싶다"라고 생각하고 있기는 하지만, 구체적으로 좋은 뮤지컬이란 무엇이고 맛있는 것이란 어떤 것인지에 대해 명확히 답할 수 없는 상황에서 필요한 접근 방법이다. 그리고 이 접근 방법이야말로 기업과 고객의 상호 작용을 필요로 한다.

극단 후루사토 카라반의 뮤지컬과 브로드웨이의 뮤지컬 제작 과정을 관계 마케팅의 구조 안에서 검토하여 제안하는 것이 [표 25]에 제시된 신제품 개발 과정이다.

당연한 일이겠지만, [표 25]의 과정은 편의상 릴레이형 신제품 개발 과정을 모방하고는 있지만 본래는 럭비형 · 지그재그형이며, 과정과 과정 사이를 왔다 갔다 하기도 한다. 중요한 것

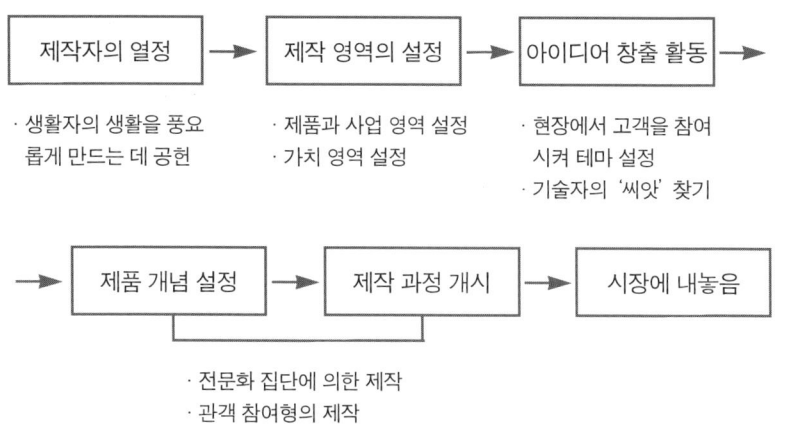

[표 25] 새로운 신제품 개발 과정

은 신제품 개발이 시작되는 지점은 제작자나 개발자의 열정과 제작 영역의 설정이지 아이디어 창출 단계가 아니라는 점이다. 신제품 개발 과정을 간략하게 이야기하면 아이디어 창출과 실제 제작 과정으로 나뉘는데, 각 부분에서 상황에 따라 고객 참여형으로 할 것인가 아니면 전문가 주도형으로 할 것인가를 선택하게 된다. 즉, 아이디어 창출 단계에서는 후루사토 카라반 같은 고객 참여형과 브로드웨이 같은 프로듀서 주도형 가운데 하나를 선택할 수 있고, 제작 단계에서는 후루사토 카라반 식의 전문가 주도형과 브로드웨이 같은 고객 참여형 가운데 하나를 선택할 수 있는 것이다. 그리고 어느 경우에나 제품 가치의 밑바탕에 노스텔지어, 판타지, 히스토리, 라이프의 요소를 첨가하는 것을 잊어서는 안 된다. 다음으로 문제가 되는 것은, 이러한 과정을 거쳐서 개발된 신제품을 장수 제품으로 만드는 장치를

제2장 신제품 개발 과정 매니지먼트

찾는 일이다. 그리고 여기에서 중요한 전략 개념이 바로 '고객 유지retention' 이다.

# 제3장
# 고객 유지 마케팅

이 책에서 되풀이해서 지적하고 있는 것은 관계 마케팅의 총체주의, 그리고 그 총체주의의 세 가지 차원이다. 총체주의의 세 가지 차원이란, 구매·소비 전의 과정, 구매·소비의 과정, 구매·소비 후의 과정으로 나눈 생활자의 제품 구매 과정 전체에 대응하는 포괄적인 마케팅을 말한다. 이 장에서는 그 가운데 특히 구매·소비 후의 과정에 초점을 맞추고, 그것을 고객 유지라는 관점에서 검토하고자 한다.

## 제1절 고객의 조직화

고객 유지라는 관점에서 제2막의 세 가지 사례를 생각해 보면, 다카라즈카 가극단, 극단 시키, 극단 후루사토 카라반 모두에게는 공통점이 있다. 바로 회원의 조직화이다. 다카라즈카에는 다카라즈카 도모노카이 8만 명, 극단 시키에는 시키노카이 14만 명, 극단 후루사토 카라반에는 후루카라 응원단 2만 명이 조직되어 있다. 물론 이들 핵심 고객층 이외에 조직되지 않은 상태의 실재・잠재 관객들도 각각의 극단에는 많이 존재하지만 말이다. 이 회원 조직을 고정 관객으로 환산한다면 어느 정도의 흥행 수입에 해당될까? 시키노카이의 예를 들어 간단한 계산을 해보자. 시키노카이 회원 14만 명이 연간 6회의 공연 — 2개월에 1회 — 을 관람한다고 하고 그때의 평균 입장료를 1만 엔으로 생각하면, 연간 입장료 수입은 84억 엔에 이르게 된다. 여기에 비회원을 통한 수입을 더하면 100억 엔을 훨씬 넘을 것이다. 이것은 공연 소비라는 차원에서는 대단한 액수이며, 일반 브랜드로서도 연간 매출 100억 엔이라는 것은 상당한 것이다. 그러므로 고정 관객을 갖는다는 것이 얼마나 중요한 일인지를 쉽게 알 수 있다. 결국 문제는 어떻게 이러한 고정 관객을 만들어 낼 것인가 그리고 고객 유지 마케팅이 얼마나 중요한가 하는 것으로 넘어가게 된다. 더구나 이들은 다카라즈카 가극단과 극단 시키를 찾는 대절 공연 관객이나 단체 관객과는 달리 관여도가 아주 높은 고정 관객들이다.

다카라즈카 도모노카이의 경우, 연간 3,000엔 정도의 회비를 내면 기관지 『가극歌劇』과 『다카라즈카 그래프』를 구독하고 입장권 우선 예약이 가능한 정도의 조직인데, 간행물의 내용은 가극단 측이 일방적으로 정보를 전달하는 성격이 짙다. 다카라즈카 가극단 홈페이지에 "소식 코너"라고 하는, 약간의 상호 작용이 가능한 장치를 마련해 놓고는 있지만 그다지 활발한 움직임은 보이지 않는다. 시키노카이 역시 회원을 위해 회보 『라 아르프』를 발행하고 입장권 우선 예약 제도를 두면서 극단원과 전화로 접촉하거나 공연 기념 파티에 참가하는 기회 등을 제공하는 정도이다. 기본적으로는 회원들과의 커뮤니케이션이 일어나고 있지만 그것 또한 일방향one-way 커뮤니케이션의 색채가 강하다. 이런 중에서 특기할 만한 것은 극단 후루사토 카라반의 후루카라 응원단이다. 극단과의 상호 작용적인 커뮤니케이션이 가장 빈번하게 이루어지고 있기 때문이다.

후루카라 응원단은 '풀뿌리'에서 만들어지기 시작했다. 응원단의 출발은 극단의 뮤지컬 창작 과정과 연계되어 있다. 신작 뮤지컬의 시놉시스가 완성되어 전문가들이 창작 활동을 시작하면, 제작 담당자는 다시 지방으로 퍼져 간다. 예를 들어, 아오모리현을 순회하며 일할 때에는 제작부원이 아오모리 시내의 아파트에 살면서 현내를 도는 식이다. 그리고 지역 주민을 설득하기 시작한다. 아무리 작은 마을에서도 수십 명 단위의 사람들을 만나 협력을 요청한다. 설득에 성공하면 20-30명의 유지로 실행위원회가 구성되는데, 이 위원회가 고객 모집의 중심이 된다. 실행위원회는 공연을 성공적으로 치르는 과정에서 후루카라 응원단이 된다. 응원단이 형성되는 과정은 뮤지컬의 제작 과정과도 일치한다. 그리고 그 과정에서 지방 사람들이 참여하는 마을의 시끌벅적한 축제가 진행되는 것이다. 즉, 후루사토 카라반의 연극을 본다는 것은 단순한 공연 소비가 아니다. 그것은 공연을 전후하여 극장 내외에서 벌어지는 전체 마을의 이벤트로 승화되는 행위이기 때문에 후루카라 응원단을 중심으로 하는 고객들의 총체적인 커미트먼트가 드러나게 되는 것이다.

극단 측이 의도적으로 조직한 것은 아니지만 후루카라 응원단은 전국적으로 약 2만 명 규모를 자랑한다. 작은 마을과 거리에서 몇 년에 한 번 열리는 공연은 축제 분위기를 불러온다. 그래서 가까운 곳에서 공연이 열릴 때면 사람들은 만사를 제쳐두고 달려오는 것이다. 극단 후루사토 카라반에 대해 응원단은 공연을 지지하는 관객 집단임과 동시에 소재 제공자이며, 물심양면의 지원자이고, 경우에 따라서는 흥행주라는 위치를 점유한다. 즉, 단순한 공연 관객을 뛰어넘어, 극장 내외에서 극단과 상호 작용을 하고 또 서로의 인적 네트워크를 더욱 확대해 주는 존재가 후루카라 응원단인 것이다.

후루카라 응원단과 마찬가지로, 다카라즈카 가극단의 스타 팬클럽도 극단 측의 요청이 아니라 자주적인 자원 봉사를 통해 만들어지는 조직이지만 극단이나 스타에 대한 커미트먼트와 상호 작용이 강하다. 그리고 양자에게 공통되는 것은, 그 커미트먼트가 생활의 수준에서 이루어짐과 동시에 소비 전, 소비, 소비 후의 과정에 대하여 포괄적으로 대응한다는 면에서 총체적이라는 점이다.

고객 유지 마케팅이란 제품의 재구매를 유도하고 브랜드를 장수하도록 해주는 장치를 만드는 일이다. 구체적으로는 다카라즈카 가극단, 극단 시키, 극단 후루사토 카라반에서 볼 수 있듯이 회원 조직을 만드는 것이 최선이다. 시험 구매trial든 재구매repeat든 간에 소비자를 조직화된 회원의 한 사람으로 만들어 두어야 한다는 것이다. 이것이 중요하다. 물론 소비자를 회원 조직 안으로 유도하기 위해서는 우선 상품 자체에 매력이 있어야 하고, 그를 통해 강력한 재구매 동기가 유발되지 않으면 안 된다. 이에 관해서는 장수 브랜드화 전략, 신제품 개발 과정에 대한 절에서 설명한 바 있다. 결국 고객 유지 마케팅이란 재구매 동기에 유도된 소비자·생활자를 장기적으로 유지할 수 있는 장치를 어떻게 만들 것인가 하는 문제가 된다.

## 제2절 고객 유지 장치 만들기

고객 유지 장치를 만드는 데 가장 중요한 것은 제품·서비스 제공자인 기업이 소비자·생활자와 빈번히 의사소통을 하는 장치를 만드는 것이다. 다카라즈카 가극단의 월간 『가극』과 『다카라즈카 그래프』, 극단 시키의 『라 아르프』, 극단 후루사토 카라반의 『후루사토 카라반』(격월간) 등 회원을 위한 정기 기관지 발행이 그런 노력의 전형일 것이다. 끊임없이 정보를 제공하고 정보를 흡수하는 장치를 만드는 것이 중요하다. 게다가 그 장치가 개인적인 성격을 띠는 것이 중요하다. 예를 들어, TV를 통한 상기remind 광고는 빈도가 높아도 개인적인 정보 고지로는 인식되지 않는다. 오히려 인터넷 배너 광고와 홈페이지 광고가 훨씬 개인적인 색채가 강하다고 볼 수 있다.

고객 유지 장치를 만드는 두 번째 요점은, 기업이 전하는 정보의 내용이 생생한 생활 이야기임과 동시에 정서적이어야 한다는 것이다. 다카라즈카 팬클럽과 후루카라 응원단을 움직이는 기본적인 발상은 생활이며, 그 성격은 총체적이다. 감각 가치와 관념 가치를 추구하는 것이 중요하다는 사실에 주목하는 이유가 바로 그것이다. 총체적인 차원을 대상으로 하지 않으면 고객 유지 전략은 목표를 달성하기 어렵다.

고객 유지 장치를 만드는 세 번째 요점은, 고객과의 상호 작용적인 커뮤니케이션을 촉진하는 것이다. 여기서 문제는, 서비스재나 공연 같은 경험재와는 달리 일반 제품의 브랜드 마케팅에서는 상호 작용을 위해 직접 고객을 만나는 물리적으로 닫힌 시공간을 만들기가 어렵다는 점이다. 물론 점포 소매업과 통신 판매 소매업의 경우에는 소매점과 상품 카탈로그, 상품 전달 시스템을 통해서 고객과 직접 만나 대화하는 장을 만드는 것이 비교적 용이하다. 하지만 제품 마케팅, 특히 전국 브랜드 마케팅의 경우에는 대량 판매로 인해 고객이 불특정 다수가 될 수밖에 없기 때문에, 고객과 직접 접촉할 수 있게 된다고 해도 그것을 계속적으로 그리고 상호 작용적으로 관리해 나가기가 어렵다. 뭔가 좋은 방법은 없는 것일까?

## 제3절 세분 시장 마케팅의 의미

제품 브랜드의 마케터가 불특정 다수의 고객과 직접 만나 지속적으로 상호 작용을 하는 장을 만들고 고객과 장기적으로 서로를 지원하고 아끼는 관계를 만들고자 할 때 가장 먼저 해야 할 일은 고객을 특정화, 즉 세분화segmentation하는 것이다. 여기서 다시 세분화의 의미를 생각해 보자.

오늘날과 같이 성숙된 시장에서는 대량 마케팅이 무력화되

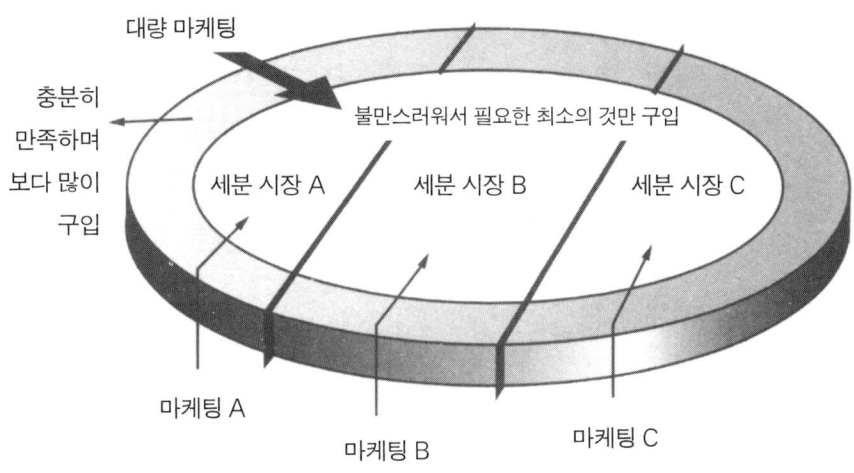

[표 26] 세분 시장 마케팅이 필요한 이유

고 있다고 앞에서 언급한 바 있다. 무력화의 원인은 물론 소비자·생활자의 생활 가치와 행동 혹은 수요가 다양화되고 있기 때문이다. 대량 마케팅에 의해 성장하고 성숙되는 시장이라는 것은 힘을 앞세운 마케팅에서 승리한 소수의 기업이 과점하는 상태를 가리키는 것이기도 하다. 그러므로 소비자·생활자 측의 여러 면모는 다양해지고 있는데도 소수의 독점 기업들은 변함없이 대량 마케팅을 행하는 시장에서는 소비자·생활자가 "불만스럽지만 대안이 없으니 필요한 것만 최소한도로 구매"하게 되는 것이고, 그에 따라 시장은 정체되고 마는 것이다. [표 26]에서처럼, 어느 시장의 수요가 세분 시장 A, B, C로 나뉘어 있다고 가정해 보자.

    기업이 시장 다양화에 대한 의식 없이 변함없이 대량 마케

제3장 고객 유지 마케팅

팅을 하는 경우가 안쪽의 파이인데, 여기서는 전 세분 시장의 소비자·생활자가 불만스러운 상태에 있다. 시장이 A, B, C라는 세 개의 세분 시장으로 나뉘어 있음을 인식하고 세분 시장 A를 대상으로 그에 적합한 마케팅(마케팅 A)을 하면, 이제 소비자·생활자는 만족스럽게 구매량을 확대하고 그에 따라 시장은 바깥의 파이까지 확대된다. 그러나 마케팅 A에 대해 세분 시장 B, C에 속하는 사람들의 불만은 오히려 커질 뿐이며, A에 적합한 마케팅에는 대부분이 반응을 보이지 않는다. 따라서 세분 시장 B에 대해서는 마케팅 B를, 세분 시장 C에서는 마케팅 C를 실행한다면 시장 전체의 파이가 바깥까지 확장된다.

문제는 이렇게 세분 시장 마케팅을 한 결과 획득한 시장에서 얻을 수 있는 바깥쪽 파이의 크기가 대량 마케팅을 했을 때 얻는 안쪽 파이에 비해 얼마나 더 커졌는가 하는 점이다. 세분 시장 마케팅에 드는 비용은, 세 배까지는 아닐지라도 아무튼 대량 마케팅 비용보다는 커진다. 그러므로 세분 시장 마케팅으로 인한 비용 증가를 충분히 상쇄할 정도로 파이가 커져야 한다. 따라서 각각의 세분 시장에서는 "시장을 깊게 파야"하며, 한 사람 한 사람 세분 시장 고객의 구매량을 높일 수 있는 마케팅이 필요하다. 즉, 세분 시장 마케팅을 한다는 것은, 기업이 세분 시장 안에 있는 고객을 특정화하고 그 고객에게 밀착하는 것을 말한다.

그러나 그렇다고 해서 모든 제품 영역에서 세분 시장 마케팅을 해야 한다는 것은 아니다. 제품의 영역이 본질적으로 소비자·생활자의 생활 기반을 형성하는 부분에 속하는 경우 또는 생활을 풍요롭게 만드는 부분에 속하도록 부가가치를 첨가하기 곤란한 경우에는 굳이 세분 시장 마케팅을 할 필요가 없을 것이다. 이 경우에는 기업이 오로지 품질 향상, 가격 인하, 편의성 향상, 제품의 사회적 책임 추구를 목표로 노력하면서 대량 마케팅을 하는 편이 좋지 않을까 싶다. 아무리 소비자·생활자의 라이프 스타일이 다르다고 해도 생활의 기본적인 부분에서는 그들의 가치와 행동이 공통적일 테니까 말이다. "대중은 없어졌다고 해도 대량 수요는 여전히 존재"한다.

## 제4절 고객 유지 전략의 작성 절차

고객 유지 마케팅에 관한 이러한 논의를 근거로 하여, 마지막으로 고객 유지 전략의 작성 절차를 제시해 보자. [표 27]은 제품 영역의 정의로 시작하는 고객 유지 전략의 작성 절차를 나타낸 것이다.

　고객 유지 전략의 작성은 먼저 자신들의 제품을 소비자·생활자의 어떤 생활 영역에 자리 잡도록 할 것인지를 검토하는 일에서 시작된다. 앞에서 서술한 것처럼, 이 단계에서 표의 ③에 속하는 것으로 판단되는 제품에 대해서는 무리하게 고비용인 세분 시장 마케팅을 할 필요가 없다. 오로지 "좋은 품질"의 제품을 만들기 위한 기술 혁신과 생산 혁신에 힘쓰고 소비자·생활자에게 양질의 제품을 계속 제공함으로써 "신뢰할 수 있는 브랜드"를 만들어 내도록 노력하면 된다. 예를 들어, 대규모 소매업체에서 발매하는 자체 브랜드는 항상 압도적인 품질 우위

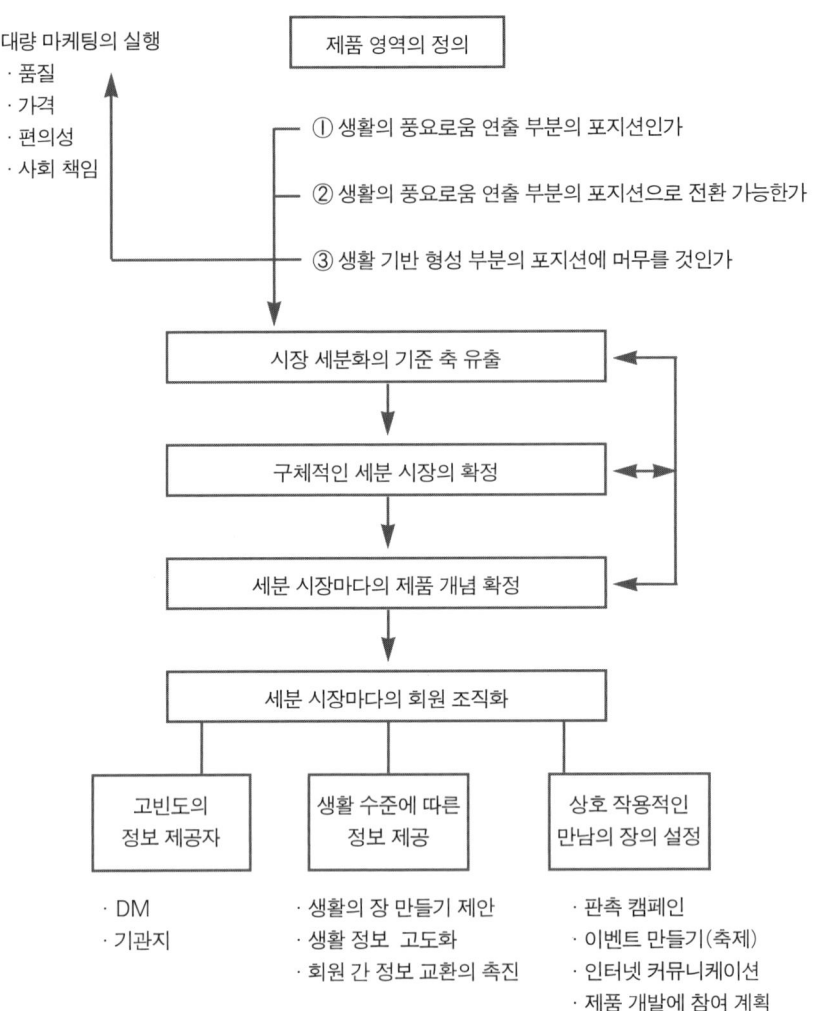

[표 27] 고객 유지 전략의 작성 절차

를 확보해야 하며, "신뢰"를 획득하는 것으로써 고객 유지를 실현해야 한다.

하지만 ①과 ②에 속하는 제품은 본격적이고도 적극적인 고객 유지 전략을 구축해야 한다. 그 전략의 전제는 세분 시장 마케팅이다. 여기서 세분화의 기준 축을 설정하고 구체적인 세분 시장을 확정하며 각 세분 시장별로 제품 개념을 확정하는 작업은 상호 의존적인 경우가 많으므로 순차적으로 결정하기보다는 이 세 단계 사이를 오가는 과정을 통해 결정하는 편이 더 현실적일 것이다. 물론 극단 후루사토 카라반처럼 창작 전前 단계에서 "농촌 사회" 혹은 "샐러리맨 사회"로 결정해 버릴 수도 있다.

위의 세 단계 가운데 가장 중요한 것은 각 세분 시장에 맞는 제품 개념을 확정하는 일이다. 극단 시키의 경우, 브로드웨이 뮤지컬이라는 제품 개념을 설정하자 회사에 다니는 20대 여성이라는 세분 시장이 자연스럽게 확정되어 버렸다. 다카라즈카 가극단은 처음에는 고바야시 이치조의 강력한 방침에 따라 "대중"과 "가족 동반"이라는 세분 시장을 명확히 내세웠지만, 그 뒤 제품이 진화하는 과정에서 어느 사이엔가 "부녀자"라는 세분 시장의 모습으로 굳어졌다고 할 수 있다. 어느 경우에나 제품 개념을 확정하는 일이 중요하며, 제품 개념을 명확히 하면 명확히 할수록 회원 조직을 만드는 것이 쉬워진다. 예를 들어, 다카라즈카는 "레뷰(쇼)," 극단 시키는 "브로드웨이 뮤지컬," 극단 후루사토 카라반은 일본산 "컨트리 뮤지컬, 샐러리맨 뮤지컬"이라는 강렬한 개념을 내세우고 있기 때문에 세분된 고객의 모습 또한 명확하게 되어 몇 만 명이라는 강력한 회원 조직을 가질 수 있게 된 것이다. 쇼치쿠와 도호가 뚜렷한 회원 조직을 가질 수 없는 것은 "가부키, 신파, 뮤지컬, 여우女優 연극, 가수歌手 연극 등 모든 것"이 존재하는 상태이기 때문에 "쇼치쿠"나 "도호" 특유의 명확한 개념을 내세울 수가 없어서라고 할 수 있다. 만일 쇼치쿠가 "가부키"라는 한 제품에 한정된 개념으로 자신들의 공연 장르를 명백히 한다면 고객 조직화도 가능할 것이다.

제품 개념이 분명하고 세분된 고객의 모습이 명확하여 회원 조직이 형성되면, 회원 조직의 멤버는 해당 제품의 핵심 고객이 되어 극단 시키의 시어터 어드바이저나 극단 후루사토 카라반의 후루카라 응원단이 하듯이 구전 활동을 활발히 벌이게 되며, 또한 제품을 화제의 중심으로 삼는 인적 네트워크를 만들고 확대해 나가게 된다. 그러므로 핵심 고객으로 구성된 회원 조직이 10만 명이라면 그들의 구전 활동과 인적 네트워크에 의해 그 몇 배의 고객이 무언無言의 응원단이 되거나 구매 의도가 강한 잠재 고객이 될 수 있는 것이다.

어떤 제품과 관련하여 회원 조직화가 실현되면 고객 유지를 위한 구체적 전략으로 다음 세 가지 일, 즉 빈도 높은 정보 제공, 생활 수준에 따른 정보 제공, 그리고 상호 작용적인 만남의 장 설정 및 상호 작용적 커뮤니케이션의 촉진 등을 하지 않으면 안 된다.

빈도 높은 정보 제공은 어떤 의미에서는 TV 광고 등을 통한, 이른바 상기 광고라고 하는 상투적인 전략 내용과도 유사하다. 그러나 상기 광고와 회원에 대한 빈도 높은 정보 제공의 차이점은, 전자가 선거 구호처럼 이미 알려진 제품의 존재를 수시로 상기시킴으로써 즉각적인 소비 동기를 유발하는 것을 목적으로 하고 있는 데 반해, 후자는 회원 한 사람 한 사람에게 개인적인 정보를 제공함으로써 기업이 "회원 한 사람 한 사람을 개인적으로 알고 있습니다" 또는 "언제나 당신과 연결되어 있습니다"라는 메시지를 던지는 것을 목적으로 하고 있다는 것이다. 그래서 "생활을 눈여겨보는 라이온"이 아니라 "당신의 생활을 눈여겨보는 ○○"라고 하는 것이다. 회원에 대한 빈도 높은 정보 제공은, 공연의 경우에는 각종 정기 간행물 발행, DM 발송, 인터넷 홈페이지, 배너 광고 등을 통해 이루어진다.

다음으로, 제공되는 정보의 내용은 언제나 실생활에 바탕을 둔 것이어야 한다. 제품 자체에 관한 인지적 정보를 제공하는 것으로는 불충분하다. 다이에가 발행하는 『오렌지 페이지』와 세이유가 발행하는 『레터스 클럽 lettuce club』이 좋은 반응을 얻는 이유는 정보의 내용이 제품 정보에 머물지 않기 때문이다. 생활에 기반을 둔 감각 가치와 관념 가치를 첨가할 수 있는 여지가 여기에 있다.

그러나 회원 조직화 전략에서 무엇보다 중요한 것은 상호 작용이 가능한 만남의 장을 마련하는 일이다. 소매점, 카탈로그, 회원을 위한 정기 간행물 등 모든 것이 기업과 고객을 위한 만남의 장이 될 수 있다. 문제는, 어떻게 하면 이 만남의 장에서 상호 작용이 일어나게 할 것인가, 기업과 고객 사이의 상호 작용, 고객과 고객 사이의 상호 작용을 촉진하는 장치를 어떻게 만들 것인가 하는 점이다.

앞에서 서술한 것처럼, 예를 들어 지금까지의 많은 간행물들은 회원을 위한 정기 간행물의 지면을 통해 독자가 기업에게 질문을 하고 기업이 그에 답하는 방식을 택해 왔다. 그러나 이러한 장치는 불만이나 항의를 처리하는 기능에서 크게 벗어나지 못하는 것이고, 커뮤니케이션도 기본적으로 일방향이다. 간행물을 받는 독자들 사이에서도 본질적인 문제는 변하지 않는다. 상호 작용이란 결국 커뮤니케이션이 쌍방향이며 설명이 아닌 대화가 이루어진다는 것을 의미한다. 그러므로 본래적 의미에서 회보 같은 매체를 상호 작용을 촉진하는 장치로 삼기는 어려운 것이다.

상호 작용적인 커뮤니케이션의 기본 전제는 커뮤니케이션의 주체들이 물리적으로 닫힌 시공간을 공유하는 것이다. 그러므로 기업과 고객, 고객과 고객이 물리적으로 만나 시공간을 공유할 수 있는 판촉 캠페인과 이벤트를 벌이거나 온라인상에서 시공간을 공유하는 인터넷을 활용한 홈페이지와 포럼 등을 개설하는 것이 바람직한 방법들이다. 즉, 회원을 상대로 하는 활동의 중심은 광고 활동보다는 판촉 활동과 홍보 활동이 된다. 그리고 극단 후루사토 카라반과 브로드웨이 뮤지컬의 제작 과정에서 볼 수 있듯이, 이러한 기업과 고객, 고객과 고객 사이의 상호 작용적인 활동은 기업의 신제품 개발 과정에 고객을 끌어들일 때 더욱 효과가 있을 것이다.

세분 시장 마케팅이라는 관점에서 제품별 회원 조직을 만들어 기업이 항상 관심을 가지고 있음을 회원들에게 상기시키고 시공간을 공유할 수 있는 만남의 장을 설정하여 상호 작용적인 대화적 커뮤니케이션을 촉진함으로써, 고객은 "마이 컴퍼니, 마이 브랜드"라는 의식을 계속 환기하고 기업은 "마이 커스터머"라는 의식을 가진다는, 말하자면 "상호 지원cross patronizing"의 상황을 만들게 되면 고객 유지 전략이 그 목적을 달성했다고 볼 수 있을 것이다.

피날레
# 새로운 마케팅 발상법

"마케팅은 정체되지 않는다." 지금까지의 논의를 통하여 독자가 그렇게 생각하게 되었다면 무척 기쁘겠다. 이 책은 기본적으로 마케팅의 새로운 비약을 추구하면서, 종래의 전통적 마케팅의 구조와 새롭게 등장한 관계 마케팅의 구조를 잇는 다리를 공연 소비라는 장場에 대입한 후 다양한 사례를 분석하면서 검토해 왔다. 이 책의 막을 내리기에 앞서, 이제부터의 마케팅에 필요하다고 생각되는 키워드와 발상을 추출하여 설명하고자 한다.

첫 번째 발상은, 마케팅 기업이 "생활자의 생활을 주시"해야 한다는 것이다. 극단 후루사토 카라반의 선언처럼, 기업은 "산과 강, 고층 빌딩과 철도 등에 둘러싸여 시대와 함께 인생을 살아가는 사람들의 숨결" 속으로 자신의 제품과 브랜드를 제시할 필요가 있다. 이것은 마케터가 항상 "생활자의 관점"에서 제

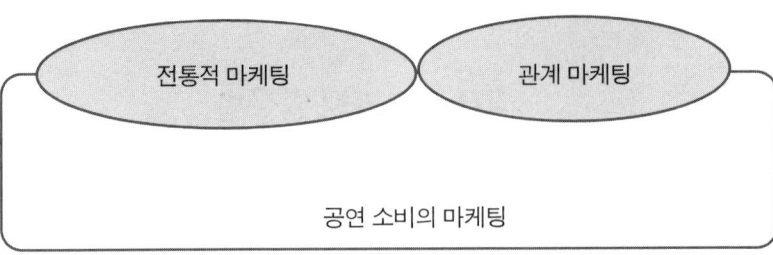

[표 28] 두 개의 마케팅을 잇는 다리

품을 생각하고, 소비 전과 후 모두를 소비의 과정으로 생각하는 총체주의의 제2, 제3의 차원을 소중히 해야 한다는 것과도 일맥상통하는 이야기이며, 동시에 생활자의 관점이 생활의 풍요로움을 연출하는 부분에 있음을 인식한다는 것을 뜻한다.

    오늘날 일본의 현명한 생활자들은 문명 생활과 관계된 부분에서는 철저하게 경제적 합리성과 효율성·편의성을 추구한다. 또한 제품이 생활을 풍요롭게 만드는 부분에 속한다고 할지라도 같은 브랜드에서 가격 차가 발생한다면, 비용·시간·노력의 균형을 고려해서 최적의 가치를 추구한다. 그에 따라 기업은 품질 향상과 비용 절감을 통해 언제나 지금보다 나은 성과를 얻으려 하게 된다.

    즉, 생활 실용품이라는 제품 영역에 대해서는 철저하게 품질과 가격 경쟁력을 추구해야 하며, 최적의 조건을 갖춘 곳에서 생산하고 판매한다는 원칙을 지켜야 할 것이다. 그리고 이 영역의 목적 변수는, 비록 반복되는 구매·소비의 과정으로 기대 수준이 상승한다 해도 최종적인 목적은 "고객 만족"이라는 사실이다. 그러므로 이 영역의 키워드는 경제적 교환 개념에 바탕을 둔 인지적 신뢰의 형성이며, 그러한 인지적 신뢰에 바탕을 둔 "브랜드 자산"의 형성이다. 그러나 생활자들의 관심이 물질문명의 향유에서 생활의 풍요로움으로 옮겨 가고 있는 이상, 비록 자사 제품이 생활 기반을 형성하는 부분에 속한다 할지라도 제품 영역에 따라서는 그 제품이 생활을 풍요롭게 하는 부분에도 속할 수 있도록 부가가치를 제공하는 노력을 기울이지 않으면 안 된다.

두 번째 발상은, 생활의 풍요로움을 연출하는 부분에서는 그 목적 변수를 "고객 만족"이 아닌 "고객 환희gratification"에 놓아야 한다는 것이다. 고객 만족은 인지적 신뢰와 떼어 놓을 수 없는 개념인데, 생활의 풍요로움을 연출하는 부분에 초점을 맞추는 현대인들은 인지적 신뢰의 기초가 되는 만족만으로 만족하지 못하며, 환희와 감동을 통해 생활의 기쁨을 얻으려 한다. 그러므로 감각 가치와 관념 가치를 중심으로 하는 제품을 제공하여, "만족"을 넘어 "환희"를 획득하도록 하는 것이 필요하다. 바로 거기에서 생활자가 인생에서 느끼는 감동과 정열이 나오고, 그에 따라 "질이 좋다, 질이 나쁘다"는 세계가 아니라 "내가 좋아한다, 내가 싫어한다"는 세계가 만들어지는 것이다. "아사히 슈퍼 드라이" 맥주가 달성한 오늘날의 약진[17]을 인지적 차원에서는 설명하기 어렵다. 그 사례에서 우리는 새로운 차원을 도입한 맥주에 대해 생활자들이 얻는 환희와 그 뒤를 떠받치는 힘을 느낄 수 있기 때문이다.

피날레: 새로운 마케팅 발상법

세 번째로, 마케팅에 관한 한 이제는 세분 시장 마케팅이 주류가 되었으며, 적어도 생활의 풍요로움을 연출하는 부분에서는 전국 방방곡곡을 균일화시켜 버린 대량 마케팅은 말 그대로 사어死語가 되어 가고 있다. 그야말로 한 사람 한 사람의 뮤지료힝無印良品[18]인 것이다. 그러므로 종래와 같은 시장 세분화 전략이 아니라 이미 세분화된 시장에서 기업과 고객의 관계를 "한 사람 한 사람을 상대하는 마케팅"으로 만드는 것, 그것이 이 책에서 제안하는 세분 시장 마케팅이다. 그것은 한 사람 한 사람의 고객과 기업 사이의 직접적이고도 상호 작용적인 커뮤니케이션을 전제로 한다. 단, 여기서 이야기하는 "한 사람 한 사람"을 대상으로 하는 마케팅은 원투원one to one 마케팅이나 맞춤tailored 마케팅이 말하는 '개별 대응 마케팅'이 아니다. 그것은 기업이 고객 한 사람 한 사람과 대화할 수 있는 커뮤니케이션의 마케팅을 가리킨다.

네 번째로 말하고 싶은 것은 고객과 생활자가 참가하는 마케팅이다. 일반적으로 기술자가 주도하는 신제품 개발을 '씨앗형 개발'이라고 부른다. 기술자도 원래 노벨상을 받으려는 생각보다는 생활자의 삶을 풍요롭게 하는 데 공헌하고 싶다는 생각을 가지고 있을 것이다. 그렇기 때문에 자신의 기술을 살려 신제품을 개발하는 단계에서 자기도 모르는 사이에 생활자를 개발에 끌어들이게 되는 것이다. 자신들이 기술자임과 동시에 생활자임을 인식하기 때문일 수도 있고, 가족, 지인과 대화를 나누면서 그렇게 되는 것일 수도 있다. 어느 쪽이든 간에 실생활의 관점을 가진 사람의 말에 귀를 기울일 수 있는 기술자라면 그가 개발하는 신제품은 '씨앗 지향'이면서 동시에 고객 참여형이 될 수 있을 것이다.

오늘날의 소비자는 사람들과 교류하기를 원한다. 인적 네트워크를 만들고 싶어 하며, 감동을 받으면 다른 이들과 공유하고 싶어 한다. 이 사실은 극단 기자, 다카라즈카 가극단, 극단 시키, 극단 후루사토 카라반의 예를 보면 확실해진다. 사람들은 넘쳐 나는 물질 속에서 어떻게 사는 것이 자신의 길을 가는 것인가에 대해 진지하게 고민하고 있으며, 다양한 국면에서 인적 네트워크를 만들고자 심혈을 기울이고 있다. 그리고 기업은 생활자들의 이러한 의식에 대해 제품 브랜드를 넘어서는 형태로 대응하지 않으면 안 된다.

중요한 것은, 공연 소비에서 배우는 마케팅은 머릿속에 다음과 같은 키워드를 입력시켜 두지 않으면 안 된다는 사실이다. 마케팅 발상의 원점은 세 가지 차원에서의 총체주의이다. 즉, 소비 행위는 정보 처리 접근 관점에서 말하는 것 같은 인지적 과정이 아니라 지극히 정서적이고 게슈탈트적이다, 기업 활동이 생활과 사회에 바탕을 두지 않으면 생활자들은 만족하지 않는다, 그리고 구매와 소비에만 주목할 것이 아니라 "생활을 지켜본다"는 관점에서 구매 전, 구매와 소비의 과정, 구매와 소비 후의 과정 모두에 관심을 집중해야 한다는 뜻이다.

다시 말하지만, 오늘날 일본의 소비 시장에서 강력한 존재감을 과시하는 브랜드로는 코카콜라를 비롯해서 어택, 탑, 쿳크듀[19] 등을 들 수 있는데, 그 대부분이 첫 출시 이후 20년이 넘은 상품의 브랜드라는 점을 상기해 보도록 하자. 거꾸로, 5년 혹은

피날레: 새로운 마케팅 발상법

10년 전에 발매되어 지금도 강한 존재감을 과시하는 브랜드는 얼마나 있는가? 오랜 세월에 걸쳐 자리를 지키는 브랜드는 결국 품질 향상과 비용 절감을 위하여 끊임없이 노력해 온 브랜드이다. 또한 제품 개념이 명확한데다가 기업 측에서도 장기적인 투자 의욕을 가지고 지원했기 때문에 많은 생활자들에게서 사랑을 받으며 친근해진 브랜드들인 것이다.

이 책의 막을 내리면서 마지막으로 말하고 싶은 것은 오늘날의 시장 상황에서는 세 가지 차원에서의 총체주의, 한 사람 한 사람을 대상으로 하는 세분 시장 마케팅, 장수 브랜드 육성을 위한 투자 발상, 긴밀한 관계를 구축하기 위한 상호 작용적이고 쌍방향적인 대화적 커뮤니케이션 촉진 장치가 가장 중요하다는 것이다. 생활자로부터 뜨거운 반응을 얻기 위해서는 기업과 브랜드 개발자 또한 뜨거운 열정을 갖지 않으면 안 된다. "뜨거운 열정을 주고받는 것," 이것이 공연 소비의 현장에서 얻은 실감이며, 이 실감을 마케팅 현장에서 되살리기만 한다면 "마케팅은 정체되지 않을 것"이다.

## 옮긴이 주

### 제1막 마케팅이 공연 소비에 관심을 갖는 이유는 무엇인가?

1. 매니지리얼 마케팅managerial marketing이란 개별 회사의 입장에서 미시적인 마케팅 활동을 중점적으로 다루는 방법을 가리킨다. 마케팅 관리를 회사의 입장에서 효율적으로 운영하고 시장의 수요를 조정하는 데에 초점을 맞추는 것, 다시 말해 기업 전사적 관점에서 장기적 기업 이윤을 추구하는 데 필요한 계획, 조직, 집행, 조정 등 경영자 활동을 중심으로 하는 마케팅이다. 따라서 제품, 가격, 유통 경로, 판매 촉진, 광고, 인적 판매, 조직 등 마케팅의 제반 요소를 통일적이고도 합리적으로 배합하여 최적 결합을 결정하려는 마케팅 믹스 이론이라고 할 수 있으며, 일반적으로 이야기하는 마케팅이란 바로 이 매니지리얼 마케팅을 말한다. 이 책에서는 '관계'를 중심으로 새롭게 등장한 관계 마케팅과 대비하여 이 매니지리얼 마케팅을 전통적 마케팅으로 해석하기 때문에, 이후 저자가 사용한 매니지리얼 마케팅은 전통적 마케팅으로 의역하기로 하겠다.

2. "기술 혁신이란 창조적 파괴를 통해 일어나는 것이며 이런 기술 혁신이야말로 기업가 정신의 원동력이다." 경제학자인 슘페터는 자본주의에 역동성을 불어넣는 가장 큰 요인으로 창조적 혁신을 주창한 바 있다.

3. 노能는 8세기 무렵 일본에 전해진 중국의 산악散樂이 사루가쿠猿樂로 불리었던 것에 그 뿌리를 두고 있다. 사루가쿠는 도시나 신사, 절의 제례에서 여흥 등으로 사용되면서 높은 인기를 얻었다. 13세기쯤에는 여기에 연극적인 요소가 가미되었고, 14세기의 남북조 무렵에는 사루가쿠노猿樂能라 불리게 되었으며, 이것에 간아미觀阿彌, 제아미世阿彌 부자의 노력이 더해지면서 오늘날 전해지는 것과 같은 예술적인 형태의 노가 완성되었다. 노 그리고 교겐狂言은 일본에서 완성된 공연 중에서 가장 오래된 것으로 평가된다. 배우들이 각종 가면을 쓰고 호화스런 의상을 걸치고 등장해 요코쿠謠曲(배경 음악)에 맞추어서 상연하며, '시테'라고 하는 주연과 '와키'라고 하는 상대역, 그리고 조연격인 '쓰레' 등 3-4명이 나오는 것이 일반적이다. 교겐은 노와 같은 무대에서 공연되는 예능으로서, 노와 더불어 성장했다. 노가 장중하고 우아한 가무극으로서 주인공이 전설 속의 인물인데 반해, 교겐은 대화와 동작으로 되어 있고 현대적·사실적이며 풍자 해학이 풍부한 구어 희극이다.

4. 가부키의 창시자는 이즈모노 오쿠니出舞阿國라는 여성으로서, 1603년 봄 오쿠니 일행이 교토에서 흥행할 때 대중에게 인기를 끌었던 관능적인 춤이 가부키의 뿌리라고 전해지고 있다. 당시에는 이상한 행동을 하는 사람을 일컬어 "가부키 모노"라고 했으며, 그러한 춤을 가부키 모노가 요정에서 즐기는 모습을 묘사한 데서 "가부키 오도리"라고 부르게 되었다. 이 "가부키 오도리"가 점차 윤락가로 파급되면서 유녀遊女들이 춤추는 "여女가부키"로 변해 전국으로 퍼져 나갔다고 하

는데, 풍기 문란이라는 이유를 들어 1629년에 금지령이 내려졌다. 그 후 미소년[에도 시대에 혼례를 올리기 전의 남자들을 가리키던 말로서 앞머리가 있는 상태]들로 구성된 "와카슈 가부키"가 인기를 모았으나 남색의 폐해가 잇따르자 이 또한 금지되었다. 그리하여 앞머리를 밀어버린 성인 남자라면 그리 큰 문제가 발생하지 않을 것이라는 생각에서 생겨난 것이 "야로野郞 가부키"인데, 이것이 오늘날의 가부키의 시조라고 볼 수 있다. 즉, 남자 역할은 물론이고 젊고 아름다운 여자 역할까지도 모두 성인 남자가 새하얀 분을 두텁게 바른 채 연기하는 것으로, 현재에도 모든 역할이 남자들만으로 이루어져 있다. 가부키의 내용은 "세와모노世話物"라는 현대극, "지다이모노時代物"라고 불리는 시대극, "쇼사고토所作事"라는 이름의 무용극, 이렇게 크게 세 가지로 분류된다. 세와모노는 에도 시대의 서민의 생활이나 사건들을 소재로 한 것이며, 지다이모노는 역사적으로 널리 알려진 영웅호걸을 주인공으로 한 것이다.

5. 1868년에서 1912년 사이의 일본 연호.

6. 신파극은 일본에서 처음 생겨난 근대적 형태의 연극이다. 가부키를 구파舊派로 정의했을 때 그에 대비된다는 의미에서 신파新派라는 용어가 생겨났지만, 역설적이게도 가부키의 영향을 많이 받은 것이 특징이다. 신파의 내용은 가부키와 서양의 멜로드라마를 조화시킨 것이라 볼 수 있다. 또한 가부키가 양식화樣式化되는 과정에서 17세기 스페인 바로크극의 영향을 받았다고 본다면, 신파극은 거의 서양 연극의 영향권 내에서 형성된 것이라 할 수도 있다. 그러나 기본적인 구조만 서양식이었을 뿐 신파극이 담고 있는 내용물은 완전한 일본의 정서였다. 오야마女形[여성 역할을 맡는 남성]와 여배우가 공존한다는 것이 특색이다.

7. 신국극이란 신파와 원류를 같이하지만 주로 시대물을 상연하

는 대중 연극을 가리킨다.

8. 가부키도 신파도 아닌 새로운 형태의 근대극近代劇으로서, 서양 근대극의 영향을 받아 성립되었다. 신극 단체 분게이쿄카이文芸協會와 지유게키죠自由劇場의 활동에서 시작되어 극단 게이쥬츠자芸術座, 츠키지築地 소극장을 거쳐 전후에 이르렀다.

9. 예술의 사회학적 접근 관점의 하나로서, 소비와 수용이 없는 생산은 의미가 없기 때문에 수용의 문제를 다루는 청중의 연구가 중요시되며, 또한 관객의 소비가 예술 생산을 완성한다는 입장이다.

10. 요시모토 흥업은 1912년 4월 1일 요시모토 기치베이吉本吉兵衛, 세이 부부에 의해 창업되었다. 당시 만담, 야담 등 멸시받고 있던 엔터테인먼트 분야를 사업으로 벌여, 1914년에는 만담 등을 연행하는 대중 연예 흥행장의 체인화를 시작했다. 그 후 요시모토의 확장은 계속되었고, 연예와 신희극, 영화 분야에서는 쇼치쿠 그리고 도호와 업계 전쟁을 전개하기도 했다. 연예인과의 전속 계약과 월급제를 도입한 것은 요시모토 흥업이 최초라고 이야기된다. "대중과 함께"라는 캐치프레이즈를 내걸고 오사카에서 시작한 이 회사는 스타를 스카우트하는 체제가 아니라 처음부터 신인을 발굴하여 훈련시켜 스타를 만들어 가는 시스템이었으며, 처음에는 오사카에서 출발했으나 그 후 주식 상장을 했고 도시바東芝나 시티뱅크와의 업무 제휴를 통해 우량 기업으로 발전해 왔다.

11. 연예 흥행 회사로서는 일본 최초로 기업 상장을 한 회사.

12. 무로마치室町 시대 초기의 노能 배우이자 요코쿠謠曲 작가. 연기, 창작, 평론에 두루 뛰어났다.

13. 다카라즈카 가극단은 하나조花組, 츠키조月組, 유키조雪組, 호시조星組, 소라조宙組의 5개 조로 나뉘어 조별로 공연을 한다. 각 조는 70-80명으로 구성되어 있다.

14. 일본 옷에서 겉에 입는 아래옷. 본래는 남자 옷이었으나 개화기에 여학생의 교복으로 채용되면서 여성의 옷이라는 개념이 강해졌다.

15. 여러 날 지속되는 공연 중에서 마지막 날 공연을 의미한다.

16. 음악학교를 졸업하고 무대에 서고 나서도 가극단에 소속되어 있는 한, 연기자는 '세이토(학생),' 스태프는 '선생,' 연습장은 '교실' 이라고 불린다. '학생'이라는 자격 조건으로 공연에 참여하기 때문에 스타라 하여도 고액의 출연료를 지불할 필요가 없어 인건비 절약이라는 면에서 효과가 있는데, 세이토는 다카라즈카 무대에 서는 것만으로도 명예롭게 여기기 때문에 이러한 조건이 성립될 수 있다.

17. 사쿠라櫻. 일본의 국화國花이다.

18. 일본 전국 고교 야구 대회가 열리는 야구장. 오사카에 있으며, 일본의 고교 야구 선수들에게는 고시엥 구장에서 시합하는 것이 가장 큰 꿈이다. 시합은 일 년에 두 번, 봄과 여름에 열리는데, 봄은 마이니치每日 신문, 여름은 아사히朝日 신문이 주최한다.

19. 스모 대회는 스모협회의 주관으로 홀수 달에만 15일씩, 매년 6회 개최된다(동경[1월, 5월, 9월]에서 3회, 오사카, 나고야, 후쿠오카[각각 3월, 7월, 11월]에서 각 1회). 마쿠우치幕內와 쥬료十兩의 고위 선수들은 15일 동안 하루 1차례의 경기를 갖고, 하위 선수들인 마쿠시타幕下와 산단메三段目, 죠니단序二段, 죠노구치序の口 등은 7일간 하루 1차례씩 경기를 한다. 한국의 씨름과 달리 스모는 체중·체급별로 겨루는 것이 아니며, 기술과 힘을 유효하게 구사함으로써 승률을 높이고 그 높은 승률을 꾸준히 유지해서 순위를 차차 올리는 체계로 되어 있다. 순위에 대한 호칭은 무척 복잡하다. 최고위로 요코즈나橫綱, 그 아래로 오제키大關, 세키와케關脇, 고무스비小結, 마에가시라前頭가 있는데, 여기까지를 '마쿠우치'라고 한다. 마쿠우치는 대전표의 맨 앞에 이름이 오르게 된다. 중간 정도의 등급으로 쥬료를 치고, 그보다 더 낮은 등급으로는 마

옮긴이 주

쿠시타, 산단메, 죠니단, 죠노쿠치[최하위 등급]가 있다.

20. 일본 작가. 1923년 도쿄 출생으로 1948년 게이오 대학 불문과를 졸업하고 1950년 전후 최초의 가톨릭 유학생으로서 프랑스 리옹 대학에서 유학했지만, 1953년 폐결핵으로 귀국했다. 1955년『흰 사람』으로 아쿠타가와상 수상, 1958년『바다와 독약』으로 신쵸샤新潮社 문학상 및 마이니치每日 출판 문화상, 1966년『침묵』으로 다니자키 주이치로谷崎潤一郎상, 1980년『시』로 노마 문예상, 1994년『깊은 시내』로 마이니치 예술상을 수상했다. 작품의 특징적 경향은 기독교 정신과 동양적 성찰의 융화이며, 고리안狐狸庵이라는 아호를 사용하는 유머humor 작가이기도 했다. 1996년 9월 25일 73세의 나이로 별세했다.

21. 전문 배우가 아닌 문인, 연극 평론가, 화가 등이 연기하는 아마추어 연극. 1905년 당시 도쿄의 각 신문사에 적을 두고 있던 연극 평론가들에 의해 조직된 '와카바카이若葉會'가 가부키자에서 했던 분시게키가 최초라고 한다.

22. 동화 작가, 뮤지컬 각본 작가. 도쿄 출생이다.『술래가 된 라이온』,『낙제 천사 펜키이』,『물웅덩이의 왕자』,『붉은 머플러와 강아지』 등을 집필했으며, 대부분이 뮤지컬로서 상연되고 있다.

23. 항공 우주 공학도, 로켓 박사. 열렬한 음악 애호가로서 로켓 옆에서 바이올린을 만들기도 했으며, 현악기의 명기로 일컬어지는 스트라디바리우스의 소리를 공학적·물리학적으로 재현할 방법을 연구했다고 전해진다.

24. 일본을 대표하는 소프라노 가수. 국제적인 오페라 가수이다. 1963년 이탈리아의 레조 에밀리아 시립 극장에서 마스카니 작〈친구 프리츠〉로 데뷔했으며, 베를린, 드레스덴, 메트로폴리탄 등 해외의 저명한 오페라단에서 활동을 계속하면서 세계적 프리마돈나로서 알려지게 되었다. 특히〈나비부인〉으로 20여 개국에서 500회 이상 출연했

고 동양인 특유의 섬세한 표현력과 가창력으로 높은 평가를 받았다.

25. 마츠야마松山 발레단 소속 발레리노, 안무가, 연출가.

26. 가부키 배우. 1944년 출생이며, 영화〈기헤이鬼平〉로 부동의 자리를 굳혔다.

27. 작가. 1954년 야마나시현 출생으로 1982년 에세이『룬룬을 사서 집으로 돌아가자』가 일약 베스트셀러가 되면서 주목을 받았고, 1985년에는 나오키直木 상을 수상했다. 주로 여성의 생활 태도를 그린 작품을 중심으로 소설과 에세이를 발표했고, 1996년『불쾌한 과실』이 화제가 되어 영화화, TV 드라마화 되었다.

28. 배우. 1952년 도쿄 출생이며, 아역 배우로 시작하여 영화, TV 드라마, 무대에서 대활약했고, 앨범을 발표하면서 히트곡도 다수 만들어 내었다.

29. 배우. 1957년 가나가와현 출신으로,〈서문의 춤〉(도에이東映 사 제작, 배급)에서 최초로 주연을 맡은 이래〈외국인들의 여름〉,〈요시와라吉原〉,〈불타오름〉등으로 명실 공히 최고의 여자 배우 자리에 올랐다.

30. 발레리나. 1974년 제12회 바르나Varna 국제 콩쿠르 금상을 수상하고, 1985년 일본 예술원상, 같은 해 로렌스 올리비에 상 등 수많은 수상 경력을 자랑한다. 1984년의 메트로폴리탄 오페라 하우스 100주년 기념 갈라 콘서트에 게스트로 출연했고, 1981년에는 일본인으로서는 최초로 파리 오페라 하우스에 출연하는 등 해외에서 폭넓게 활약하는 프리마돈나이다.

31 무용가. 1940년 출생으로, 1959년 일본 TV 쇼 프로그램 무대에 출연했고, 일본인 연출가 이바라 다카타다井原高忠가 결성한 '스튜디오 No.1 댄서즈'의 일원으로서〈비눗방울 휴일〉등 많은 쇼 프로그램에서 활약했다. 1970년 '나쿠라 카요코 재즈 댄스 스튜디오'를 설립하여 후진을 지도하며 안무가로 활동하고 있다.

옮긴이 주

32. 무대 미술가. 1930년 고베시 태생이다. 그래픽 디자이너를 거쳐 1954년 무대 미술가로서 데뷔했으며, 연극, 오페라, 뮤지컬 등 폭넓은 분야에서 활약했다. 기노쿠니야紀伊國屋 연극상, 산토리 음악상 등을 수상하였고, 수필가로도 알려져 있다. 최초의 소설『소년 H』로 마이니치 출판 문화상 특별상을 수상했다.

33. 엔도 슈사쿠의 아호이다.

34. 도쿄의 옛날 명칭. 도쿠가와德川가 일본을 통치하던 막부 시대(1603-1867)를 에도 시대라 하며, 사회적으로는 봉건 시대로 분류된다.

35. 1개월 흥행 단위는 일본식 흥행의 큰 특징 중 하나로서, 그 기간은 상업적인 대중 연극의 관객층이 중년 여성 단체 관객에 치우쳐 있는 현실과 깊은 관계가 있다. 단체 관객 중심의 영업을 하기 때문에 여성 관객이 많고, 대부분 매월 같은 손님 층이 찾아오기 때문에 매월 상연 목록을 바꾸고 여성 관객이 선호하는 연기자가 연기하게 되는 것이다.

36. 연예 프로그램이나 스모의 프로그램을 모방하여, 인명 등을 차례로 적은 일람표番付에 오른 배우의 순위에 따라 첫 번째를 이치마이메一枚目, 두 번째를 니마이메二枚目, 세 번째를 산마이메三枚目 등으로 불렀다.

37. 쉽게 말해 "○○라는 배우가 지금부터 ○대째 ○○라는 예명을 쓰게 되었습니다. 여러분, 잘 부탁드립니다"라는 흥행 공연이다. 어떤 예명을 쓸 것인가 하는 것은 기량의 훌륭함, 인기, 관객 동원력 등을 종합적으로 판단하여 선정한 뒤 쇼치쿠의 회장, 사장, 중역들이 예명의 선대 유족과 후원자, 다른 가부키 배우들과 합의하여 결정하게 된다.

38. 다른 지역에 흩어져 사는 같은 현 출신 사람들의 모임. 한국으로 치면 '향우회'와 비슷한 성격의 모임이다.

39. 영국 런던 서쪽의 극장 밀집 지역. 런던극장협회에 속해 있는 50여 개의 극장을 통칭하는 말이기도 하다. 뉴욕의 브로드웨이와 함께 세계 뮤지컬의 양대 산맥으로 손꼽힌다.

40. La Harpe. 악기 이름인 하프를 뜻하는 프랑스어이다. 극단 시키의 심볼 마크이며, 극단 시키의 회보 이름이기도 하다. 회원이 되면 매년 초에 한 부씩 우송되며, 극장에서 구입할 수도 있다. 내용은 신작 공연 안내, 공연 중인 작품의 최신 정보, 배우의 에피소드, 무대 뒤 이야기, 연출가 수기 등으로 이루어져 있다. 컬러 36쪽 정도의 분량이다.

41. 에도 시대에 시작되어 약 300년간 전승되어 내려오고 있는 인형극. 인형을 '조루리'라는 노래 형식에 맞추어 조작하는데, 인형의 섬세한 동작과 짜임새 있는 줄거리를 볼거리로 한다. 무대에는 인형, 인형의 조종자, 인형의 대사와 극의 내용을 노래로 전개하는 다유, 샤미센[악기 이름]으로 다유의 노래 반주와 배경 음악을 연주하는 샤미센 히키들이 올라가며, 역할을 분담하여 연기에 참여한다. 극도로 정교하게 움직일 수 있도록 손발과 몸체 그리고 머리에 여러 가지 장치를 하여 만들어진 인형은 여러 가지 다양한 표현을 해낸다. 인형 조종자들은 검은 옷을 입고 헝겊으로 얼굴을 가린 채 인형을 조종한다.

42. 하이테크는 기계가 움직이는 것을 뜻하고, 로우테크는 인간이 움직이는 것을 뜻한다. 주석 41번에서 이야기한 분락쿠는 인형 조종자가 인형을 무대 밖에서 끈이나 철사로 조종하는 것이 아니라, 검은 옷을 입고 검은 헝겊으로 얼굴을 가린 채 무대 위에 올라와 직접 인형을 조종하면서 인형과 함께 연기에 참여한다. 줄리 테이무어는 분락쿠의 영향을 받았기 때문에 <라이온 킹>에서도 동물 인형을 다루는 사람들을 단순히 인형을 다루는 사람으로만 두지 않고 연극에 참여하는 입장에 서도록 했다는 뜻으로 해석할 수 있다.

43. 후루사토 카라반이 발행하는, 공연장 내 가설 매점에서 사용

옮긴이 주

할 수 있는 식권 기능을 하는 돈. 후루카라는 후루사토 카라반의 축약어로서 응원단의 이름이기도 하다.

44. 프랑스 극문학 사조 중 하나인 부조리극의 작가들.

45. 회귀 분석이란 두 변수 간의 관계식을 구체적으로 도출해 내는 통계적 분석 방법의 하나이다. 독립 변수가 한 개인 경우를 단순 회귀 분석, 두 개 이상인 경우를 중 회귀 분석이라고 한다.

46. 마케팅 믹스marketing mix란, 기업이 표적 시장에서 마케팅 목표를 달성하기 위하여 구사하는 통제 가능한 변수들의 조합이다. 통제 가능한 마케팅 변수들로는 제품, 가격, 판매 촉진, 유통 경로 등을 들 수 있다.

47. "사치는 적이다"와 함께, 제2차 세계대전 중에 소비를 억제하기 위해 내걸었던 국가적 슬로건.

48. 고대사의 "세 가지 신기"에 빗댄 표현이다. 원래는 일본 신화에서 천손天孫인 니니기노 미코토瓊瓊杵尊가 하늘에서 갖고 내려왔다고 전해지는 세 가지 보물, 즉 현재까지도 왕위의 상징으로 여겨지면서 천황이 승계하는 거울, 곡옥, 검을 가리킨다. 여기서는 그만큼 귀중한 세 가지 물건이라는 뜻으로 쓰인 말이다.

49. 당시 히로이토 천황의 아들 아키히토明仁 황태자(지금의 천왕)가 오사카 실업가의 딸과 결혼한 사건을 가리킨다. 과거의 관례로 보면 황태자가 일반 평민의 딸과 결혼하는 일은 전무후무하게 파격적인 일이었다.

50. 겐로쿠元祿는 1688-1704년의 일본 연호로서, 정치, 경제, 문화 등의 번영 시대로 일컬어진다. 쇼와 겐로쿠는 전후 쇼와 시대(1926-1989) 때 경기가 되살아났던 시기를 겐로쿠에 비유한 말이다.

51. 전통적 마케팅의 기본적인 입장은 "고객에게는 잠재 수요가 있다"이다.

52. 다이에大榮는 일본 최대의 슈퍼마켓으로서 전국에 300여 개 점포를 갖추고 있으며 연매출이 2조 3천억 엔에 달하는 거대 기업이다. 이 회사의 출발지는 오사카로서, 1957년 "주부의 상점"이라는 간판을 내걸고 대량의 물건을 싸게 팔아 큰 인기를 얻으면서 성공할 수 있었는데, 이것은 오사카 사람들이 특히 가격이 싼 물건에 큰 매력을 느꼈기 때문이다. '세이빙saving'은 슈퍼마켓 다이에[판매업재]가 자체 개발한 상표의 세제 이름이다.

53. 야마토 운송이 개발하여 히트시킨, 검은 고양이를 상표로 하는 택배 서비스. 골프, 스키, 항공 이용객의 짐을 정해진 시간과 장소에 배달하는 지정 서비스이다.

54. 제조업자가 소유하는 브랜드. 이에 대하여 판매업자가 소유하는 상표를 자체 브랜드private brand라고 부른다.

55. 신주를 발행하여 자금을 조달하는 것.

56. 시장의 힘으로 상대를 지배하고 조종하는 방법.

57. 풀 전략pull strategy. 최종 소비자들을 상대로 적극적인 촉진 활동을 벌여 이들로 하여금 자사 제품을 찾게 만듦으로써 중간 상인들로 하여금 자발적으로 자사 제품을 취급하게 하는 전략을 가리킨다.

58. 푸시 전략push strategy. 특별한 제품을 구매하도록 하거나 촉진시킬 목적에서 벌이는, 도소매 유통 채널을 자극하기 위한 커뮤니케이션 같은 촉진 활동을 말한다.

59. 몸통과 소매의 색깔이 다르고 가슴이나 등에 로고가 달린 점퍼. 야구 선수들이 워밍업을 할 때 입던 것이 일반인에게도 유행하게 되었다.

60. 광고 덴츠상은 덴츠 사가 수여하는 광고상의 이름으로서, 덴츠 사는 한국의 제일기획과 비슷한 대규모 광고 회사이다.

61. 〈Let's 靑春 에스테 학원〉이라는 타이틀 광고. 마츠시타 전자의

옮긴이 주

에스테 상품을 소개하고 '에스테 무엇이든 교실' 등을 소개하는 시리즈이다.

62. 커미트먼트commitment. 사회 교환 이론과 조직 행동론에 나오는 개념이다. 개인의 조직에 대한 태도를 중심으로 이루어지는 심리 상태와 행동까지 포함된 개념으로서, 조직 구성원이 조직 속에서 장기적으로 특정 목표와 가치를 계속적으로 충족시키면서 조직의 목표와의 일체감을 형성해 가는 과정과 기대의 표시를 뜻한다. 커미트먼트라는 개념은 여러 가지 뜻으로 풀이될 수 있으나, 이 책에서는 '몰입'이라는 의미로 해석하고자 한다.

63. holism의 사전적 의미는 전체주의에 더 가깝다고 생각할 수 있지만, 내용에서 제시되는 세 가지 차원을 통합적으로 파악한다는 의미에서, 이 책에서는 holism을 총체주의로 번역한다.

64. (심리) 형태, 경험의 통일적 전체.

65. '생활자'라는 것은 기본적인 욕구needs를 충족시킨 다음의 소비자, 성숙한 시대의 소비자를 말하는 개념이다. 마케팅의 기본 개념은 '소비자' 지향적이기 때문에 소비자의 소비 생활에 마케팅의 초점을 맞추어 왔고, 생산업자들은 자기들의 상품과 서비스를 대량으로 '소비하는 기구機構'로서 고객을 파악하는 경향이 있었다. 그러나 고도의 경제 성장에 따른 소비자 생활수준의 향상과 가치관의 변화 그리고 공해 문제의식 표면화 등의 여러 현상에 따라 소비자는 소비 생활 이외의 측면까지를 포함하는, '생활자'로서의 의식을 갖게 되었다. 이러한 방향 전환에 따라 종래 마케팅 활동의 초점으로 여겨져 온 '소비자' 상 역시 '생활자' 상으로 전환되었다. 즉, 생활 조건의 전환에 따라 소비자의 의식과 행동, 생활 목표가 바뀌게 되었고, 그에 따라 개개인의 가치관에 따라 설계된 생활 계획을 실천해 가는 '생활자'의 모습이 탄생한 것이다.

### 제2막 공연 소비의 마케팅

1. 1960년에 다카라즈카 패밀리랜드로 개칭했다.
2. 일본의 박람회는 19세기 중반에 서구의 만국 박람회에서 자극을 받아 시작되었다. 일본에서 최초로 개최된 박람회는 메이지 4년(1871)에 열린 교토 박람회이다. 메이지 유신의 천도로 인해 침체되었던 교토의 분위기를 회복하려는 계획에서 기획된 행사였다. 다음해에는 문부성 박물국博物局이 도쿄 간타에서 박람회를 개최했다. 이것을 계기로 마침내 전국 각지에서는 박람회 붐이 일어났다. 박람회의 형식이 정리된 것은 1877년에 제1회 내국 권업 박람회內國勸業博覽會가 열리면서부터이다. 내국 권업 박람회는 도쿄 우에노 공원에서 개최된 것을 시작으로 하여, 1903년 오사카에서 제5회가 열렸다. 박람회장 내에는 진귀한 이벤트와 레저 시설이 많이 있었는데, 모터쇼, 세계일주관, 곡마, 학술 인체관 등이 특히 인기를 모았다.
3. 에도 시대의 유곽이나 역참에 있던 창녀.
4. 오늘은 미츠코시 백화점에서 쇼핑을 하고 내일은 데이코쿠 극장에 관람을 간다는 뜻으로서, 당시 상류층의 생활 모습을 가리키는 말이다.
5. 교토와 오사카를 중심으로 하는 지방.
6. 또는 review. 춤, 노래 등으로 이루어진 소희극을 말한다. 뮤지컬 코미디.
7. 만화 제목. 후작 가문의 외동딸로 태어났으나 군인으로 성장하면서 당시의 프랑스 왕비 마리 앙투아네트의 근위 장교가 되는 '오스칼'이라는 이름의 남장 여자를 주인공으로 내세워, 프랑스 대혁명(1789) 시기의 사회상과 지식인들의 고뇌를 섬세하게 표현하고 있다. 주인공 및 몇몇 인물은 가상으로 만들어졌으나 실제 인물들도 많이

옮긴이 주

다루고 있으며, 한때 사치와 허영의 상징으로 묘사되던 마리 앙투아네트를 사회와 역사의 희생양으로 묘사하는 등 독특한 역사 해석이 돋보이는 수작이다. 〈베르사이유의 장미〉는 주인공을 지칭하는 제목이다.

8. 에도 시대에 실제로 일어났던 '아코 사건'을 소재로 하는 시대극. 다른 군주(다이묘)와의 다툼 끝에 혼자만 할복을 하게 된 군주의 원통함을 풀기 위해 47명의 부하들이 군주를 위해 인내하며 기다린 끝에 복수를 하지만 그 후 모두 자살한다는 내용이다.

9. 일본 씨름인 스모에서의 최고 지위. 한국 씨름의 '천하장사'와는 달리 꼭 한 명인 것은 아니다.

10. 다카라즈카 가극단이 운영하는 회원 조직.

11. 대절 공연이란 기업이나 팬클럽 등에서 표를 모두 구입하여 이루어지는 공연이다. 대부분 후원사들이나 여행사의 대절이 이루어지는데, 예를 들어 비자카드 사가 대절을 하면 비자카드 사가 공연 표를 모두 구입한 후에 비자카드 고객에게 추첨으로 판매하는 식이다. 이 경우는 비자카드 측에서 경품 추첨 행사를 열기도 하고 공연이 끝난 후에 출연진의 특별 인터뷰가 이루어지는 등 각종 이벤트가 뒤따르게 된다. 여행사의 경우에는 여러 여행사가 합동 대절하여 표를 나눈 후 자사 여행 상품에 끼워 팔게 된다. 때로는 대규모 팬클럽이 대절하기도 한다.

12. 쟈니스라는 기획사에서 육성한 아이돌. 쟈니스에는 SMAP, Tokio, V6, Kinki Kids, Arashi 등이 소속되어 있으며, 일본의 남자 아이돌 스타 양성소로 유명하다.

13. 일본 최초의 공영 스모 경기장.

14. 스모를 하는 씨름꾼을 리키시力士라 한다.

15. 1912-1926년의 일본 연호.

16. 1926-1989년의 일본 연호.

17. 근대 이전까지의 예술가는 공공 기관이나 개인 후견인의 주문에 따라 그들의 취향에 맞는 작품을 제작했다. 그 당시 예술가의 지위는 하인과 마찬가지여서 주인에게 예속되어 봉사하는 수준이었다.

18. 1924년에 고야마우치 가오루小山內薰, 히지카타 요시土方與志가 설립한 극장 및 극단. '연극의 실험실'로서 신극 운동의 거점이 되었으나, 고야마우치 사후에 극단은 분열되었고 극장은 대관 극장으로서 프롤레타리아 연극의 거점이 되었다. 1945년에 공습으로 인해 소실되었다.

19. 적의 공습이나 화재 등에 의한 피해를 줄이기 위해 한곳에 집중되어 있던 사람이나 시설 따위를 분산시키는 것.

20. 게이오 대학의 히요시 캠퍼스에서 있었던 학생 운동을 말한다.

21. 천황이 거처하는 궁궐.

22. 배우로서 연기 인생을 시작했던 스타니슬라프스키Konstantin Sergeevich Stanislavski(1863-1938)는 체호프A. Chekhov의 작품을 최초로 연출했던 연출가이며, 모스크바 예술 극단Moscow Art Theatre의 공동 창립자이다. 스타니슬라프스키 시스템의 고안자이기도 한 그는 배우 트레이닝의 역사에서 가장 자주 인용되는 사람으로서, 1912년 스튜디오를 설립하고 자신의 시스템을 배우 훈련의 장에 적용했으며, 오랜 연기 경험과 예술 극단에서의 고찰을 토대로 지표가 될 만한 방법을 모은 *An Actor's Work on Himself on a Role*, 2권이 미완성인 채로 출판되었다. 그의 시스템은 연기 창조의 과정에 있어 도움이 되는 방법들로서 절대적인 것은 아니지만, ① 연기로 잘 간과하기 쉬운 것을 알아차리게 해주고, ② 연극에서 필요로 하는 동시에 충분한 요소를 커버하고 있으며, ③ 진실을 추구하고, ④ 오래된 형식이나 빠지기 쉬운 과오를 비난하고, ⑤ 현대 연극에 유효하며, ⑥ 부조리 연극, 뮤지컬 등 다양한 형식에 응용할 수 있다는 등의 특징이 있다.

옮긴이 주

23. 〈모르강 오유키〉란, 1904년에 미국의 부호 조지 모건과 결혼했던 게이샤 출신 일본 여성 모건 오유키를 가리키는 제목이다. 자신과 결혼하고 싶으면 4만 엔[현재로서는 수억 엔에 달하는 액수]을 내놓으라는 조건을 내걸고 미국 부호 모건과 결혼했기 때문에 일본에서는 돈에 눈이 먼 여자라는 비난을 받았다. 미국으로 간 후에도 환영받지 못했던 그녀는 결국 결혼 6개월 만에 미국을 떠나 프랑스 니스에 정착했다. 그 후 남편 모건이 죽자, 일본을 떠난 지 34년 만에 고향 교토에 돌아갔다가 81세의 나이로 파란 많은 인생을 마쳤다.

24. On-the-job training의 약칭. 일에 입각한 교육, 즉 직업상의 교육 훈련을 말한다. 관리자나 선배가 명확한 계획과 목적을 가지고 일과 관련된 능력(지식·기술·태도 등)을 부하나 후배에게 지도하는 것을 가리키며, 일반적으로 관리자가 일을 통해 부하를 훈련시키는 것을 포함한다. 직장 내 교육이라고 번역된다.

25. 티켓 전산 판매 회사.

26. 극단 시키가 운영하는 회원 조직.

27. 프랑스어에서 아침을 뜻하는 단어 matin에서 나온 말로서, 현재는 낮 동안에 상연되는 연극이나 오페라 음악회 등을 말한다. 마티네는 대개 토, 일요일에 1-2회 가량 행해지며, 학생과 일반 대중을 위한 할인 요금을 받거나 젊은 배우를 등용하는 경우도 많다.

28. 구미의 인사법과 마찬가지로 일본의 인사는 시간에 따라 아침 인사, 점심 인사, 저녁 인사가 구분되어 있다.

29. 닛산日産 그룹에서 일하는 사원들을 중심으로 구성된 노동조합으로서 전국의 사회복지 시설 단체 등에 물품을 지원하는 일을 한다.

30. 일어서서 보내는 갈채.

31. caravan. 순례자, 여행자 등의 이동식 주택 또는 트레일러하우스를 가리킨다. 본래는 사막을 횡단하는 상인이나 순례자들의 행렬 자

체를 의미했으나, 그들이 이용하는 마차의 행렬까지 의미하게 되면서 지금은 두 가지 모두의 뜻으로 사용된다.

32. 스포츠 신문.

33. 후루카라 네트워크의 후루카라는 후루사토 카라반의 줄임말이다.

34. 다나다棚田는 일본 농경법의 하나로서 산에서 흘러나오는 물을 막아 댐 대신으로 사용하면서 산비탈에 선반 모양으로 층층이 일구어 내는 계단식 논을 말한다. '전국 다나다 서미트'는 일본 농업의 역사적 문화유산으로서 계단식 논의 역할을 다시 한 번 고찰하고 환경 보전, 국토 보전 및 농업 문화를 생각하고자 1995년 9월에 발족한 협의회이다.

35. '바場'는 마당이라는 뜻이다. 여기서는 조직원 간의 암묵적인 지식이 공유되고 지식이 창출되는 심리적 물리적 공간을 의미한다.

36. 일본에는 추석이라는 명절이 없다. 한국의 추석과 비슷한 명절이 있는데, 한국에서 백중伯仲이라고 하는 음력 7월 15일로서 '오봉'이라 한다.


### 제3막 공연 소비 마케팅에서 배우기

1. '썬키스트'는 '태양이 입 맞추었다Sun kissed'라는 말의 발음을 표시하여 만든 것(Sunkist)으로서 미국에서 생산되는 감귤류 중에서 썬키스트 사가 관리하는 제품에 붙이는 상표이다. 'OG 비프'는 '오스트레일리아 쇠고기Aussie Beef'라는 의미로서, 오스트레일리아 산産 쇠고기의 상표이다.

2. 아지노모토는 일본 최대의 식품 회사로, 특히 화학 조미료인

미원 등으로 유명하다.

3. 화장실 사용 후 사용하는 냄새 제거제 상표들. '뮤슈다'는 '무취이다,' 즉 냄새가 없다는 뜻이며, '도이레소노아토니'는 화장실 사용 후에 사용하는 것이라는 의미를 그대로 브랜드화 한 것이다.

4. 산토리는 주류 회사이며, 브리지스톤은 자동차 타이어 제조 회사이면서 동시에 타이어 상표명이기도 하다.

5. 일본어 표기 방법의 한 가지이다. 대부분 한자의 전부 또는 일부분을 따서 만든 음절 문자로서, 외래어나 동·식물명 등을 표기할 때 쓴다.

6. 큐피 인형으로 알려진, 갓난아이 형태의 날개 달린 요정을 심벌로 하는 상표.

7. 麒麟. 중국 신화에 등장하는 외뿔 짐승으로서 어진 임금이나 위대한 현인이 태어났을 때 또는 곧 죽게 될 때 나타난다고 한다. 중국에 기린이 나타난 것은 3번이라고 기록되어 있으며, 성질이 어질어 풀을 밟지 않고 생채소를 먹지 않는다. 사슴의 몸에 소의 꼬리가 달린 모양으로 묘사된다. 여기서의 '기린'은 그 동물을 심벌로 사용하는 일본의 유명한 맥주 상표이다.

8. 환기 상표군喚起商標群이란 하워드Howard와 셰스Sheth에 의해 처음 제안된 구성 개념이다(1969). 다양하면서 복잡한 구매 상황에 직면했을 때 소비자들은 그 구매 과제를 단순화시키려 한다. 그리고 결정을 단순화시키기 위해 가능한 한 가지 방법은 이용 가능한 상표들의 하위 집합을 형성하기 위해 주의와 이해 범위를 한정시키는 것이다. 이렇게 선택된 상표들의 하위 집합이 구매 결정을 위한 후보가 되는데, 이를 환기 상표군이라 한다.

9. 코플랜드의 고객 구매 행동에 의한 소비재 유형의 3분류는 다음과 같다.

(1) 편의품便宜品: 담배, 세제, 잡지 등 소비자가 특별한 노력을 기

울이지 않고 빈번하게 구입하는 소비 제품이다. 일반적으로 제품 단가가 낮고 가장 가까운 상점에서 구입한다. 계획적으로 구입하는 경우가 적기 때문에 제품에 대한 노출 기회의 확보, 즉 될 수 있는 한 많은 소매점에 많은 제품을 진열해 두는 것이 매출 증가의 결정적인 근거가 된다.

(2) 선매품選買品: 가구, 가전제품, 맨션 등 소비자가 몇 개 제품을 충분히 비교 검토한 후에 구입하는 소비 제품이다. 일부러 수고와 시간을 들여 사는 것으로서 제품 단가는 일반적으로 높고 맨션이나 중고차와 같이 개별성이 강한 제품도 많다. 고객이 가장 중시하는 포인트는 가격과 품질이다.

(3) 전문품專門品: 고급 자동차, 고급 브랜드 제품 등 구입할 때 특별한 지식이나 취향을 필요로 하는 소비 제품이다. 일반적으로 제품 단가가 높고 판매하는 가게 수도 한정되어 있지만 구매자는 일부러 그 제품을 사기 위한 시간과 노력을 아끼지 않는다. 전문품으로서 경쟁력을 갖기 위해서는 브랜드 유지를 최우선으로 하는 마케팅 믹스가 필요하다.

10. Profit & Loss Statement의 약자. 기업의 경영 성과를 명확히 하기 위해 영업 연도 중에 발생한 수익과 이에 대응하는 비용을 기재하고 그 기간의 순이익을 표시하는 계산서를 말한다. 회사의 실적을 평가하는 대표적인 지표, 즉 매출액, 영업이익, 경상이익, 당기 순이익 등이 포함된다.

11. Gross Rating Point의 약자. 매체 스케줄 효과를 예측하기 위한 다양한 지표 중의 하나이다. 매체 스케줄에 포함된 각 매체 비히클media vehicle[광고를 소비자에게 전달하는 수단]의 단순 노출률[열독률, 시청률]에 집행 회수를 곱한 다음 이들을 모두 합산하여 산출한다.

12. ROI 기법은 듀폰Du Pont 사에서 개발되어 널리 이용되어 온

옮긴이 주

재무 관리 기법이다. 다양한 종류의 재무 비율들이 상호 간에 어떻게 연결되어 궁극적으로 기업의 경영 성과인 총자산 이익률(ROI 혹은 ROA) 또는 자기 자본 이익률(ROE)의 형태로 나타나는지를 종합적이고 체계적으로 보여 줌으로써 관리 목적에서의 재무 계획 또는 통제 기능에 활용할 수 있다.

13. 브랜드에 대해 소비자가 품는 이미지, 지명, 연상, 품질 등을 무형의 자산으로 잡아, 그 가치를 적극적으로 관리·평가해 그 가치를 높이려는 사고.

14. 브랜드가 재무적으로 기업의 가치를 평가하는 핵심 요소가 되면서 브랜드를 자산assets으로 볼 것이냐, 이퀴티equity로 볼 것이냐 하는 논의가 생겨나게 되었다. 기본적인 재무제표는 자산Assets = 타인 자본Liabilities + 자기 자본Equity이며, 저자는 ROI 지향을 채용하여 브랜드를 자산assets으로 본다는 입장이다.

15. 옛날에 역참에서 역참으로 전송하던 것과 같다는 뜻. 예를 들어, 마라톤 풀코스(42.195km)를 5-7명이 나누어 달리는 육상 경기를 역전 경주라고 하는 것은, 자신이 맡은 코스를 완주한 선수가 다음 선수에게 바통[또는 어깨에 두르는 띠]을 넘겨주는 모양이 옛날의 역전과 같다고 해서 붙여진 이름이다. 유명한 역전 경주로는 일본 혼슈 가나가와현에서 정월 초하루에 열리는 '하코네箱根 역전 대회'가 있다.

16. 일본 전역에 체인화 되어 있는 대표적인 생활 용품점 중의 하나. 문방 용품, 목욕 용품, 부엌 용품 등 간단한 소품에서 소파, 침대, 장식장 등의 가구까지를 모두 판매한다.

17. 시장 점유율 62%에 이르면서 맥주의 대명사처럼 인식되던 기린을 '슈퍼 드라이 맥주'를 출시한 아사히가 제치면서 시장 점유율 1위로 올라서는 약진을 보였던 일을 말한다.

18. 1980년 일본의 대형 유통업체 세이유의 브랜드 사업부의 하

나로 출발한 상표로 개성이나 유행을 상품화하지 않고 브랜드 마진을 소비자에게 제공한다는 취지에서 나온 것이다. 당시 세이유는 '소비는 미덕'이라는 대량 생산, 소비의 시대에서 벗어나 가격과 품질의 밸런스를 따지는 성숙형 소비 시대로 접어들 것으로 판단하고 생활인의 입장에서 상품의 원점을 추구하자는 의도에서 무지(NO BRAND라는 의미)를 만들었다. 무지료힝은 등장하자마자 일대 선풍을 일으켰고 글로벌 파워 브랜드로 성장하였다. 뮤지료힝은 그저 실용적인 물건을 싼값에 파는 것이 아니라 독자적인 토털 라이프 상표로 자리 잡았으며 자연주의와 실용성을 강조하는 '저가 고품질'의 우수한 상품제공을 통해 새로운 시대, 생활의 기본을 만들어 가고 있는 상표이다

19. '어택Attack'은 가오花王 사의 세제 상표이고 '탑Top'은 라이온 사의 세제 상표이며, '쿳크듀'는 레토르트retort 회사의 즉석 식품 상표이다.

옮긴이 주

## 옮긴이의 글

연주자를 꿈꾸던 내가 예술 경영자로 전환을 시도하게 된 것은 사람과 사람 사이의 관계를 중요시하는 천성 때문이 아닐까 생각한다. 기악을 전공하던 음악도의 눈에 비친 예술가와 향유자 사이의 거리는 너무나 멀었고, 예술가들이 동시대의 향유자들과 함께 호흡하고 서로 소통하기 위해서는 누군가 도와줄 사람이 필요하지 않겠느냐는 고민을 하게 되었다. 바로 내가 그들을 잇는 다리가 되고 싶었다. 그리고 그 생각의 끝은 자연스럽게 예술 경영으로, 영국 유학으로 이어졌다.

  1990년대 초반 런던 시티 대학에서의 유학 시절, 수많은 예술 공연들이 관객들과 소통하는 모습을 직접 확인하던 그때, 나의 하루하루는 너무나 행복했었다. 예술가들이 동시대를 살아가는 관객들에게 '환희'를 선사하는 동시에 전문인으로서 생업을 유지해 갈 가능성을 확인할 수 있었기 때문이다. 우리나라에서도 이제 곧 예술 생산자와 예술 수용자 간의 아름다운 호혜적 관계가 발전하게 되리라는 벅찬 기대를 안고 귀국했던 기억이 새롭다.

그러나 한국에서 예술 경영 실무자로서의 체험은 그렇게 장밋빛으로 전개되지 않았다. 몇 년간 나름대로 최선을 다해 업무에 종사했지만, 결국 그때그때 주어진 업무를 수행하는 데 급급했을 뿐 어떻게 공연 애호가들과 커뮤니케이션할 수 있을까 등의 장기적인 내용에 대해 생각할 여력은 없었다. 현장은 예상보다 훨씬 척박했고, 그 안에서 나는 일상적 업무를 반복하면서 점점 무기력해져 가고 있었다.

그런 자신을 채찍질하기 위한 선택이 경영대학원 입학이었다. 예술 경영 석사 학위는 영국에서 취득한 상태였지만 현장에서 업무를 하다 보니 경영학 특히 마케팅 지식이 부족함을 깨닫게 되었고, 결국 문화 마케팅에 대한 체계적 지식을 얻고자 다시 공부를 시작하게 되었던 것이다.

그리고 경영대학원 졸업 논문을 준비하면서 나는 '관계 마케팅'이라는 개념과 운명적으로 만나게 되었다. 고객과의 지속적인 관계를 창출하고 유지하고 발전시켜 가는 관계 마케팅 개념은 나를 처음 예술 경영의 길로 이끌었던 소망, 바로 예술가와 향유자 간의 상호 소통이라는 관계를 형성하고자 했던 소망을 되살리는 계기가 되었다.

하지만 문화 예술 마케팅에서 최초로 관계 마케팅에 대한 시도를 했던 탓인지, 논문을 마친 후에도 나는 그리 개운하지 못한 뒷맛을 느낄 수밖에 없었다. "일반 기업의 관계 마케팅과는 차별성이 있는 공연 예술 산업만의 관계 마케팅은 없을까?"라는 고민에 뚜렷한 대답을 해낼 수 없었기 때문이다. 내가 바라는 것은 단순한 마일리지 획득 및 보상 같은 경제적 소통이나 공연 정보를 이메일을 주고받는 기능적 관계가 아니었다. 내가 바라는 것은 행복과 꿈을 주고받을 수 있는 소통이었다. 그리고 그러한 소통을 모델화 해낼 수 있는 예술적이고 문화적인 관계 마케팅이었다.

2000년 출장 때문에 찾았던 일본의 한 서점에서 『열성 팬 창조와 유지의 구조: 공연 체험과 관계 마케팅』(원제: 關係性マーケティソグと 演劇消費)과 우연히 마주쳤을 때, 나는 십여 년 동안 나를 괴롭히던 갈증이 한순간에 해소되는 것을 느낄 수 있었다. '다카라즈카 가극단,' '극단 기자,' '극단 시키,' '디즈니 뮤지컬,' '후루사토 카라반'으로 이어지는 공연 예술 단체들의 예술적이고도 문화적인 관계 마케팅 사례를 접하면서 흥분에 사로잡힌 나는 바쁜 일정이었음에도 불구하고 그 자리에 선 채로 순식간에 그 책을 끝까지 다 읽고 말았다. 번역을 허락받기 위해 와다 미츠오 교수님을 찾아갔을 때, 교수님의 딸이 다카라즈카 가극단의 단원이며, 당신 스스로가 열정적인 공연 예술 팬이라는 사실을 알게 되었을 때 받았던 감동도 잊히지가 않는다.

우리나라의 공연 콘텐츠 산업은 한쪽에서는 뮤지컬과 소수 대중 가수의 공연을 중심으로 산업화되고 있는 반면, 대학로 연극 같은 기초 예술 부분은 갈수록 어려워지고 있다. 공연 콘텐츠 산업에서도 양극화가 심화되고 있는 것이다. 이 책의 내용에 등장하는 '다카라즈카 가극단,' '극단 시키'는 전형적으로 대중적인 문화 산업 영역이며 '극단 기자'와 '후루사토 카라반'은 비영리 공연 단체 영역이므로 이 책 역시 양극을 함께 다루고 있다고 할 수 있다. 하지만 양극이라 할지라도 성공적인 마케팅으로 가는 길은 통한다. 그리고 그 길을 따라 걷다 보면 조직 내부의 열성팬(생산자)과 조직 외부의 열성팬(향유자)을 창조하고 유지하는 관계 법칙이 도출된다. '다카라즈카 가극단,' '극단 시키'는 오늘날과 같은 거대 사업으로 발전하기 위해 내부 고객과 외부 고객 간의 관계 마케팅에 한 세대를 넘는 세월 동안 지속적으로 노력을 경주해 왔다. '극단 기자'와 '후루사토 카라반' 역시 열악한 환경에서도 진실한 관계를 구축하기 위한 노력을 그치지 않았기 때문에 아름다운 성공 사례를 만들어 낼 수 있었다.

나는 지금 한국문화콘텐츠진흥원 유럽 사무소에서 근무하고 있다. 하지만 한국의 문화 콘텐츠를 유럽 시장에 소개하는 역할을 수행하는 입장에서 힘겨움을 느낄 때가 많다. 아시아 시장에서의 한류 열풍에 비해서 유럽 시장에서 한류는 미미하기 때문이다. 하지만 내 능력의 한계를 절감할 때마다 책상에 놓여 있는 이 책을 열어 보며 위로를 얻곤 한다. 이 책이 나에게 주는 것은 평생에 걸쳐 한결같은, 말 그대로 인생을 거는 노력 없이는 어떤 관계도 창출해 낼 수 없다는 가르침이며 위로이다. 지금 예술 경영을 통해 새로운 관계를 꿈꾸고 있을 많은 동료들에게도 이 책이 가르침과 위로가 되어 주길 소망한다.

끝으로, 이 책이 나오기까지 도와주신 많은 분들과 가족들, 그리고 누구보다도 전수환 씨께 감사의 마음을 전한다.

는 차별성이 있는 공연 예술 산업만의 관계 마케팅은 없을까?"라는 고민에 뚜렷한 대답을 해낼 수 없었기 때문이다. 내가 바라는 것은 단순한 마일리지 획득 및 보상 같은 경제적 소통이나 공연 정보를 이메일을 주고받는 기능적 관계가 아니었다. 내가 바라는 것은 행복과 꿈을 주고받을 수 있는 소통이었다. 그리고 그러한 소통을 모델화 해낼 수 있는 예술적이고 문화적인 관계 마케팅이었다.

2000년 출장 때문에 찾았던 일본의 한 서점에서 『열성 팬 창조와 유지의 구조: 공연 체험과 관계 마케팅』(원제: 關係性 マーケティソグと 演劇消費)과 우연히 마주쳤을 때, 나는 십여 년 동안 나를 괴롭히던 갈증이 한순간에 해소되는 것을 느낄 수 있었다. '다카라즈카 가극단,' '극단 기자,' '극단 시키,' '디즈니 뮤지컬,' '후루사토 카라반'으로 이어지는 공연 예술 단체들의 예술적이고도 문화적인 관계 마케팅 사례를 접하면서 흥분에 사로잡힌 나는 바쁜 일정이었음에도 불구하고 그 자리에 선 채로 순식간에 그 책을 끝까지 다 읽고 말았다. 번역을 허락받기 위해 와다 미츠오 교수님을 찾아갔을 때, 교수님의 딸이 다카라즈카 가극단의 단원이며, 당신 스스로가 열정적인 공연 예술 팬이라는 사실을 알게 되었을 때 받았던 감동도 잊히지가 않는다.

우리나라의 공연 콘텐츠 산업은 한쪽에서는 뮤지컬과 소수 대중 가수의 공연을 중심으로 산업화되고 있는 반면, 대학로 연극 같은 기초 예술 부분은 갈수록 어려워지고 있다. 공연 콘텐츠 산업에서도 양극화가 심화되고 있는 것이다. 이 책의 내용에 등장하는 '다카라즈카 가극단,' '극단 시키'는 전형적으로 대중적인 문화 산업 영역이며 '극단 기자'와 '후루사토 카라반'은 비영리 공연 단체 영역이므로 이 책 역시 양극을 함께 다루고 있다고 할 수 있다. 하지만 양극이라 할지라도 성공적인 마케팅으로 가는 길은 통한다. 그리고 그 길을 따라 걷다 보면 조직 내부의 열성팬(생산자)과 조직 외부의 열성팬(향유자)을 창조하고 유지하는 관계 법칙이 도출된다. '다카라즈카 가극단,' '극단 시키'는 오늘날과 같은 거대 사업으로 발전하기 위해 내부 고객과 외부 고객 간의 관계 마케팅에 한 세대를 넘는 세월 동안 지속적으로 노력을 경주해 왔다. '극단 기자'와 '후루사토 카라반' 역시 열악한 환경에서도 진실한 관계를 구축하기 위한 노력을 그치지 않았기 때문에 아름다운 성공 사례를 만들어 낼 수 있었다.

 나는 지금 한국문화콘텐츠진흥원 유럽 사무소에서 근무하고 있다. 하지만 한국의 문화 콘텐츠를 유럽 시장에 소개하는 역할을 수행하는 입장에서 힘겨움을 느낄 때가 많다. 아시아 시장에서의 한류 열풍에 비해서 유럽 시장에서 한류는 미미하기 때문이다. 하지만 내 능력의 한계를 절감할 때마다 책상에 놓여 있는 이 책을 열어 보며 위로를 얻곤 한다. 이 책이 나에게 주는 것은 평생에 걸쳐 한결같은, 말 그대로 인생을 거는 노력 없이는 어떤 관계도 창출해 낼 수 없다는 가르침이며 위로이다. 지금 예술 경영을 통해 새로운 관계를 꿈꾸고 있을 많은 동료들에게도 이 책이 가르침과 위로가 되어 주길 소망한다.

 끝으로, 이 책이 나오기까지 도와주신 많은 분들과 가족들, 그리고 누구보다도 전수환 씨께 감사의 마음을 전한다.

# 참고 문헌

慶應義塾大學ビジネス・スクール所藏 ケース, 和田充夫 作成,「メイキング・オブ・ブロードウエイ」, 1994.

慶應義塾大學ビジネス・スクール所藏ケース, 川又啓子 作成,「四季株式會社」, 1996.

劇團四季・四季の會機關誌,『ラ・アルプ』, 三四卷 一五八號.

劇團樹座解散公演 パンフレット, 1997.

劇團ふるさときゃらばん,『Oh! マイSUN社員』公演パンフレット, 1997.

ウエストサイド物語來日公演パンフレット.

『日本芸能人名事典』, 1997.

『劇團ふるさときゃらばん大事典』, 1993.

『演劇百科事典』.

『新劇便覽』, 1975.

劇團ふるさときゃらばん,『裸になったサラリーマン取材ノート』, 日本能率センター, 1995.

『芸能百書』, 1997.

淺利慶太,「演劇の回復のために ― 新劇を創った人夕へ」,『三田文學』, 1955.

守谷毅,『近世芸能興行の研究』, 弘文堂, 1985.

河竹登志夫,『演劇概論』, 東京大學出版會, 1978.

津金澤聰廣,『寶塚戰略 ― 小林一三の生活文化論』, 講談社現代新書, 1991.

ジーン・ベネデイテイ 著, 高山圖南雄 高橋英子 譯,『スタリスラフスキー 一八六三 ― 一九三八』, 晶文社, 1997.

岩淵潤子,『旦那と遊びと日本文化』, PHP研究所, 1996.

和田充夫・恩藏直人・三浦俊彦,『マーケティング戰略』, 有斐閣, 1997.

小林保彦・疋田聰・和田充夫・龜井昭宏,『新價値創造の廣告コミュニケーション』, ダイヤモンド社, 1997.

矢作恒雄・青井倫一・嶋口充輝・和田充夫,『インタラクテイブ・マネジメント』, タイヤモンド社, 1994.

青水幸弘・小川孔輔・龜井昭宏・田中洋 編著,『最新ブランド・マネジメント體系』, 日經廣告研究所, 1997.

和田充夫,『ブランド・ロイヤルテイ・マネジメント』, 同文館, 1984.

Hirschman, Elizabeth C., "Aesthetics Ideologies, and the Limits of the Marketing Concepts," *Journal of Marketing*, Vol. 24, 1983.

Holbrook, Morris B. & Elizabeth C, Hirschman, "The Experimental Aspects of Consumption: Consumer Fantasies, Feeling and Fun," *Journal of Consumer Research* Vol. 9, September, 1983.